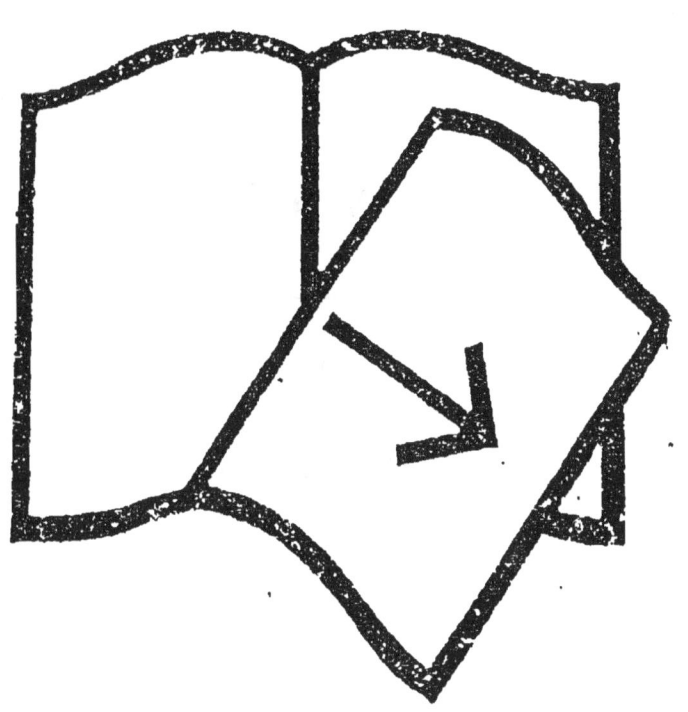

Couvertures supérieure et inférieure manquantes

JEAN LOUP

I

L'ENFANT DU MALHEUR

PRINCIPAUX OUVRAGES
D'ÉMILE RICHEBOURG

La Dame voilée, 1 vol. in-18, 5ᵉ édition . . . . 3 fr.
L'Enfant du Faubourg, 2 vol. in-18, 3ᵒ édit. . . . . . . 6 —
La Fille maudite, 2 vol. in-18, 5ᵒ édit. . . . . 6 —
Les deux Berceaux, 2 vol. in-18, 3ᵒ édit. . . . . 6 —
Andréa la Charmeuse, 2 vol. in-18, 3ᵒ édit. . . . . . . 6 —
Un Calvaire, 1 vol. in-18, 2ᵉ édit. . . . . 3 —
La Nonne amoureuse 1 vol. in-18, 3ᵒ édit. . . . . 3 —
Deux Mères, 2 vol. in-18, 4ᵒ édit. . . . . 6 —
Le Fils, 2 vol. in-18, 4ᵒ édit. . . . . 6 —
L'Idiote, 3 vol. in-18, 3ᵒ édit. . . . . 9 —
Les Amoureuses de Paris, 2 vol. de la Bibliothèque nouvelle, à 1 fr., 8ᵒ édit. . . . . 2 —
Histoire d'un Avare, d'un enfant et d'un Chien, 1 vol. de la Bibliothèque nouvelle. . . . . 1 —
Quarante mille francs de Dot, 1 vol. . . . . 1 —
La Belle Tiennette, 1 vol. . . . . 1 —

Les Soirées Amusantes, Lectures des Familles

Collection de 12 vol. in-32, comprenant :

Contes d'hiver, 3 vol. in-32. . . . . 2 fr.25
Contes du Printemps, 3 vol. in-32 2   25
Contes d'Été, 3 vol. in-32. 2   25
Contes d'Automne, 3 vol. in-32 2   25

Chaque volume de la Collection se vend séparément 75 c.

Sous Presse :

Le Protecteur (suite de Jean Loup) 1 vol. in-18, 3 fr.

Destenay, imp. et stéréot. à Saint-Amand (Cher).

JEAN LOUP

PAR

ÉMILE RICHEBOURG

I

L'ENFANT DU MALHEUR

PARIS

E. DENTU, ÉDITEUR

LIBRAIRE DE LA SOCIÉTÉ DES GENS DE LETTRES

PALAIS-ROYAL, 15, 17, 19, GALERIE D'ORLÉANS

—

1882

Droits de traduction et de reproduction réservés.

JEAN LOUP

PROLOGUE

UN CRIME MYSTÉRIEUX

I

Aujourd'hui, grâce aux grandes lignes de nos chemins de fer et à leurs nombreux embranchements qui sillonnent la France de l'est à l'ouest et du nord au midi, il n'existe plus, pour ainsi dire, de grandes distances, et toutes les communications sont devenues faciles entre les villes et les communes et hameaux les plus reculés.

Il n'en était pas ainsi, il y a seulement une vingtaine d'années. Alors, dans chaque département, beaucoup de localités éloignées des chefs-lieux et n'ayant pas même un service de voitures publiques, se trouvaient presque complétement isolées.

Le petit village de Blaincourt était une de ces communes déshéritées.

Blaincourt se trouve dans cette partie du département des Vosges si pittoresque, si accidentée, qui touche à l'Alsace-Lorraine.

Après les douloureux événements de 1870-1871, quand fut fait le tracé de la nouvelle frontière, Blaincourt est resté à la France.

Quelle immense satisfaction pour les habitants !

Tous en fête, hommes, femmes, vieillards et enfants, ils manifestèrent leur joie par ce cri mille fois répété : Vive la France !

Certes, tous les Français aiment la patrie : ils le prouvent quand il faut verser son sang pour la défendre ; mais c'est surtout dans l'Est que les populations sont animées d'un ardent et généreux patriotisme.

Malgré les belles collines verdoyantes, que dominent de hautes crêtes, sur lesquelles se dressent de gigantesques sapins, et les panoramas splendides qu'on découvre des hauteurs ; malgré le vieux château féodal, forteresse du moyen âge, qui fit plus d'une fois reculer les Allemands ; malgré ses bois ombreux et sa magnifique vallée pleine de fraîcheur, au milieu de laquelle courent, en serpentant, les eaux rapides du Frou ; malgré les sites superbes, grandioses, et les paysages ravissants qu'on rencontre là, comme dans toute la région vosgienne, Blaincourt, caché, perdu dans l'échelonnement des montagnes, est aujourd'hui encore un pays à peu près inconnu.

On y voit rarement passer un étranger. Jamais le touriste, qui parcourt les Vosges, un bâton à la main, ne songe à s'éloigner de la grande route pour aller voir la chute du Frou, qui, sans être comparable à celle du Niagara, n'en est pas moins une chose fort curieuse.

Le Frou a sa source au flanc de la montagne. L'eau

sort en bouillonnant, mais très-limpide, d'une fente qui s'est faite à la base d'une énorme roche de granit; elle descend en bondissant sur des degrés, sorte de crans inégaux entaillés dans la pierre noire et luisante, formant ainsi une cascade jusqu'au plateau inférieur où elle a creusé une sorte de petit lac.

Là, sans aucun doute, une et peut-être plusieurs sources nouvelles jaillissent, invisibles, des entrailles de la terre, car le volume d'eau de la cascade se trouve considérablement augmenté quand, s'échappant du lac, le Frou tombe tout à coup, de six mètres de hauteur, dans un deuxième petit lac, très-profond, qu'on appelle le trou de la Fée.

Les eaux continuent à descendre, endiguées naturellement par des blocs de rochers, jusqu'à l'entrée de la vallée où une écluse les reçoit.

Alors moins bruyant, plus calme, le Frou baigne les terres basses du château, fait tourner les roues du moulin de Blaincourt et va ensuite répandre la fraîcheur et la fertilité dans la vallée.

Néanmoins le Frou est un ruisseau terrible et constamment redoutable. A l'époque des pluies, lors de la fonte des neiges et presque toujours après un orage, grossi subitement par tous les ravins de la montagne, il devient un torrent impétueux et mugissant. Jaune, furieux, écumant, il saute par dessus ses digues, déborde de tous les côtés, et en un instant tout le pays est inondé.

En l'année 1854, un matin du mois de novembre, deux hommes se promenaient de long en large devant le bureau de poste de la petite ville de Varnejols. Le jour commençait seulement à venir; mais déjà la grande fenêtre garnie de barreaux de fer du bureau de poste était éclairée; le receveur était occupé, sans doute, en attendant le courrier de Remiremont, à préparer le paquet des lettres destinées au canton de Verzéville, trouvées la veille, à la dernière levée, dans les boîtes aux lettres de la ville.

Cinq heures sonnèrent.

Les deux hommes dont nous venons de parler s'arrêtèrent au milieu de la rue.

— Cinq heures, dit l'un, le plus âgé, qui paraissait être le maître de l'autre ; si l'on t'a bien renseigné, le courrier ne tardera pas à arriver.

— Il est toujours ici, m'a-t-on dit, à cinq heures, cinq heures vingt, au plus tard.

— Cette satanée pluie qui a tombé une partie de la nuit a singulièrement rafraîchi le temps. Brrr, je commence à sentir qu'il fait un froid du diable.

— Et moi donc, j'ai les pieds à la glace.

— J'ai été bien inspiré en faisant emplette de ces épais cache-nez de laine.

— Sans compter qu'ils complètent parfaitement notre costume de paysan du pays. Rien n'y manque ; gros souliers ferrés, culotte dans de hautes guêtres bouclées jusqu'aux genoux, veste ronde de droguet sous la blouse bleue, chemise de toile de ménage, chapeau de feutre gris à larges bords... Hé, hé, vous n'avez même pas oublié le gourdin de cornouiller, qui nous fait ressembler à deux maquignons revenant de la foire.

— Il faut cela.

— Aussi je défie bien le plus malin, le plus rusé des Lorrains de ne pas voir en nous deux bons paysans des Vosges.

— Ah ! il me semble que j'entends un bruit de grelots et le roulement d'une voiture.

— Vous ne vous trompez pas ; c'est le courrier qui arrive au grand trot.

— Pourvu qu'il amène ceux que nous attendons.

— Pourquoi ne les amènerait-il pas ?

— Est-ce que je sais ? La jeune femme enceinte a pu se trouver indisposée ; le courrier pouvait ne pas avoir de place pour eux.

— Bah ! les voyageurs sont rares en ce moment. Si, comme vous en êtes presque certain, ils sont arrivés à Remiremont entre minuit et une heure, ils ont sûrement pris le courrier, puisque c'est l'unique moyen de se rendre à Blaincourt par la voiture de Verzéville, qui vient prendre chaque jour les dépêches à Varnejols.

— Attendons, je saurai dans un instant si le diable est toujours de mes amis.

— Vous n'avez jamais raté une bonne affaire, maître, répliqua l'autre : vous réussissez dans toutes vos entreprises ; ah ! vous êtes l'homme le plus étonnant qu'il y ait au monde ! Tous ceux à qui vous commandez vous obéissent sans murmurer. Ils sont les esclaves de votre puissante volonté, car ils ont confiance en votre génie ; nous vous sommes fidèles, dévoués, nous vous aimons, nous vous admirons ; pour vous, maître, tous, l'un après l'autre, nous nous ferions hacher en morceaux.

L'œil du maître eut un éclair d'orgueil.

— Allez, continua l'autre en riant, le diable et tous ses diablotins sont trop heureux de vous servir pour ne pas être à vos ordres aujourd'hui comme toujours.

— Nous verrons cela. La voiture de Verzéville n'a bien que trois places ?

— Et une quatrième à côté du courrier, sur le siège.

— C'est parfait !

— Le véhicule n'est pas commode du tout ; c'est une espèce de cabriolet fermé devant par des panneaux vitrés, qui se relèvent et s'attachent sous la capote avec des courroies. Dans ce pays, pas de luxe pour les voyageurs ; on ne se préoccupe guère de leur agrément.

— Qu'importe, l'essentiel est qu'on puisse causer.

— De mon côté, je ferai jaser le courrier ; soyez tranquille, il n'entendra rien.

— Ah ! çà, mais il n'arrive pas ce courrier ! Je n'entends plus ni le roulement de la voiture, ni la sonnerie de grelots.

— Parce que, avant d'entrer dans la ville, il y a une montée ; en ce moment, les chevaux marchent au pas.

— C'est juste.

— Tenez, ils ont grimpé la côte ; ils entrent dans la ville.

Maintenant, en effet, on entendait distinctement le bruit des sabots des chevaux frappant le pavé.

— Et voici la voiture de Verzéville.

Deux haridelles, traînant le véhicule annoncé, tournaient à l'angle d'une rue ; elles avancèrent au pas et vinrent s'arrêter devant le bureau de poste.

Le courrier arrivait.

— Hé, Lucot ! cria-t-il à son camarade, en sautant à bas de son siège, j'ai deux voyageurs pour toi.

— Bon ! fit l'autre.

Les deux hommes déguisés en paysans échangèrent un regard expressif.

Le receveur et son commis étaient sortis du bureau pour recevoir les sacs de dépêches que le courrier tirait du coffre de sa voiture.

L'opération fut vite terminée.

— Est-ce ici que nous descendons? demanda une voix d'homme, qui sortait de l'intérieur de la voiture.

— Oui, monsieur, c'est ici, répondit le courrier, qui, ayant livré ses dépêches, s'empressa d'ouvrir la portière.

Un homme de taille moyenne, brun, au visage bronzé par le soleil, et paraissant avoir quarante ans, mit pied à terre, puis tendit la main à une jeune femme pour l'aider à descendre.

Cette jeune femme, qui ne devait pas avoir plus de vingt ou vingt-deux ans, était dans un état de grossesse avancé. Elle avait la taille, le corps et un peu les manières d'une fillette de quatorze ans, et elle paraissait frêle comme un enfant. Ses mouvements étaient pleins de grâce. Elle était jolie, on aurait pu dire même qu'elle était belle, tant les formes de sa mignonne personne étaient parfaites. Mais c'était une beauté d'un type original, étrange.

A la voir seulement, on reconnaissait qu'elle n'appartenait à aucune des races de l'Europe. Toutefois, il eût été difficile de deviner dans laquelle des quatre autres parties du monde elle était née.

Par suite, sans doute, de la fatigue du voyage et en raison de sa position, sa figure, d'un dessin très-pur, était pâle ; mais cette pâleur, en adoucissant les tons chauds de son teint d'ambre, faisait ressortir vigoureusement le carmin de ses lèvres et donnait un éclat singulier à ses grands yeux noirs, doux, caressants, langoureux, d'une expression indéfinissable.

Dès qu'elle fut descendue de voiture, son compagnon l'enveloppa d'un regard plein de tendresse et de sollicitude. Puis tenant toujours la petite main gantée qu'il pressait doucement :

— Ma chère Zélima, comment te trouves-tu ? lui demanda-t-il dans une langue inconnue.

Elle attacha sur lui ses beaux yeux qui brillaient comme des diamants.

— Bien, oui, bien, répondit-elle.

— Ma Zélima est vaillante, je le sais ; mais, malgré le jour de repos que nous avons pris, ce long voyage t'a horriblement fatiguée, je le vois, et je crains que tes forces ne finissent par trahir ton courage.

— Non, non.

Il secoua la tête.

— Vois-tu, reprit-il, j'aurais dû ne pas t'écouter ; oui, j'aurais bien fait de te laisser à Paris.

— A Paris, toute seule ! répliqua-t-elle vivement. Oh ! je me serais trop ennuyée et à ton retour tu m'aurais trouvée morte !

— Enfant !... fit-il en la caressant du regard.

— Non, non, continua-t-elle, je ne peux pas me séparer de toi, je veux être près de toi toujours, toujours.

Ecoute, Zélima, nous avons encore trois heures de voiture et ensuite nous devrons marcher pendant une demi-heure, une heure peut-être, pour arriver au village de Blaincourt...

— Je suis forte.

— Mais tu es fatiguée ; si tu le veux, nous resterons ici jusqu'à demain matin. Je ne sais ce que j'éprouve ; je suis inquiet, tourmenté, c'est comme le pressentiment d'un accident ou d'un malheur qui te menace.

— Non, répondit-elle en souriant, allons où tu veux, où tu dois aller : comme toi j'ai hâte d'arriver et déjà je voudrais savoir...

Un long soupir acheva sa phrase.

— Nous saurons, ma chère Zélima, il le faut. N'est-ce pas uniquement pour savoir ce qu'est devenue ta chère protectrice, ta seconde mère, la femme que tu aimes le plus au monde, que nous nous sommes enfin décidés à quitter ton beau pays de fleurs, de parfums et de soleil pour venir en France ?

Je dois tout ce que je possède, toi d'abord, ma chérie, et ma petite fortune à monsieur le marquis, qui a été lui aussi, mon protecteur, mon ami. Hélas ! il n'est plus ; le bâtiment qui le ramenait en France a fait naufrage ; lui, passager, et trente pauvres marins ont été ensevelis sous les vagues furieuses de l'Océan.

Mais sa femme, son enfant, où sont-ils ? Pour les retrouver, je ne reculerai devant aucun sacrifice. J'ai déjà cherché, je cherche encore. Je ne me lasserai point, je chercherai jusqu'à ce qu'on m'ait appris ce qu'est devenue la protectrice, la femme de mon ancien maître et son enfant. Il faudra bien, à la fin, que nous sachions quelque chose. Le plus léger renseignement peut me mettre sur leur trace. C'est dans l'espoir que notre voyage ne sera pas inutile que nous nous rendons à Blaincourt où, j'en ai acquis la certitude, Mme la marquise a habité pendant quelques années ; c'est là peut-être, au château de Blaincourt, qu'elle a mis son enfant au monde.

— Chère et bonne Lucy ! Pauvre amie ! murmura la jeune femme.

Puis à haute voix, avec animation :

— Non, continua-t-elle, elle n'est pas morte... Il me semble que j'entends en moi une voix céleste qui me crie qu'elle existe, mais qu'elle est malheureuse et qu'elle nous attend pour la sauver ! Oh ! la retrouver, la revoir, et sentir comme autrefois ses lèvres sur mon front ! Va, je ne me sens plus fatiguée du tout et je ne crains pas de manquer de force... Manquer de force, moi, quand j'ai constamment cette pensée que ma chère Lucy souffre, qu'elle m'appelle et m'attend ! Non, non. Allons vite à Blaincourt.

— Ainsi tu ne désires pas l'arrêter ici pour te reposer ?

— Non, ce serait encore un retard. Si Lucy est malheureuse, si c'est nous qu'elle attend pour la secourir, nous n'avons pas le droit de perdre une journée, pas même une heure.

A quelques pas de distance, les deux hommes, qui avaient emprunté pour la circonstance le costume de paysan des Vosges, examinaient avec une curiosité avide la jeune femme et son compagnon.

En même temps, ils écoutaient la conversation. Peine inutile. Le plus âgé, celui que l'autre appelait « maître, » éprouvait un secret dépit de ne point connaître la langue que parlaient les deux étrangers. Il aurait certainement donné beaucoup pour savoir ce qu'ils disaient.

C'était un homme trapu, dont la tête énorme, aplatie au sommet et atteinte d'une calvitie précoce, semblait collée sur ses larges épaules carrées. Ses grosses lèvres rouges, qui émergeaient sous un long nez busqué, indiquaient la sensualité ; mais sa passion dominante était l'amour de l'argent ; il avait la soif de l'or. Ses yeux petits, ronds, jaunes et clignotants, enfoncés sous les arcades sourcilières, dénonçaient l'homme astucieux. Du reste, toute sa physionomie exprimait la finesse et la ruse. La flamme de son regard était sinistre.

Ce laid personnage, qu'il était difficile de regarder en face sans avoir la chair de poule, s'appelait Blaireau.

L'individu qui l'accompagnait, un bandit à sa solde, se nommait Princet.

Blaireau est depuis longtemps connu de nos lecteurs[1].

---

[1] Voir *l'Enfant du faubourg* et *Deux Mères*. Blaireau joue un

Il avait alors trente-quatre ou trente-cinq ans. Il habitait à Paris, rue du Roi-de-Sicile, où il était censé diriger un cabinet d'affaires ; mais il travaillait dans l'ombre, ne s'occupant guère que d'affaires malpropres et ténébreuses. Il s'était fait une spécialité de l'exploitation des passions humaines. Et comme, malheureusement, les passions et les vices des hommes sont nombreux, il ne manquait pas de clients. Du reste, il n'était pas difficile : il était entièrement à la disposition de quiconque le payait bien.

Né avec le génie du mal, très-ambitieux et plein d'audace, cet homme ne pouvait être autre chose qu'un grand scélérat.

Il voulait avoir des millions !

Capable de tout, ne reculant devant rien pour arriver à la fortune, Blaireau devait commettre toutes les infamies, tous les crimes qui lui ont valu sa triste célébrité.

---

rôle très-important dans ces deux romans d'Emile Richebourg, publiés par E. Dentu, éditeur.

II

Le courrier de Verzéville avait reçu et enfermé ses dépêches dans le coffre de son cabriolet fermant à clef.

Le jour était venu. Quelques têtes, lourdes encore des vapeurs du sommeil, apparaissaient aux fenêtres des maisons et les boutiquiers commençaient à ouvrir leurs portes et leurs volets.

Après avoir jeté un dernier coup d'œil sur son attelage, Lucot cria d'une voix enrouée :

— Je suis prêt, nous partons.

Aussitôt les quatre voyageurs s'approchèrent de la voiture.

— Est-ce que madame est avec vous? demanda Lucot au compagnon de la jeune femme.

— Vous le voyez bien, répondit l'inconnu, qui parlait purement le français.

— C'est votre épouse?

— Oui, c'est ma femme.

— Diable, diable, fit Lucot en se grattant l'oreille.

— Eh bien?

— Voilà : c'est que je n'ai que trois places d'intérieur

et une quatrième à côté de moi. Comme ces deux messieurs ont retenu deux places d'intérieur, il n'en reste plus qu'une pour votre épouse.

L'inconnu laissa voir sa vive contrariété.

— Si ça ne vous fait rien de ne pas être à côté de votre épouse, continua Lucot, tout peut s'arranger, vous grimperez sur mon siège. Que voulez-vous ? A la guerre comme à la guerre !

Comme si elle eût compris, la jeune femme se serra contre son mari avec un mouvement d'effroi.

Celui-ci ne paraissait nullement satisfait de la proposition. Il était facile de voir qu'il ne pouvait se décider à laisser sa femme en compagnie de deux hommes qu'il ne connaissait point.

Alors, Princet, qui se tenait un peu à l'écart, s'avança sur un signe que lui fit Blaireau.

— Par exemple, dit-il, ça ne serait pas à faire que monsieur soit obligé de voyager séparé de madame son épouse. Non, pas de ça, je tranche la difficulté.

Mon bon monsieur, continua-t-il en s'adressant à l'inconnu, je vous cède ma place sous la capote et je m'installe à côté du courrier. Le temps menace de se remettre à la pluie, mais ça ne fait rien, je ne crains pas d'être mouillé, ma peau y est habituée.

L'inconnu se confondit en remerciements.

— Laissez donc, l'interrompit Princet, c'est pas la peine. Quoique paysan, on sait vivre ; faut toujours avoir des égards pour la plus belle moitié du genre humain.

La chose arrangée ainsi que le voulait Blaireau, on prit place dans le cabriolet, le mari entre sa femme et Blaireau. Lucot monta sur son siège dont Princet avait déjà pris la moitié.

Deux coups de fouet cinglèrent les flancs des chevaux

poussifs qui, après plusieurs mouvements de tête, lesquels exprimaient toute autre chose que l'allégresse, se décidèrent à partir au petit trot.

Un instant après on sortait de Varnejols, et, par un chemin de traverse où l'eau des averses de la nuit coulait dans les ornières, on gagna la route de Verzéville.

Aiguillonnés de temps à autre par la mèche du fouet, les jambes des chevaux semblèrent se déraidir et ils prirent une allure un peu plus vive.

Son chapeau enfoncé sur ses yeux et le bas de sa figure enfoui dans son cache-nez, Blaireau restait silencieux, et, tout en réfléchissant, observait du coin de l'œil son compagnon de voyage.

— Madame est-elle bien à son aise ? demanda-t-il tout à coup ; ces voitures sont si étroites, si peu commodes... Serrez-vous contre moi, monsieur, ne craignez pas de me gêner, ajouta-t-il en se faisant petit dans son coin.

— Vous êtes bien bon, monsieur ; merci, répondit le jeune homme.

Et il se rapprocha du voyageur complaisant pour laisser à sa compagne une plus large place.

La glace était rompue. On allait pouvoir causer.

— A d'autres ! fit Blaireau après un assez long silence ; maintenant voilà le vent qui souffle dans la capote comme s'il y cherchait les ailes d'un moulin à vent... Et la pluie qui s'en mêle !... Quel chien de temps ! Dans nos pays montagneux, en cette saison, il faut s'attendre à cela tous les jours.

Une pluie fine et froide commençait en effet à tomber ; fouettée par le vent, elle crépitait sur le cuir dur de la capote.

La jeune femme s'enveloppait en se serrant frileusement dans son tartan de laine.

— Oh ! il ne faut pas que votre dame prenne froid, monsieur, continua Blaireau d'une voix empressée et pleine d'intérêt ; si vous le voulez bien, nous fermerons.

— Comment ? demanda l'inconnu qui n'avait probablement pas encore remarqué les panneaux vitrés attachés au-dessus de sa tête.

— La chose n'est pas difficile, vous allez voir.

Et Blaireau se mit en devoir de détacher les panneaux, qu'il fit tomber sur une rainure faite dans la barre de bois du tablier.

Un sourire gracieux de la jeune femme le remercia.

— Vous êtes mille fois trop bon, monsieur, dit le mari.

Il ajouta :

— Voilà un système de fermeture fort ingénieux, que je ne connaissais point.

— Oh ! tout à fait primitif, dit Blaireau. Maintenant me voilà tranquille et vous aussi, n'est-ce pas ? Votre dame ne sentira plus ni le vent, ni la pluie. Vilain temps pour voyager, monsieur ; mais voilà, il faut travailler, les affaires...

Après une pause :

— Est-ce que vous êtes de nos pays ?

— Non, monsieur, et je ne connais pas du tout la Lorraine, où je viens pour la première fois.

— Monsieur arrive de loin ?

— Oui, de loin, de très-loin.

— Mais vous êtes Français, pas vrai ? Je reconnais cela à votre parler.

— Oui, je suis né en France, pas bien loin de Paris ;

mais j'étais jeune encore quand j'ai quitté les bords de la Seine pour aller au delà des mers.

— Ah! comme cela doit vous sembler bon de revoir la patrie?

— Oui, c'est une joie réelle ; seulement elle est mélangée de tristesse et d'amertume.

— Je comprends, je comprends... la mort a fait des siennes : vous ne retrouvez pas en France tous ceux que vous y avez laissés. Que voulez-vous, c'est comme ça en ce monde, chacun a ses peines. Allez-vous plus loin que Verzéville?

— Un peu plus loin, à Blaincourt.

— Tiens, tiens, à Blaincourt ; c'est mon pays.

— Ah! vous êtes de Blaincourt?

— J'y suis né. C'est un assez joli petit village, bâti à l'entrée d'une gorge de la montagne; mais triste, triste... Pas de mouvement, pas de vie, un pays mort, quoi!

— Il y a un château?

— Un vieux château ou plutôt ce qu'il en reste. Blaincourt est si éloigné que le propriétaire du vieux manoir n'y vient jamais ; il le laisse tomber en ruines.

— Alors, il n'est pas habité?

— Si, par le gardien, un vieux bonhomme. En voilà un qui sait des choses... Mais c'est une espèce de sauvage, une brute... Impossible de lui arracher une parole.

L'inconnu avait tressailli.

— On peut le voir? demanda-t-il.

— Heu, heu, pas facilement. C'est un sauvage, je vous l'ai dit ; on dirait que les autres hommes lui font peur. Il y a quelques années, il s'est passé quelque chose de terrible au château. Quoi? On a fait beaucoup de suppositions ; dans nos villages, comme partout, d'ailleurs, on est curieux, on jase, on clabaude ;

mais on n'a rien su de positif. C'est resté dans l'ombre, un mystère ! Le vieux sait tout, lui ; mais il est muet comme une carpe. Entre nous, je crois qu'il a d'excellentes raisons pour garder le silence. Très-méfiant, il vit seul, comme un ours, et il ne parle à personne, probablement parce qu'il n'aime pas à être questionné. Pourtant ce sauvage est reconnaissant, il se souvient d'un service que je lui ai rendu autrefois ; grâce à cela, il cause volontiers un instant avec moi et je suis sûr qu'il ferait pour moi ce qu'il refusèrait net à un autre.

Mais tout cela ne vous intéresse guère, monsieur. C'est pour dire quelque chose, cela fait trouver le temps moins long. Chez qui allez-vous, à Blaincourt ? Un proche parent, sans doute ?

— Non, répondit l'inconnu comme sortant d'un rêve, je ne connais personne à Blaincourt.

— Bien, bien, une affaire !

— Oui, une affaire.

Après être resté un moment silencieux, l'inconnu reprit :

— Mon Dieu, je n'ai aucune raison de vous le cacher, je vais à Blaincourt avec l'espoir d'y trouver certains renseignements.

— En ce cas, monsieur, si je puis vous être utile...

— Peut-être.

— Disposez de moi. Je serais heureux de pouvoir vous donner les renseignements que vous désirez.

L'inconnu n'avait aucune raison de douter des bonnes intentions de ce brave paysan si plein de complaisance, si rond dans ses manières. N'était-ce pas un heureux hasard qui le lui avait fait rencontrer ? Pourquoi, d'ailleurs, aurait-il soupçonné un ennemi ? Plus on est dirigé par la pensée du bien, moins on est disposé à admettre l'idée du mal chez les autres.

— Monsieur, dit-il, tout à l'heure, sans vous en douter, en me parlant du vieux gardien du château de Blaincourt, vous m'avez vivement intéressé.

— Ah! fit Blaireau, jouant admirablement l'étonnement.

— Je vous ai écouté avec une grande attention, et ces paroles : « Il s'est passé quelque chose de terrible au château, » m'ont causé une émotion violente.

— S'il en est ainsi, je regrette... je suis désolé...

— Non, car je vous remercie de m'avoir dit cela. Ce sont vos paroles qui m'encouragent à accepter l'offre que vous venez de me faire. Peut-être, en effet, allez-vous pouvoir me renseigner.

— Si ça m'est possible, je ne demande pas mieux.

— Il y a cinq ou six ans, une jeune femme demeurait au château de Blaincourt.

— Parfaitement! Une toute jeune femme, vingt ou vingt-deux ans à peine, étrangère, anglaise ou américaine ou d'une autre nation, je ne sais pas... Belle comme une déesse, par exemple ; la peau d'une blancheur de lait, de grands yeux noirs et des cheveux d'ébène.

— C'est bien cela. Vous l'avez vue?

— Oui, une fois, par hasard : un jour que j'avais été appelé au château, je ne me rappelle plus pourquoi, je l'ai rencontrée dans une allée du jardin.

— Vous lui avez parlé?

— Je n'ai pas osé prendre cette permission ; je l'ai seulement saluée. Elle s'est vite jetée dans une autre allée et s'est éloignée rapidement.

— Eh bien, monsieur, vous l'avez déjà compris, sans doute, c'est au sujet de cette jeune femme que je vais à Blaincourt. Elle n'est plus au château?

— Elle n'y est plus.
— Sait-on où elle est allée, enfin ce qu'elle est devenue ?
— Là-dessus, monsieur, je ne peux pas vous renseigner, et personne, à Blaincourt, n'est mieux instruit que moi.

L'inconnu baissa tristement la tête.

Après être resté un moment silencieux, il reprit :

— Le vieux gardien du château sait peut-être, lui.
— Oui, peut-être. Comme je vous l'ai dit, le père Grappier, — c'est ainsi qu'on l'appelle, — sait bien des choses.
— Il y a longtemps qu'il est au château ?
— Des années.
— Y était-il avant l'arrivée de la jeune femme ?
— Oui.
— Alors, il doit savoir...
— Je pense comme vous, monsieur, le père Grappier doit savoir.
— Quand vous avez parlé tout à l'heure d'un événement terrible, qui s'est passé au château, vous faisiez allusion à quelque chose concernant la jeune femme ?
— C'est vrai.
— Je vous en prie, monsieur, dites-moi...
— Oh ! des racontages.
— N'importe, je tiens à savoir...
— On a fait des suppositions, on a bâti des histoires plus ou moins absurdes, en fin de compte on n'a rien su du tout de vrai. Pour vous être agréable je vous raconterais volontiers ce qu'on dit ou plutôt ce qu'on disait à l'époque dans le pays, car depuis longtemps déjà tout cela est oublié ; seulement...
— Eh bien ?

Blaireau se pencha vers l'inconnu, et lui dit tout bas à l'oreille.

— Seulement, devant madame, je ne peux pas...

— Oh! vous pouvez parler sans crainte, ma femme ne connaît pas la langue française.

— Oh! alors, c'est différent; voyez-vous, j'avais peur de l'effrayer.

— C'est donc, en effet, bien terrible? fit le jeune homme devenant très-pâle.

— Ce qu'on racontait, monsieur; car je ne vous garantis point que ce que je vais vous dire soit la vérité.

— C'est convenu. Je vous écoute.

— La jeune femme en question appartenait ou appartient, si, comme il y a lieu de le supposer, elle existe encore, à une famille étrangère des plus honorables et immensément riche. Des gens disent que son père est un banquier ou un grand armateur; d'autres, prétendant être mieux renseignés, affirment que c'est un prince ou un duc.

Or, il paraît que la demoiselle, oubliant le respect qu'elle devait à sa famille, à sa haute situation, devint éperdument éprise d'un domestique de son père, une sorte de palefrenier, un homme de rien, quoi.

L'inconnu eut un léger haussement d'épaules et un sourire singulier courut sur ses lèvres.

Blaireau continua :

— Grande colère, grand désespoir, désolation des parents quand ils découvrirent le pot aux roses; car, enfin, la honte de leur malheureuse fille rejaillissait sur eux. Que faire? Autant que possible sauver l'honneur, cacher la honte, à tout prix éviter le scandale. L'éloignement de la demoiselle fut décidé. On l'amena en France. Mais on ne tarda pas à faire une nouvelle découverte : c'était le bouquet. La demoiselle se trouvait dans une position intéressante.

L'inconnu ne put s'empêcher de tressaillir.

— Complications nouvelles, poursuivit Blaireau ; il fallait absolument l'isoler du monde, la cacher à tous les yeux, la séquestrer en quelque sorte. Dans ce but, on chercha un endroit. En France, aussi bien que partout ailleurs, avec de l'argent on a et l'on trouve tout ce qu'on veut. Le vieux manoir de Blaincourt fut loué et on y amena la demoiselle avec une autre femme, une domestique pour la servir.

La voilà bel et bien emprisonnée, car il lui était seulement permis de se promener dans les jardins. Excepté moi, monsieur, je crois bien qu'aucun autre habitant de Blaincourt ne peut se flatter de l'avoir vue.

Vrai, la pauvrette ne devait guère s'amuser ; on peut même supposer qu'elle s'ennuyait à mourir. Mais voici le plus triste de la chose : était-ce l'ennui, l'horreur de son isolement, le regret de ce qu'elle avait fait, le remords, la douleur de sa honte ou n'importe quelle autre chose ? Je ne sais. Toujours est-il, — et ça doit être vrai, — que sa tête déménagea, elle devint folle.

— Oh! exclama l'inconnu.

— Oui, monsieur, folle !

— Et l'on n'a rien fait pour la guérir ?

— Je ne peux pas vous dire si l'on a fait ceci ou cela ; quand c'est une maladie incurable...

— Mais on guérit la folie.

— C'est possible.

— Veuillez continuer, monsieur : si étrange que soit votre récit, il m'intéresse énormément.

— Donc, la pauvre demoiselle perdit la raison. Enfin le moment fatal arriva ; elle mit au monde un enfant,

— Un petit garçon ou une petite fille?

— Ça, monsieur, on n'en sait rien.

— Comment, sa naissance n'a-t-elle pas été déclarée?

Après avoir séquestré la pauvre mère, aurait-on fait disparaître son enfant !

— Attendez, vous allez voir : Quelques instants après la naissance de l'enfant, la mère, qu'on avait malheureusement laissée seule un moment, fut prise tout à coup d'un accès de folie furieuse ; elle s'élança hors du lit, saisit son enfant par ses petites jambes nues, l'enleva de son berceau et, s'en servant comme d'un marteau ou d'une massue pour frapper sur une table, elle lui broya la tête.

Le jeune homme laissa échapper un cri d'horreur.

— Mais c'est impossible, une pareille chose ne peut pas arriver! s'écria-t-il.

— Aussi ai-je eu soin de vous prévenir que je n'affirmais rien ; je vous raconte ce que j'ai entendu dire, voilà tout. Quoi qu'il en soit, on est convaincu dans le pays que quelque chose d'effroyable s'est passé au château. On n'endort pas la curiosité des gens ; voyez-vous, si bien que soient cachées les choses qu'on veut tenir secrètes, il y a toujours des rumeurs qu'on saisit comme au vol dans un souffle de vent qui passe. Mais, je vous le répète, la vérité est restée ensevelie dans l'ombre du mystère.

— Enfin, certains bruits ont couru : la justice a dû faire une enquête.

— La justice? elle n'a rien fait du tout ; elle ne s'est même pas dérangée.

— Il me semble pourtant...

— Peut-être a-t-elle cru devoir fermer ses yeux et

boucher ses oreilles. Les gens riches sont puissants, monsieur.

— Oui. Mais les lois françaises sont égales pour tous.

— C'est probablement ce qu'ont voulu ceux qui les ont faites ; il reste à examiner si dans leur application l'égalité existe. A tous les degrés de l'échelle, il y a la faveur, monsieur, la faveur... une plaie administrative et gouvernementale. Tout pour ceux-ci, rien pour ceux-là. Bref, on a étouffé l'affaire...

— Mais l'enfant, monsieur, l'enfant?

— On a prétendu que la jeune femme n'était pas enceinte et que, par conséquent, il n'y avait pas eu accouchement.

— Ainsi, on a fait disparaître l'enfant !

— Pardon, monsieur, mais si, réellement, la demoiselle n'était pas enceinte...

— Je suis sûr du contraire.

— Oh ! alors, si vous êtes sûr...

— Il y a du vrai et du faux dans ce que vous avez bien voulu me raconter, monsieur, je laisse de côté les suppositions, les on dit, mais je ne doute plus : oui, je suis convaincu qu'on a séquestré la mère afin de pouvoir faire disparaître son enfant.

— Ma foi, je ne dis pas non, fit Blaireau.

Et un éclair rapide sillonna son regard.

III

Il y eut un moment de silence.

— Voulez-vous que je vous dise, monsieur? reprit Blaireau.

— Dites.

— Eh bien, je crois que vous connaissez beaucoup mieux que moi l'histoire de la demoiselle

— D'abord, monsieur, la jeune femme que vous avez vue au château de Blaincourt n'était pas une demoiselle, c'était une veuve.

— Ah !

— Mariée depuis dix-huit mois, elle venait de perdre son mari, mort en mer.

— Ainsi, tout ce qu'on a raconté?

— Pure invention, monsieur.

— La folie aussi?

— Cela, malheureusement, peut être vrai.

— Mais pourquoi aurait-on séquestré cette jeune veuve?

— Je vous l'ai dit : pour faire disparaître l'enfant.

— Je vous avoue franchement que je ne comprends pas. Pourquoi faire disparaître l'enfant? Dans quel but?

— Dans quel but ? Pour s'emparer de sa fortune, plusieurs millions.

— Diable, diable ! fit Blaireau.

— On n'a reculé devant rien ; avant la naissance de l'orphelin l'œuvre de spoliation était accomplie. Mais je suis en France ; je m'adresserai aux tribunaux, je dénoncerai les infamies, les crimes, les victimes seront vengées !

Blaireau eut un mauvais sourire, pendant qu'un pli sombre se creusait sur son front.

— On a prétendu, — première infamie, — continua l'inconnu, que la jeune femme n'était pas mariée, qu'elle n'était que la maîtresse de son mari... Ah ! il me sera facile de prouver qu'on a menti !

— Il suffit d'un acte de mariage.

— Je l'ai, cet acte, ainsi que plusieurs autres papiers non moins importants.

— Permettez-moi de vous dire, monsieur, qu'il est peut-être imprudent de voyager avec des documents aussi précieux.

L'inconnu ébaucha un sourire.

— Rassurez-vous, monsieur, dit-il, je n'ai pas sur moi ces précieux papiers. Pour ne pas m'exposer à les perdre et dans la crainte qu'ils ne me soient dérobés, je les ai prudemment laissés à Paris.

— C'est bon à savoir, pensa Blaireau.

Il reprit à haute voix :

— Comment se fait-il que vous ne vous soyez pas déjà adressé à la justice ?

— Certaines considérations m'ont jusqu'à présent empêché d'agir. A côté du coupable il y a des innocents... Et puis, avant tout, je voudrais retrouver la jeune femme et savoir si son enfant existe.

— Oui, je comprends cela.

Après un court silence, l'inconnu reprit :

— Il faut absolument que je voie le vieux gardien du château.

— C'est mon avis, monsieur.

— Et que j'obtienne de lui...

— Tous les renseignements que lui seul à Blaincourt peut vous donner, acheva Blaireau.

— Tout sauvage qu'il est, j'espère qu'il m'écoutera.

— Oh! pour vous écouter, il vous écoutera; mais vous répondra-t-il?

— Ainsi vous croyez...

— Je vous l'ai dit, lui délier la langue est une grosse, grosse affaire.

— Même en le menaçant?

— Oh! alors, si vous employez ce moyen, il sera tout à fait muet. Qu'est-ce que ça peut lui faire, vos menaces? Domestique, il a servi, il sert ses maîtres; si ceux-ci sont des criminels, cela ne le regarde pas, il s'en lave les mains. Menacer, mauvaise chose, monsieur. Souvenez-vous de ce proverbe : C'est avec du miel et non avec du vinaigre qu'on prend les mouches.

— Vous qui le connaissez, monsieur, que me conseillez-vous?

Après avoir eu l'air de réfléchir un instant, Blaireau répondit :

— Vous êtes en présence d'une difficulté réelle et ce serait fâcheux que vous ayez fait un voyage inutile. Mais puisque, avec le désir de vous être agréable, je me suis mis à votre disposition, je veux vous aider autant que je pourrai.

— Oh! monsieur...

— Inutile de me remercier : n'est-ce pas un devoir de

se rendre service les uns aux autres ? Le père Grappier est un serviteur fidèle et il possède une grande qualité : la discrétion ; mais il n'est pas sans défaut ; sans être positivement un ivrogne, il aime à boire ; comme tous les autres hommes, il a son côté faible. Il n'a pas toujours dans son bahut l'eau-de-vie, le kirsch et les autres liqueurs fortes qu'il adore, parce que l'argent lui manque souvent pour en acheter. Eh bien, je crois que le seul moyen de le faire parler est de lui offrir quelques pièces d'or.

— Vous avez raison, monsieur, je lui mettrai deux ou trois cents francs dans la main.

— C'est bien ; mais il faut prendre garde de l'effaroucher ; voyez-vous, je connais le bonhomme, il est capable d'accepter votre argent et de vous répondre ensuite : je ne sais rien, je ne sais pas de quoi vous me parlez. Il est bon qu'il soit prévenu d'abord. Donc, voici ce que je peux faire pour vous : le voir et le préparer à vous recevoir. Cela vous convient-il ?

— Mais je suis enchanté, monsieur !

— Eh bien, c'est dit ; ce soir même je ferai une visite au père Grappier. Je le sonderai, je verrai dans quelles dispositions il se trouve, et si, comme il faut l'espérer, il ne se montre pas trop récalcitrant, je vous avertirai aussitôt. Où vous trouverai-je ?

— Je ne sais pas encore.

— Vous avez probablement l'intention de demander une chambre à l'auberge ?

— Je ne puis aller que dans une auberge.

— C'est juste, puisque vous ne connaissez personne à Blaincourt. Alors, comme il n'y a qu'une seule auberge dans le village, sur la petite place, en face de la fontaine, je vous trouverai facilement. A propos, vous ne m'avez pas dit votre nom.

Le jeune homme tira un portefeuille de sa poche et l'ouvrit.

Blaireau, qui regardait avidement, vit des billets de banque et pas d'autres papiers.

— Parfait, pensa-t-il.

— Tiens, tiens, fit le jeune homme, je n'ai pas une seule carte de visite, je les ai oubliées. Je me nomme Charles Chevry, monsieur.

— Et moi, Jules Cornefer, monsieur Charles Chevry. Ah ! nous approchons de Verzéville, et heureusement, pour le reste du chemin que nous avons à faire à pied, la pluie ne tombe plus.

— Combien mettrons-nous de temps pour aller de Verzéville à Blaincourt ?

— Trois petits quarts d'heure à peine, en prenant à travers la sapinière un chemin que je connais.

— Ce chemin ne sera peut-être pas facile pour ma femme.

— Rassurez-vous, on n'a qu'une pente douce à monter, et comme on marche sur un terrain solide, nous aurons les pieds comme sur du macadam, malgré les averses de la nuit et de la matinée.

Dix minutes après on arrivait à Verzéville. Il était près de dix heures. Les voyageurs mirent pied à terre et payèrent le prix de leur place. Cela fait, Charles Chevry prit sa valise, offrit son autre bras à sa femme, et tous deux suivirent Blaireau, qui allait leur servir de guide.

Princet avait disparu. Il se dirigeait vers Blaincourt par un autre chemin.

Comme l'avait annoncé Blaireau, le chemin à travers la sapinière, lavé par les averses, était en bon état et assez facile. On arriva en vue de Blaincourt sans que la jeune femme se sentît trop fatiguée.

Un peu plus loin, à cinquante pas des premières maisons, Blaireau s'arrêta.

— Monsieur Chevry, dit-il, c'est ici que je vous quitte. Vous n'avez qu'à suivre la rue qui s'ouvre devant vous ; vous arriverez sur la petite place et tout de suite vous verrez le bouchon de l'auberge, un sapin jaune qui se balance au vent. Je n'oublierai pas ma promesse, tantôt je verrai notre homme, et ce soir sûrement vous aurez de mes nouvelles.

Les deux hommes se serrèrent la main, puis, ayant salué la jeune femme, Blaireau s'éloigna. Mais, après avoir fait quelques pas, il se retourna et revint précipitamment vers les deux voyageurs.

— J'ai oublié de vous donner un conseil, que je crois bon, monsieur Chevry, dit-il ; les aubergistes sont généralement curieux ; vous ferez bien, à mon avis, de ne point parler de l'affaire qui vous amène à Blaincourt.

— Oui, votre conseil est bon, je le suivrai.

— A revoir, à bientôt !

Cette fois, Blaireau s'éloigna rapidement et disparut derrière une haie. Quelques minutes plus tard, on aurait pu le voir se glisser le long du mur du parc du château, puis s'arrêter, tirer une clef de sa poche, ouvrir une porte et pénétrer furtivement dans le parc.

Charles Chevry et sa femme arrivèrent à l'auberge. Immédiatement ils demandèrent une chambre, Zélima ayant, avant tout, besoin de se reposer. Grand empressement de l'aubergiste et de sa femme, qui seraient volontiers restés en extase devant la belle voyageuse ; ils la dévoraient des yeux, stupéfiés, hébétés d'admiration.

Cependant la femme prit la valise et conduisit les voyageurs dans sa propre chambre. Il y en avait bien deux autres ; mais l'une, la plus jolie, était déjà occupée par un monsieur d'un certain âge, décoré, un ancien militaire, sans doute, qui devait passer la journée et la nuit à Blaincourt : quant à l'autre, elle n'était pas convenable ; on ne pouvait vraiment l'offrir à monsieur et à madame ; elle en ferait la sienne pendant tout le temps que les voyageurs resteraient à Blaincourt.

— Trois voyageurs ! répétait constamment la bonne femme.

Elle n'en revenait pas ; toutes ses chambres occupées ! Depuis plus de quinze ans qu'elle était aubergiste, c'était la première fois qu'elle voyait une chose pareille... Trois voyageurs ! c'était invraisemblable, fantastique, elle avait de la peine à le croire.

Le mari partageait l'ébahissement de sa femme. Pour tous deux cette aubaine, qui semblait leur tomber du ciel, comme un jour la manne céleste dans le désert, était un événement miraculeux, un tel prodige que, dans leur jubilation folle, et contrairement à l'habitude, à ce qui appartient à la nature de l'aubergiste, ils ne songèrent pas à adresser la plus insignifiante question à Charles Chevry. Ils ne lui demandèrent même pas comment il s'appelait et d'où il venait.

Il est vrai que, de son côté, se souvenant du conseil de son compagnon de voyage, le jeune homme se montrait peu communicatif.

Cependant, quand la femme remonta dans la chambre vers midi, portant le dîner des voyageurs, M. Chevry lui demanda si elle connaissait un homme du pays appelé Cornefer.

Certes, il ne soupçonnait point l'individu, qui lui avait obligeamment promis son concours, d'être capable de le tromper ; mais il éprouvait comme le besoin de savoir à quel homme il avait affaire.

— Ils sont deux Cornefer à Blaincourt, monsieur, répondit l'aubergiste, le père et le fils. Est-ce du père que vous me parlez ?

— Quel âge a-t-il, le père ?

— Une soixantaine d'années.

— Alors c'est le fils que j'ai rencontré ce matin.

— M. Jules Cornefer.

— Oui. Quel homme est-ce ?

— Un garçon fort aimable, tout à fait bon enfant.

— Obligeant ?

— Très-obligeant, monsieur, et toujours prêt à rendre service.

— Quel métier fait-il ?

— Il achète des grains chez les cultivateurs de Blaincourt et des environs pour les vendre ensuite sur le marché de Remiremont ; il va même jusqu'à Épinal.

— C'est bien cela, pensa Charles Chevry.

Et tout haut :

— Je vous remercie, madame, dit-il, en accompagnant ses paroles d'un sourire gracieux.

Il était satisfait. D'après ce que l'aubergiste venait de lui dire, il pouvait avoir une entière confiance en M. Jules Cornefer.

— Tu es content, lui dit sa femme, qui semblait lire ses pensées dans son regard.

— Oui, répondit-il, je suis content, car j'ai bon espoir. Nous ne serons pas venus ici pour rien, nous apprendrons quelque chose. A la fin nous finirons par mettre un peu de lumière dans les ténèbres.

Ils se mirent à table et mangèrent de bon appétit.

Vers deux heures, Zélima avoua à son mari qu'elle était très-fatiguée ; elle sentait dans tous ses membres une grande lassitude ; elle tombait de sommeil. Charles l'obligea à se mettre au lit. A peine couchée, ses yeux se fermèrent.

Pendant un instant, assis dans un fauteuil, près du lit, le jeune homme la regarda dormir, puis sa tête se renversa en arrière et, à son tour, il s'endormit profondément.

La nuit était venue, une nuit qui s'annonçait comme devant être une nuit noire ; pas de lune, pas une étoile ; sous le ciel des nuages épais, sombres, qui roulaient les uns sur les autres, chassés par le vent qui soufflait avec violence.

Soudain on frappa à la porte de la chambre.

Charles Chevry se réveilla en sursaut et se frotta les yeux.

On frappa de nouveau : toc, toc.

Le jeune homme se dressa sur ses jambes et alla ouvrir.

— C'est moi, monsieur, dit Marie-Rose, la femme de l'aubergiste.

— Parlez à voix basse, ma femme dort.

Mais Zélima venait aussi de se réveiller.

— Charles, qu'est-ce donc ? demanda-t-elle.

— Je ne sais pas encore.

— Monsieur, c'est un papier qu'on vient d'apporter pour vous de la part de M. Jules Cornefer.

— Bien, bien, merci, dit Charles Chevry, prenant le papier des mains de Marie-Rose.

Il s'approcha de Zélima, qui s'était soulevée sur le lit, et prononça quelques paroles dans la langue que connaissait la jeune femme.

Pendant ce temps, Marie-Rose alluma une bougie.

— Est-ce que la personne qui a apporté ce billet attend en bas ? demanda Charles Chevry.

— Non, monsieur ; le jeune homme s'en est allé aussitôt, il paraissait très-pressé. Faudra-t-il bientôt vous servir votre souper ?

— Quand nous voudrons manger je vous appellerai.
L'aubergiste se retira.

Charles Chevry, très-ému, s'approcha de la bougie.

Tiens, fit-il, il n'y a pas de suscription sur l'enveloppe : M. Jules Cornefer ne s'est pas rappelé mon nom.

Il ouvrit la lettre et lut :

« J'ai eu raison de notre homme ; la somme que je lui
» ai offerte de votre part a produit l'effet que j'attendais.
» Bref, c'était difficile, mais l'affaire est faite. Rendez-
» vous est pris pour cette nuit entre onze heures et mi-
» nuit. Je vous expliquerai pourquoi l'entrevue ne peut
» pas être remise à demain.

» Après onze heures, sortez sans bruit de l'auberge,
» cela vous sera facile, la porte n'étant fermée que par
» un verrou. Je vous attendrai sur la place, près de la
» fontaine.

» N'oubliez pas le conseil que je vous ai donné. Si-
» lence et mystère ! A ce soir ! »

Au bas de ces lignes d'une écriture grosse, tremblée, qu'avec un peu d'attention on aurait facilement reconnue contrefaite, et dont nous avons cru devoir corriger les fautes d'orthographe, s'étalait, au milieu d'un superbe parafe, le nom de Jules Cornefer.

Les yeux fixés sur la lettre, Charles Chevry resta un instant pensif.

— Singulière heure pour un rendez-vous ! murmura-t-il.

Puis après un nouveau silence :

— Enfin, il y a une raison qu'il me fera connaître.

— Eh bien ? fit Zélima qui, depuis un moment, l'interrogeait du regard.

Il revint près d'elle et lui fit la traduction de la lettre.

— Au milieu de la nuit ! s'écria-t-elle, pourquoi, pourquoi ?

— Je l'ignore. Mais il y a une cause.

— Charles, je n'aime pas cela.

— J'aurais certainement préféré une heure autre que celle-là.

— Alors tu iras ?

— Il le faut.

Zélima resta silencieuse, les yeux baissés.

— Il s'agit de Mme la marquise et de son enfant, reprit Charles Chevry ; rien ne doit me coûter dans l'accomplissement du devoir que je me suis imposé ; et puis, ma chère Zélima, tu me l'as dit toi-même, nous n'avons pas le droit de perdre une journée, pas même une heure.

— C'est vrai, Charles, j'ai dit cela.

— Eh bien, voilà pourquoi, si étrange que me paraisse l'heure choisie, j'irai cette nuit trouver l'homme du château en qui j'ai mis tout mon espoir.

— C'est bien, mon Charles, je ne dis plus rien.

— Maintenant, si tu le veux, nous souperons.

— Je n'ai pas faim ; mais je mangerai un peu pour te tenir compagnie.

— Inutile de te lever, je vais approcher la table près du lit.

— Comme tu voudras.

Marie-Rose appelée monta le souper des voyageurs.

IV

Onze heures sonnèrent à l'horloge de la paroisse. Au loin on entendait le hurlement d'un chien de garde. Depuis plus d'une heure l'aubergiste et sa femme dormaient. Dans la chambre voisine, le troisième voyageur, l'homme décoré, dont la dame Marie-Rose avait parlé à Charles Chevry, dormait aussi ; les deux chambres n'étant séparées que par une mince cloison, on l'entendait ronfler.

Zélima, assise sur le lit, avait ses jolis bras demi-nus, estompés d'un fin duvet, autour du cou de son mari prêt à partir.

— Charles, tu ne seras pas longtemps, tu me le promets ?

— Je reviendrai près de toi le plus vite possible.

— Je ne dormirai pas.

— Il faut dormir, au contraire ; comme cela tu ne t'apercevras point de la longueur de mon absence.

— Non, j'ai là, dans ma tête, trop de choses ; je ne dormirai pas, Charles ; mon Charles, prends garde qu'il ne t'arrive rien.

— Enfant, que veux-tu qu'il m'arrive ?

— Je ne sais pas, mais je suis inquiète.

— Calme-toi, ma chérie, chasse ton inquiétude, sois gaie ; à mon retour, je t'apporterai une bonne nouvelle.

— Charles, pourquoi donc ce vilain chien hurle-t-il ainsi?

— Je l'ignore. On l'a probablement mis à l'attache et il n'est pas content.

— Ses cris sont lugubres.

— Allons, ne fais pas attention à cela. Onze heures sont sonnées, je te quitte.

— Tu m'as promis de revenir bientôt.

— Oui.

— Tu sais que je ne dormirai pas.

— Si, si, il faut dormir.

— Non ; je veux, quand tu reviendras, entendre ton pas dans la rue.

— Enfant, enfant !

— Charles, embrasse-moi encore.

Il y eut un nouvel échange de baisers. Puis, échappant à l'étreinte de sa femme, le jeune homme prit une deuxième bougie allumée, ouvrit et referma doucement la porte et descendit sans bruit au rez-de-chaussée.

Blaireau avait été parfaitement renseigné, car, ainsi qu'il l'avait indiqué, la porte de l'auberge, ouvrant sur la petite place, n'était fermée que par un verrou s'enfonçant dans la pierre.

Charles Chevry tira le verrou, qui grinça dans ses anneaux de fer, puis posa son bougeoir sur une table, souffla la bougie et sortit. Il marcha vers la fontaine. Aussitôt un homme se dressa dans l'ombre et vint à lui. C'était Blaireau.

— C'est l'heure, dit-il à voix basse ; venez.

Les rues étaient désertes ; pas une lumière aux fenêtres des maisons. Blaincourt dormait.

Le miaulement d'un chat sur un toit, là-bas le hurlement du chien, les sifflements de la tempête et le tic-tac du moulin accompagné du bruit de l'eau dans les roues hydrauliques, semblable à un grondement de tonnerre, troublaient seuls le silence de la nuit.

Les deux promeneurs nocturnes arrivèrent au bord du Frou.

— Nous pourrions traverser la rivière sur ce pont de pierre, dit Blaireau, ne prenant plus la précaution de parler tout bas, mais nous ferions à peine cinquante pas de l'autre côté, car nous serions arrêtés par les eaux. Les pluies de la nuit dernière ont amené une crue, la rivière a débordé au dessous du moulin et toute cette partie du val est inondée.

— Il y a un autre chemin ?

— Certainement.

— Où ?

— Plus haut que le moulin. Par ici, monsieur, nous allons suivre le bord de l'eau. Du reste, ce n'est guère plus long en passant par le moulin.

— La nuit est bien noire.

— C'est vrai ; un peu de lune ne serait pas à dédaigner. Mais, maintenant, vos yeux doivent être habitués à l'obscurité.

— Oui, je commence à y voir un peu mieux que tout à l'heure. Je vous remercie mille fois, monsieur, de la peine que vous avez prise, du mal que vous vous donnez pour moi, qui vous suis inconnu ; je me demande comment je pourrai reconnaître...

— Allons donc ! ne parlons point de ça.

— C'est un grand dérangement que je vous cause, surtout à pareille heure.

— Ne fallait-il pas achever ce que j'ai commencé ?

— Oh ! je me souviendrai de votre extrême obli

geance. Vous plaît-il de me dire pourquoi le gardien du château a choisi cette heure de la nuit pour une visite?

— C'est bien simple. Parce qu'il part demain matin, à la première heure. Il va voir, en Suisse, un de ses frères, qui est, paraît-il, gravement malade. Il restera peut-être absent une quinzaine de jours. Il serait parti depuis trois ou quatre jours s'il avait eu l'argent nécessaire pour son voyage. Inutile de vous dire que la petite somme que vous devez lui donner a été pour beaucoup dans le bon accueil qu'il m'a fait ; aussi est-il tout prêt à répondre à vos questions.

Un instant après les deux hommes passaient devant le moulin : ils firent encore une vingtaine de pas et s'arrêtèrent.

Blaireau promena son regard autour de lui comme s'il eût voulu percer l'obscurité ; puis, faisant cette réflexion qu'à cette heure de la nuit il n'avait à redouter aucun espionnage, un sourire singulier fit grimacer ses grosses lèvres.

— Monsieur Charles Chevry, dit-il, c'est ici, sur cette passerelle, que vous allez traverser la rivière.

— Est-ce que vous ne venez pas avec moi? demanda vivement le jeune homme.

— Non.

— Pourquoi?

— Ça déplairait au bonhomme.

— Pourtant...

— Il m'a fait comprendre que je ne devais pas vous accompagner.

— Mais je ne connais pas le chemin qui mène au château.

— Le vieux vous conduira ; il doit venir vous attendre tout près d'ici, à l'une des portes du parc, avec une lanterne, et il vous ramènera.

— Ah !

— Attendons un instant.

Presque aussitôt, une lumière apparut à une distance de quarante ou cinquante mètres.

— Enfin, voilà votre homme, dit Blaireau ; c'est le moment de nous quitter.

Charles Chevry eut un moment d'hésitation.

— Si vous désirez que je vous attende, ajouta Blaireau, j'entrerai au moulin et vous me retrouverez là.

— Non, non, merci, monsieur, je ne veux pas trop abuser de votre complaisance. A bientôt !

— A bientôt ! répondit Blaireau.

Résolûment, n'hésitant plus, Charles Chevry s'élança sur la passerelle.

Cette passerelle, sorte de pont rustique, n'ayant qu'un seul garde-fous, était faite avec des planches clouées sur deux poutres de sapin, lesquelles s'appuyaient, aux deux extrémités, sur des pilastres de maçonnerie.

— Oh ! fit tout à coup Chevry, arrivant à peu près au milieu de la passerelle, et jetant son buste en arrière.

Il venait de voir une masse noire étendue sur la passerelle et lui barrant le chemin.

Avant qu'il ait eu le temps de reconnaître si cette chose qui se mouvait, se dressait était un homme ou un animal quelconque, il reçut en pleine figure et dans les yeux une poignée de sable fin.

Complétement aveuglé, il poussa un cri de douleur et d'épouvante, et lâcha le garde-fous pour porter ses deux mains à ses yeux. Aussitôt, deux poignets solides le saisirent par une jambe. Le malheureux n'eut pas même la possibilité de se défendre ; il chancela, perdit l'équilibre et tomba dans le Frou en jetant un cri rauque, horrible, qui se perdit dans le bruit de la chute des eaux.

Cependant, il revint à la surface et il jeta désespérément ses mains autour de lui, comme s'il eût eu l'espoir de saisir un objet quelconque qui pût le sauver. Mais rien, rien que le flot qui se brisait contre lui, furieux de rencontrer un obstacle.

Il savait nager ; malheureusement, gêné dans ses mouvements par son vêtement d'hiver, qui offrait à l'eau, en même temps, une plus forte prise, il fit vainement des efforts suprêmes pour remonter le courant rapide qui l'entraînait vers les roues du moulin.

Il comprit qu'il était perdu ; on l'avait attiré dans un guet-apens ; on venait de l'assassiner lâchement.

— Ma pauvre femme ! ma pauvre femme ! pensa-t-il.

O mon Dieu ! ô mon Dieu !

Ce moment fut horrible !

Il se soutenait encore ; mais ses forces étaient épuisées ; il ne pouvait plus lutter contre la force du tirant d'eau ; il descendait vers les roues fatales.

Tout à coup il se sentit pris dans un tourbillon.

Il poussa un dernier cri, appel suprême que lui arrachait l'espoir d'être entendu.

L'eau l'avait enveloppé dans son tourbillonnement ; elle le fit tournoyer avec elle l'espace d'une seconde, ouvrant le gouffre, puis il enfonça et disparut.

Alors l'homme qui était resté couché en travers de la passerelle et qui avait suivi des yeux l'épouvantable scène, se dressa sur ses jambes et s'empressa de gagner le bord de la rivière où Blaireau l'attendait.

— C'est fini, dit-il d'une voix sourde.

— Noyé ?

— Oui.

— En es-tu bien sûr ?

Princet haussa les épaules.

— Comme je l'avais prévu, dit-il, il est tombé dans l'entonnoir, qui l'a englouti, et maintenant il passe sous une des roues du moulin.

Blaireau resta un moment silencieux, puis d'une voix sombre il murmura :

— Cet homme nous gênait, il devait mourir ! Le danger dont il nous menaçait n'existe plus !

Maintenant, reprit-il, nous n'avons plus rien à faire ici ; partons.

Les deux misérables se perdirent dans la nuit.

De l'autre côté du cours d'eau la lumière avait subitement disparu.

V

Le lendemain, à la pointe du jour, un homme de Blaincourt se rendait au moulin en suivant le bord de la rivière. Il avait ses deux mains dans les poches de son pantalon pour les garantir du froid, et, tout en marchant d'un pas pressé, il sifflait l'air d'une vieille contredanse.

De temps à autre il jetait les yeux sur le Frou dont l'eau baissait presque à vue d'œil.

Tout à coup, à quarante ou cinquante mètres environ en aval du moulin, un objet dont il ne distinguait pas parfaitement la forme, frappa son regard.

— Tiens, c'est drôle, murmura-t-il, on dirait que c'est un homme qui est là, couché dans le sable.

Afin de se rendre compte de l'importance de sa découverte, il s'avança en marchant à petits pas sur le limon dans lequel ses pieds s'enfonçaient. Arrivé près de la chose qu'il avait prise d'abord pour un paquet quelconque, il poussa un oh! étranglé.

C'était bien un être humain, un homme qui était étendu là, sur le ventre. Il voyait ses jambes, ses bras, une de ses mains gantée et le derrière de sa tête presque entièrement enterrée dans le sable.

— Oh ! oh ! fit-il encore, pendant qu'un frisson courait dans tous ses membres et que ses cheveux se hérissaient sur sa tête.

Cependant il se baissa et toucha la main de l'homme. Elle était glacée, raide. Son courage n'alla pas plus loin. Il se redressa pâle, les yeux hagards, secoué par un tremblement convulsif et se mit à fuir avec épouvante. Il ne pensait plus qu'il avait affaire au moulin ; il courait comme s'il eût été mordu au talon par une tarentule.

La pensée lui vint que son devoir était de prévenir le maire et il continua sa course folle en se dirigeant vers la demeure du magistrat municipal. A tous ceux qu'il rencontrait sur son chemin, il criait :

— Un homme noyé au trou du moulin !

En un instant ces lugubres paroles se répandirent dans la commune comme le feu sur une traînée de poudre. Les habitants quittaient leur travail, sortaient de leurs maisons et couraient affolés, criant et gesticulant vers l'endroit où avait été trouvé le cadavre.

Plus de soixante personnes étaient déjà là, lorsque le maire arriva tout essoufflé, escorté de son adjoint et du garde-champêtre.

Le noyé était toujours dans la même position, car personne n'avait encore osé y toucher. Toutefois, à l'examen seul de son vêtement, on avait acquis la certitude qu'il était étranger à la commune. Cela avait un peu calmé l'agitation des habitants, qui avaient pu craindre, d'abord, que le noyé ne fût un parent ou un ami.

Le maire put constater facilement que, selon toutes les probabilités, l'homme était tombé dans le Frou la veille ou dans la nuit, et qu'après avoir été entraîné par le courant, puis ballotté, le flot l'avait jeté sur la rive où l'eau en se retirant l'avait laissé.

Pour tout le monde, jusque-là, ce grand malheur était attribué à un accident.

Sur l'invitation du maire, deux hommes soulevèrent le cadavre et le transportèrent un peu plus loin, sur la terre ferme, où ils le couchèrent sur le dos.

Alors on lui lava la figure et on enleva, autant qu'on le put, le limon qui souillait ses vêtements.

Il avait sur le visage plusieurs meurtrissures et égratignures. Cela n'avait rien de surprenant, le corps pouvait avoir été roulé sur des pierres anguleuses et s'être accroché à des racines d'arbres qui bordent la rivière. Les déchirures qu'on voyait à son vêtement s'expliquaient de la même manière. On remarqua ensuite qu'il avait un bras cassé.

— Ah ! le malheureux ! s'écria une femme, il est passé sous les roues du moulin !

— Je crois que la mère Rigaut ne se trompe pas, dit le maire.

— Pardine, reprit la femme, enchantée de l'approbation de M. le maire, on voit bien que c'est une roue du moulin qui lui a écorché la figure comme ça.

— Allons, dit le maire, approchez tous et regardez.

Aussitôt le cercle formé autour du cadavre s'élargit, et ceux qui se trouvaient derrière les autres purent à leur tour contempler les traits du noyé.

— Eh bien, quelqu'un le reconnaît-il ? demanda le maire.

On se regarda, on s'interrogea du regard ; mais personne ne répondit.

— Inconnu ! murmura le maire.

— Il a peut-être des papiers sur lui, dit le garde champêtre.

— Oui, peut-être ; voyez.

Le garde se mit en devoir de fouiller les poches du

mort. Il trouva d'abord un mouchoir blanc, qui ne portait aucune marque, un petit couteau nécessaire à manche d'écailles, puis un porte-monnaie contenant quelques pièces d'argent ; enfin d'une dernière poche il sortit un portefeuille de maroquin vert, qu'il tendit au maire.

Celui-ci l'ouvrit, et y trouva, pliés en deux, cinq ou six billets de banque de cent francs, collés les uns aux autres, mais aucun autre papier.

Le maire secoua la tête, laissant voir son désappointement.

— Rien, dit-il, rien qui puisse nous aider à établir son identité.

La somme trouvée sur le noyé écartait l'hypothèse d'un crime et semblait confirmer que l'inconnu était tombé dans la rivière par accident.

Cependant on ne pouvait pas laisser le cadavre au bord de l'eau.

— Nous allons transporter le mort dans une salle de la mairie, dit le maire après avoir consulté l'adjoint et le garde-champêtre.

On alla au moulin prendre une civière : on la couvrit de paille et sur la paille ou coucha le cadavre. Deux paysans robustes se mirent dans les brancards et on se mit en marche.

. . . .

Zélima était restée, longtemps après le départ de son mari, assise sur le lit ; puis, fatiguée, elle avait laissé tomber sa tête sur l'oreiller ; mais il lui avait été impossible de s'endormir. Aussitôt qu'elle fermait les yeux et que sa pensée flottante s'enfonçait dans le vague, le cauchemar la faisait sursauter ; tout son corps frémissait et de grosses gouttes de sueur perlaient sur son front.

Elle entendit sonner minuit, puis une heure, puis successivement toutes les heures.

— Mon Dieu, pourquoi donc reste-t-il si longtemps ? se disait-elle chaque fois que l'heure nouvelle envoyait ses vibrations à ses oreilles.

Trois ou quatre fois elle se leva. Elle faisait le tour de la chambre et ouvrait la fenêtre qu'elle refermait vite après avoir plongé son regard au dehors, car le vent qui soufflait du nord était glacial.

A mesure que le temps s'écoulait, son inquiétude augmentait, elle était en proie à une angoisse horrible, elle sentait en elle des tressaillements douloureux. Elle avait peur. Elle ne s'expliquait pas bien pourquoi, mais il lui semblait qu'un épouvantable malheur planait sur elle.

Vers trois heures, le chien se remit à hurler. Or, Zélima était superstitieuse ; elle s'imaginait que les plaintes, que les gémissements de l'animal s'adressaient à elle.

Quand, à l'est, une lueur blanche annonça l'approche du jour, elle se leva et s'habilla très-vite. Tout était encore silencieux dans la maison. Elle était dans un état d'agitation et d'exaltation impossible à décrire. Elle avait envie de pleurer, elle ne pleura pas, pourtant ; mais elle avait des sanglots arrêtés dans la gorge.

Elle sentit qu'elle avait froid et s'aperçut qu'elle grelottait. Il y avait encore du bois près de la cheminée : elle alluma du feu. Mais elle ne pouvait tenir en place ; elle allait constamment de la cheminée à la porte, puis à la fenêtre et de la fenêtre à la porte, tendant anxieusement l'oreille à celle-ci, regardant en soupirant à travers les vitres de l'autre. Elle pouvait voir, maintenant, il faisait jour.

A six heures elle entendit du bruit au rez-de-chaussée. L'aubergiste et sa femme venaient de se lever. Elle était à bout de patience, elle se sentait mourir d'inquiétude ;

elle s'élança hors de la chambre et descendit. Dans la salle elle trouva dame Marie-Rose. Celle-ci faillit tomber à la renverse à l'apparition de la jeune femme.

— Déjà levée ! s'écria-t-elle.

Mais, aussitôt, voyant le visage décomposé de la jeune femme et son air effaré :

— Ah ! Seigneur Dieu, fit-elle effrayée, en laissant tomber son balai, que s'est-il donc passé ? Qu'avez-vous ?

Zélima comprit très-bien que Marie-Rose l'interrogeait ; mais, ne pouvant lui répondre autrement, elle éclata en sanglots.

De plus en plus effrayée, Marie-Rose lui prit les mains, la força à s'asseoir et se mit à la caresser, comme on caresse un enfant, en lui disant toutes sortes de douces paroles.

Zélima se calma un peu, et, par ses gestes accompagnés de regards expressifs, elle parvint à faire comprendre à l'aubergiste que son mari était sorti dans la nuit et qu'il n'était pas rentré.

— Ah ! mon Dieu, mais pourquoi... pourquoi ? Où est-il allé ? Il faisait noir comme dans un four !... Pourvu qu'il ne lui soit rien arrivé... Et moi qui ai grondé mon homme parce que je croyais qu'il avait oublié hier au soir de pousser le verrou. Maintenant je comprends pourquoi la porte était ouverte.

Zélima continuait de sangloter, tenant sa tête dans ses mains.

A ce moment des clameurs se firent entendre et plusieurs personnes traversèrent la place en courant.

— Hein, qu'est-ce donc ? fit Marie-Rose ; est-ce qu'il y a le feu par là ?

Zélima avait bondi sur ses jambes comme mue par un ressort.

La porte s'ouvrit, et l'aubergiste, venant du dehors, entra brusquement, tout bouleversé.

— Femme, femme ! cria-t-il.

— Eh bien ? l'interrogea-t-elle.

— Un grand malheur !...

— Quel malheur ?

— On vient de trouver un homme noyé au trou du moulin.

Marie-Rose pâlit affreusement, car elle pensa aussitôt que le noyé pouvait être le mari de Zélima.

— Bienheureuse sainte Anne, ayez pitié de nous ! dit-elle en joignant les mains.

Puis, courant à son mari, elle lui dit rapidement :

— Notre voyageur, le mari de cette pauvre petite, est sorti dans la nuit et n'est pas entré, si c'était lui, mon Dieu !... Vite, vite, cours, mon homme, va voir et reviens tout de suite.

L'aubergiste s'élança hors de la maison et partit en courant.

Aussitôt Zélima se dressa devant Marie-Rose, lui saisit les bras sur lesquels ses doigts se crispèrent, et le regard enflammé, fiévreux, parlant sa langue, elle l'interrogea impérieusement. Elle demandait :

— Pourquoi ces cris ? ces femmes et ces hommes qui courent épouvantés ? Que vous a dit votre mari ? Que se passe-t-il ?

Marie-Rose comprit sans doute, car elle répondit :

— Je ne sais rien encore, je vous jure que je ne sais rien ; mon homme est allé voir, il ne sera pas longtemps à revenir. Attendons, attendons... Je vous en prie, calmez-vous, remettez-vous ; il faut être raisonnable.

Elle voyait la jeune femme prête à avoir une crise nerveuse.

— Mon Dieu, mon Dieu, reprit-elle très-effrayée, si seulement elle me comprenait, je pourrais lui causer gentiment, et je parviendrais peut-être à la rassurer, à la consoler. Bien sûr elle va se trouver mal ; qu'est-ce qu'il faut que je fasse ?... Et tout à l'heure, si c'est lui... Oh ! sainte Anne, bienheureuse sainte Anne, préservez-nous !

L'idée lui vint de faire remonter la jeune femme dans sa chambre. En lui parlant doucement, d'une voix caressante, elle essaya de l'entraîner vers l'escalier. Mais Zélima, devinant son intention, lui résista ; puis la repoussant brusquement, avec une sorte de fureur, elle sortit de la maison et marcha rapidement jusqu'à la fontaine... Là, ses jambes fléchirent et elle fut forcée de s'asseoir sur une borne.

Ses beaux cheveux noirs s'étaient dénoués et tombaient en longues tresses sur ses épaules.

Marie-Rose s'était empressée de la rejoindre et se tenait près d'elle, prête à la secourir et à lui donner des soins.

L'aubergiste, envoyé par sa femme, s'était dirigé rapidement vers le moulin ; il n'alla pas jusqu'à la rivière ; à l'entrée du village il rencontra le convoi. Il écarta brusquement les personnes qui marchaient à côté de la civière et ses yeux tombèrent sur le visage du mort.

— Malheur, malheur ! s'écria-t-il aussitôt, c'est lui !

Les porteurs s'arrêtèrent et le maire s'approcha de l'aubergiste.

— Est-ce que vous reconnaissez ce cadavre ? lui demanda-t-il.

— Hélas ! oui, monsieur le maire ; c'est un voyageur qui est arrivé hier à Blaincourt avec sa femme et qui est venu loger chez nous. Ah ! j'en suis sûr, on l'a jeté dans le Frou après l'avoir volé !...

— C'est très-grave, ce que vous dites là, Claude Royer, prenez garde !

— Est-ce que vous croyez, par hasard, que ce malheureux s'est suicidé ?

— Je ne dis pas cela, mais il a pu tomber dans la rivière.

Claude Royer secoua énergiquement la tête.

— Monsieur le maire, répliqua-t-il avec conviction, il y a là un crime.

— Nous avons trouvé sur lui ce porte-monnaie et ce portefeuille qui contient des billets de banque ; il n'a donc pas été volé.

— Ça, c'est vrai, monsieur le maire ; pourtant...

— Vous tenez à votre idée.

— C'est-à-dire, monsieur le maire, que je ne sais plus que penser. Mais voyons, pourquoi est-il sorti la nuit, laissant toute seule sa jeune femme, qui est bien la plus mignonne, la plus adorable créature qu'il y ait au monde ? Par exemple, on ne me fera jamais croire que c'était pour se jeter dans la rivière. Non, il ne s'est pas suicidé.

— Ce que vous venez de dire, Royer, nous permet au moins de le supposer.

— Monsieur le maire, voulez-vous que je vous dise ? Eh bien, tout ça n'est pas clair du tout. Mais il faudra bien qu'on sache... Hier soir, à la nuit, on lui a apporté une lettre...

— Eh bien, cette lettre ?

— M'a été remise par un jeune homme qui n'est pas de Blaincourt, car il m'est inconnu.

— Ah ! fit le maire, devenu soucieux.

Et vous supposez ? interrogea-t-il.

— Que le malheureux voyageur a été attiré dans un guet-apens.

— Pas pour le voler !

— Qui dit, monsieur le maire, que ce n'était pas une vengeance ?

Le front du maire s'assombrit davantage.

— Vous tenez absolument à votre idée, dit-il d'une voix qui trahissait son émotion ; selon vous il y a eu crime.

— Eh bien, oui, monsieur le maire, répondit Claude Royer avec force, et rien ne m'ôtera ça de la cervelle.

— C'est bien, il y aura une enquête et on découvrira la vérité.

Après avoir échangé quelques paroles avec l'adjoint, le maire dit à l'aubergiste :

— Puisque la femme du noyé se trouve chez vous c'est là que nous allons le transporter.

— Comme vous voudrez, répondit Royer, sans songer à ce qui pourrait arriver lorsque la jeune femme se trouverait en présence du cadavre de son mari.

Les porteurs, qui avaient saisi l'occasion de se reposer un instant, reprirent la civière et, lentement, on s'achemina vers l'auberge.

Quand la foule, maintenant émue, recueillie, ne faisant plus entendre aucun cri, déboucha sur la place, on vit, près de la fontaine, une femme échevelée se débattant entre les bras d'une autre femme qui voulait la retenir.

Mais Zélima parvint à échapper à l'étreinte de Marie-Rose et elle s'élança comme une folle, les cheveux au vent, à la rencontre du convoi.

— C'est sa femme ! cria Claude Royer.

Tout le monde se sentit frissonner.

Plusieurs femmes se précipitèrent pour arrêter la malheureuse ; mais avant qu'elles aient eu le temps de la saisir, Zélima fendit la foule et se trouva devant la civière.

Aussitôt, de sa gorge serrée s'échappa un cri rauque, qui ressemblait à un râle ; ses traits se contractèrent horriblement et ses yeux fixes s'ouvrirent d'une manière effrayante ; elle parut grandir, son corps et ses membres se raidirent en craquant, et elle tomba en arrière, comme un bloc, les bras en croix.

VI

Le corps du noyé avait été couché sur un lit de sangles préparé à la hâte dans une des salles de l'auberge. Deux hommes désignés par le maire le gardaient.

La jeune femme avait été enlevée inanimée, puis portée sur son lit. Marie-Rose et deux autres femmes étaient à son chevet lui prodiguant toutes sortes de soins sans parvenir à la rappeler à la vie.

Après avoir donné quelques ordres, le maire s'était rendu à la maison commune et s'était mis, aussitôt, à écrire une assez longue lettre au juge de paix du canton pour l'informer des faits et le prier de venir immédiatement à Blaincourt afin de commencer une enquête.

Il allait cacheter sa lettre lorsqu'on frappa à la porte de son cabinet.

— Entrez, dit-il.

La porte s'ouvrit, un homme entra. Cet homme, que le maire voyait pour la première fois, pouvait avoir cinquante-cinq ans. Grand, plein de force et de santé, il avait l'attitude et les allures d'un ancien militaire ; sa figure martiale, ses longues moustaches grises et le ruban rouge qu'il portait à sa boutonnière, indiquaient qu'il avait eu un grade dans l'armée.

Les deux hommes se saluèrent.

— Je vous demande une minute, monsieur, dit le maire, en indiquant un siège au visiteur, une lettre pressée, qu'on attend.

— C'est précisément au sujet de cette lettre que je viens vous trouver, monsieur le maire.

— Celui-ci regarda l'étranger avec surprise.

— Vous allez l'expédier à Verzéville par un exprès?

— Oui, monsieur, l'homme est là.

— Eh bien ! monsieur le maire, je vous prie de vouloir bien ajouter ceci à votre lettre : Prière d'amener un médecin que l'état de la femme du noyé réclame impérieusement.

— Est-ce qu'on craint pour sa vie ?

— La malheureuse a été frappée comme d'un coup de foudre ; on peut tout redouter ; malgré les soins qu'on lui donne, elle est toujours étendue sur son lit, raide, glacée, comme morte.

Le maire ajouta rapidement un post-scriptum à sa lettre, puis il la cacheta, la remit au messager qui attendait à la porte, prêt à partir. Cela fait, il rentra dans le cabinet, et l'étranger reprit la parole, en disant :

— Monsieur le maire, vous pourriez vous étonner de l'intérêt extraordinaire que je porte à cette pauvre jeune femme : eh bien, je suis le premier à ne pas comprendre pourquoi je m'intéresse si vivement, pour ne pas dire d'une façon si étrange, à une personne qui m'est tout à fait inconnue. Je l'ai vue une seule fois, il y a un peu plus d'une heure, quand elle est tombée foudroyée sur la place devant le cadavre de son mari.

Sans doute, son immense malheur est de ceux qui provoquent toutes les sympathies.

— Certes ! approuva le maire.

— Mais ce que j'éprouve pour cette malheureuse est

plus que de la sympathie ; c'est un sentiment presque paternel. Il faut donc reconnaître qu'il y a des impressions, manifestations subites de l'âme, auxquelles on ne peut échapper, qu'il faut subir.

Le maire acquiesça par un mouvement de tête.

— Monsieur le maire, continua l'étranger, je me nomme Jacques Vaillant ; je suis un ancien capitaine de dragons en retraite et je demeure à six lieues d'ici, au village de Mareille, qui est l'endroit où je suis né.

— Nous sommes compatriotes, monsieur, dit le maire en tendant la main à l'ancien militaire.

— Tous deux Lorrains et enfants des Vosges, monsieur le maire. Revenant d'un assez long voyage que je viens de faire en Alsace, du côté du Rhin, j'ai voulu revoir Elaincourt où je suis venu dans mon enfance avec ma mère. Un souvenir ! J'ai couché à l'auberge, chez Claude Royer, dans la chambre voisine de celle que l'aubergiste avait mise à la disposition de la jeune femme et de son mari. Je devais partir ce matin, ayant hâte de rentrer chez moi ; car je suis marié, et après une absence de trois semaines ma femme attend mon retour avec impatience. Eh bien, malgré cela, je reste ; je ne puis m'éloigner avant d'être complétement rassuré sur le sort de la pauvre veuve ; je désire savoir aussi quel sera le résultat de l'enquête.

— Quelle est votre opinion sur ce douloureux événement ?

— Je n'ose me prononcer ; il faut laisser à la justice le soin d'éclaircir cette affaire. Vous avez bien fait, monsieur le maire, d'appeler immédiatement le juge de paix ; mais je suis convaincu que celui-ci, à son tour, s'empressera de faire venir le procureur impérial et un juge d'instruction.

— Alors, vous aussi, vous croyez...

— Je viens de vous le dire, monsieur le maire, je n'ose pas me prononcer. Nous sommes en présence de trois hypothèses, de ces trois questions : Est-il tombé dans la rivière par accident? S'y est-il jeté volontairement? Y a-t-il été précipité par des mains homicides?

— Claude Royer a parlé d'une lettre qu'il a reçue hier soir, laquelle a été apportée par un inconnu ; qu'est-elle devenue, cette lettre?

— Je vous l'apporte, monsieur le maire, la voilà. Elle a été trouvée sur la cheminée, dans un vase où, après l'avoir lue, le malheureux l'avait jetée.

Le maire déplia le papier et aussitôt la signature lui sauta aux yeux.

— Jules Cornefer ! exclama-t-il, faisant un bond sur son siège ; mais c'est impossible ! Il n'y a pas de plus honnête homme à Blaincourt que Jules Cornefer. Bon, serviable, d'une probité reconnue, tout le monde l'aime et l'estime !

— Lisez la lettre, monsieur le maire, sans vous préoccuper de la signature.

Le magistrat municipal lut rapidement.

— Eh bien? fit Jacques Vaillant.

— Je commence à croire que Royer a raison. Oui, cette lettre prouve que le malheureux a été attiré dans un guet-apens; et elle est signée Jules Cornefer !

— Oui, mais cette signature même est la preuve de l'innocence de Jules Cornefer. Est-ce qu'il aurait livré ainsi son nom à la justice s'il était coupable?

— C'est juste, fit le maire.

— Soyez certain que le misérable, qui a écrit cette lettre, aurait pu la signer de n'importe quel autre nom ; il connaît le nom de Jules Cornefer et il s'en est servi. Je ne suppose même pas qu'il ait eu l'intention de compromettre un honnête homme. Non, non, il n'a pas été assez stupide pour penser qu'il égarerait avec ce nom les recherches de la justice. Examinez l'écriture, monsieur le maire ; n'est-elle pas contrefaite ? Et ces grossières fautes d'orthographe ? On devine qu'elles ont été faites exprès.

— Oui, c'est vrai. Ainsi ce malheureux voyageur a été attiré dans un guet-apens, et un ou plusieurs misérables l'ont précipité dans le Frou. Pourquoi ? Ils ne l'ont pas volé... Ah ! comme le dit Royer, une vengeance, une lâche vengeance ! Et, jusqu'à présent, nous ne savons ni qui il est, ni d'où il venait.

— Malheureusement.

— Et nous ne pouvons pas espérer être renseignés par sa femme qui, paraît-il, ne connait pas le français.

— Peut-être trouvera-t-on quelques papiers.

— Ce serait à souhaiter ; mais je n'y compte point. Des papiers se placent toujours dans un portefeuille ; si le malheureux avait eu seulement un passe-port, un certificat, je l'aurais trouvé dans son portefeuille. Ah ! il est fâcheux, bien fâcheux que Claude Royer n'ait pas rempli près du voyageur les formalités auxquelles sont astreints tous les aubergistes. Il y a un règlement de police, on n'y pense pas ou bien l'on ne veut pas s'y soumettre ; et voilà ce qui arrive.

— Vous avez parfaitement raison, monsieur le maire, et je puis vous dire que, dans le voyage que je viens de faire, on ne m'a pas demandé une seule fois de faire les déclarations exigées par le règlement de police dont vous parlez.

— Et cependant cela coûte bien peu d'écrire ou de faire écrire sur un registre les nom et prénoms d'un voyageur, son âge, sa profession, le lieu de sa naissance et l'endroit de sa demeure.

Les deux hommes n'avaient plus rien à se dire.

L'ancien militaire se leva, salua le maire et se retira.

Un peu avant dix heures le juge de paix et le médecin arrivèrent. Deux gendarmes à cheval escortaient la voiture de ces messieurs. Ils mirent pied à terre devant l'auberge, et pendant que le médecin, conduit par Royer, montait dans la chambre de Zélima, le juge de paix, suivi des gendarmes, se dirigea vers la maison commune où le maire l'attendait, assisté de son adjoint et de deux membres du conseil municipal.

Quand le juge de paix entra, l'un de ces derniers, un vieillard à la tête blanche comme neige, qui tenait entre ses doigts la lettre portant une fausse signature, paraissait en proie à une grande agitation.

C'était le père de Jules Cornefer.

Ayant pris place dans un fauteuil, le juge de paix invita le maire à compléter le rapport contenu dans la dépêche qu'il lui avait adressée.

Pour toute réponse le maire prit la lettre des mains de M. Cornefer et la tendit au juge de paix.

Celui-ci lut lentement, les sourcils froncés, le front plissé. Arrivé à la signature, il ne put s'empêcher de hausser les épaules.

— Grave affaire, messieurs, dit-il, après être resté un moment silencieux, affaire excessivement grave et hors de ma compétence ; il va falloir prévenir le parquet. Toutefois, avant de dénoncer les faits au ministère public, il est de notre devoir de procéder à une enquête, afin de recueillir tous les renseignements possibles. Avez-vous interrogé Jules Cornefer ?

— Mon fils n'est pas à Blaincourt, monsieur le juge de paix ; il est absent depuis deux jours.

— C'est regrettable.

— Est-ce que M. le juge de paix peut croire... balbutia le vieillard.

— Rassurez-vous, monsieur Cornefer, je connais assez l'écriture et la signature de votre fils pour être sûr que ce n'est point lui qui a écrit cela ; je regrette qu'il soit absent parce que, peut-être, il aurait pu nous mettre sur la piste de l'individu qui a eu l'audace de se servir de son nom.

— Mon fils, vous le savez, est très-connu dans tout le pays vosgien.

— Et vous ignorez toujours le nom du mort? reprit le juge de paix, s'adressant au maire.

— Toujours, monsieur le juge de paix. Comme je vous le dis dans ma lettre, il n'a point donné son nom à l'aubergiste, qui a eu, lui, le tort de ne pas le demander. La lettre que vous venez de lire, apportée à l'auberge hier soir par un inconnu, comme l'a déclaré Royer, était sous l'enveloppe que voilà ; et vous voyez, elle ne porte pas de nom.

Le juge de paix hocha la tête.

— Tout cela est bien singulier, murmura-t-il.

Après un court silence il reprit:

— Voyageant avec une femme, la sienne, paraît-il, ce voyageur devait avoir au moins une malle contenant des effets, du linge.

— Seulement une toute petite valise en osier.

— L'a-t-on ouverte ?

— Non, monsieur le juge de paix ; j'ai cru ne devoir rien faire avant votre arrivée.

— Soit. Mais nous verrons tout à l'heure ce qu'il y a dans la valise ; nous ferons de nouveau l'inspection des vêtements du noyé ; si son mouchoir n'est pas marqué, sa chemise l'est peut-être. Il est impossible qu'il n'ait pas causé avec l'aubergiste ou avec sa femme ; il est important de savoir ce qu'il a dit.

Après une pause, le juge de paix continua :

— Il n'y a pas à en douter, cet homme a été victime d'un abominable complot. Il ressort de cette lettre, dont on s'est servi pour attirer le voyageur, la nuit, au bord de la rivière, que le crime était prémédité, et son exécution préparée d'avance. On croirait presque que la victime s'entendait avec ses meurtriers. Ah ! ceux-ci, — car je suppose qu'ils étaient plusieurs pour commettre le crime, — ne sont pas des malfaiteurs ordinaires. Les misérables ont bien pris leurs précautions pour dépister les recherches de la justice.

Cette affaire me paraît, en effet, singulièrement mystérieuse. Voyez, le voyageur ne dit pas son nom à l'aubergiste, il ne porte sur lui aucun papier, il laisse ignorer d'où il vient, où il va ; il ne parle point de ce qui l'amène à Blaincourt ; on lui fait remettre une lettre qu'il attend évidemment, et cette lettre, qui le fait tomber dans un guet-apens, cette lettre est dans une enveloppe sur laquelle on n'a pas même écrit son nom ; ce n'est pas tout : sa femme, qui pourrait seule éclairer la justice, donner de précieux renseignements et peut-être livrer les noms des criminels, sa femme ne connaît pas la langue française. En vérité, il faut convenir que tout cela est bien étrange. Ou il y a là une inconcevable fatalité, ou il faut y voir quelques-unes des précautions prises par les assassins pour échapper à la justice et au châtiment.

Ma conviction est faite, messieurs, poursuivit le juge de paix, il y a un mystère dans la mort de cet homme. Il faut espérer que la justice en déchirera le voile ; mais, pour qu'elle y parvienne, il faut qu'elle sache qui est la victime ; son nom seul peut la mettre sur la trace des coupables.

VII

Pendant plus de trois heures Zélima était restée étendue sur le lit, inerte, raide. On aurait pu croire qu'elle avait cessé de vivre.

La désolation était autour d'elle. Allait-elle donc mourir ?

Un certain nombre de personnes restaient devant l'auberge ; ces personnes donnaient des nouvelles de la jeune femme à ceux qui, à chaque instant, venaient en demander, car la population, très-émue, s'intéressait vivement à la jeune femme inconnue. Son malheur était si grand, si épouvantable !... C'était une pitié sympathique, profonde, qu'elle avait inspirée à tout le monde.

Quand le médecin entra dans la chambre, il y avait quinze ou vingt minutes environ que Zélima était sortie de sa léthargie. Par quelques mouvements, d'abord, elle avait rassuré Marie-Rose et les autres femmes qui étaient près d'elle ; car pendant tout le temps écoulé elles avaient eu l'horrible crainte de ne pas la voir revenir à la vie.

Après avoir remué les bras, la jeune femme eut plusieurs tressaillements successifs, sortes de crispations nerveuses, puis ses yeux s'ouvrirent largement et prirent peu à peu un éclat fiévreux. Mais les paupières restaient immobiles et le regard fixe ; pas un mouvement des prunelles. Cependant les principaux organes reprenaient leur fonctionnement : elle respirait, son corps et ses membres n'avaient plus la même rigidité ; elle était moins froide ; un peu de rose, se montrant sur ses lèvres et ses joues, annonçait que la circulation du sang commençait à se rétablir. Toutefois, sa bouche restait muette : pas une plainte, pas un gémissement, pas un cri ; aucun son ne sortait de sa gorge. Rien ne venait indiquer qu'elle eût repris connaissance.

En voyant paraître le médecin, les femmes éprouvèrent aussitôt un immense soulagement. La malade leur ayant été confiée, le médecin leur enlevait une sorte de responsabilité qui, jusque-là, avait pesé sur elles comme un poids énorme.

Le médecin, amené par le juge de paix, était, en même temps qu'un vieux praticien, un homme d'un grand savoir. Depuis quarante ans qu'il exerçait dans le pays, il avait rendu de très-grands services aux populations ; il était très-estimé, très-aimé et tout le monde avait en sa science la plus entière confiance.

Maintes fois, d'ailleurs, il avait donné des preuves de sa valeur ; on ne comptait plus le nombre des moribonds sauvés par lui dans des cas désespérés.

Le docteur Cornevin était une célébrité départementale. Dans des cas particuliers on l'appelait de fort loin, soit pour une consultation, soit pour donner lui-même des soins à un malade.

Le docteur Cornevin s'approcha du lit de Zélima et resta un instant immobile, les yeux fixés sur le visage de la jeune femme, comme s'il s'oubliait à la contempler. Mais aux mouvements de sa physionomie, à l'expression de son regard, au froncement de ses épais sourcils, on aurait pu deviner la tristesse de ses pensées.

Cependant, ayant tiré de sa poche un instrument d'acier, il le fit passer sur les yeux de la jeune femme, les touchant presque. Le regard resta fixe, comme si l'organe de la vue eût été paralysé. Du bout du doigt il toucha légèrement les paupières ; elles n'eurent pas un frémissement, elles étaient raidies sous l'os frontal.

— Hum, hum ! fit le docteur.

Il se redressa et lentement sa tête s'inclina sur sa poitrine.

Quelques minutes s'écoulèrent au milieu d'un profond silence.

A la fin, Marie-Rose, dévorée d'inquiétude et perdant patience, s'approcha du médecin.

— Eh bien, monsieur Cornevin, lui demanda-t-elle, que pensez-vous ?

Arraché à sa méditation, le docteur hocha la tête.

— J'observe, j'examine, j'attends, murmura-t-il : je suis en présence d'un phénomène singulier ; la situation de cette jeune femme est grave, très-grave.

— Alors vous croyez qu'elle va mourir ?

— Je ne veux pas dire cela. Il y a eu au cerveau un ébranlement terrible, qui me paraît avoir amené la paralysie de plusieurs organes.

— Je comprends, dit Marie-Rose en pleurant, vous n'avez pas d'espoir.

Après un court silence, le docteur reprit :

— Elle respire ; tant qu'elle aura un souffle de vie, il faut espérer.

Alors il donna différents ordres, demandant diverses choses qu'on s'empressa de lui apporter.

Il s'inclina au chevet de la malade et employa successivement les moyens les plus énergiques pour rendre la sensibilité aux organes. Il y réussit en partie. Mais, vers midi, une complication inattendue vint aggraver la situation. La jeune femme fut prise par les douleurs de l'enfantement. Elle poussait de longs gémissements, des plaintes sourdes, et se tordait sur sa couche dans d'horribles convulsions.

— N'ayant pas été prévenu, le docteur n'avait pas apporté les instruments de chirurgie qui pouvaient lui être nécessaires.

Il se fit donner une feuille de papier sur laquelle il écrivit rapidement quelques lignes.

— Qu'on porte ceci immédiatement au juge de paix, dit-il ; un gendarme montera à cheval, ira chez moi prendre ce que je demande et reviendra aussitôt.

On courut à la mairie et de là chez le maire où le juge de paix déjeunait. Mais celui-ci n'avait plus ses gendarmes ; il avait renvoyé l'un à Verzéville et fait partir le second dans une autre direction, afin que, le jour même, toutes les brigades de gendarmerie de l'arrondissement prévenues, elles puissent se mettre à la recherche des assassins. Heureusement le maire avait un cheval à l'écurie. Faute de selle, un domestique lui attacha une couverture sur le dos au moyen d'une sangle, l'enfourcha et partit au galop. A une heure et demie il était de retour.

— Enfin ! s'écria le docteur, qui attendait avec impatience et dans une angoisse inexprimable.

Une heure après, Zélima mettait au monde une petite fille.

Marie-Rose la reçut dans ses bras.

— Seigneur Dieu, est-elle petite ! exclama-t-elle ; mais comme elle est mignonne, comme elle est gentille ; Ah ! pourvu qu'elle vive !

— Elle vivra, répondit le docteur, et c'est bien un miracle.

— Maintenant, monsieur Cornevin, c'est sa maman qu'il faut sauver.

Le docteur garda un morne silence. Deux grosses larmes roulaient dans ses yeux.

Il pensait, le bon docteur, aux terribles fatalités de la vie, à la destinée qui attendait cette frêle créature qui venait de naître pour ainsi dire entre deux cercueils; car il ne se faisait aucune illusion; il voyait que la jeune mère était perdue; il savait que sa science, que toutes les ressources de son art ne pouvaient lutter, cette fois, contre la mort.

La malade était retombée dans son immobilité : elle était étendue de nouveau comme une masse inerte. Nul n'aurait pu dire si elle avait eu conscience de ce qui venait de se passer, si quelque chose en elle lui avait fait sentir sa maternité. Elle avait toujours les pupilles dilatées, mais la lumière de ses yeux s'était éteinte. Maintenant, sa respiration seule indiquait qu'elle vivait encore.

Sa figure livide avec des tons jaunes, ses lèvres décolorées, ses narines serrées, ses grands yeux ouverts, sans regard, et l'aspect général de son corps, tout semblait appartenir à un cadavre.

— Dès demain, Marie-Rose, il faudra une nourrice à cette enfant, dit le docteur.

— Il ne me sera pas difficile de la trouver.

— Tant mieux !

— La mère Rigaud, notre voisine, se dispose à sevrer son petit garçon.

— C'est juste, Marie-Rose ; le petit, si j'ai bonne mémoire, aura bientôt un an.

— A Noël, monsieur Cornevin.

— Eh bien, ma brave Marie-Rose, j'approuve votre

choix : Angélique Rigaud sera une excellente nourrice. Il faudra la voir ce soir.

— Tout à l'heure, monsieur Cornevin.

— Si elle consent, dès ce soir nous lui confierons l'enfant.

— Mais la mère, monsieur Cornevin, la mère?

— C'est du haut du ciel qu'elle veillera sur la pauvre créature, répondit tristement le docteur.

— Oh ! oh ! perdue ! soupira Marie-Rose.

Le docteur Cornevin ne s'était pas trompé. A quatre heures, Zélima rendit le dernier soupir.

A deux pas du lit de mort, le nouveau-né dormait dans un grand panier dont on avait fait provisoirement un berceau.

Le docteur, très-ému, ferma les yeux de la morte et se retira silencieusement.

Marie-Rose alluma un cierge et mit dans un vase, qu'elle plaça sur la table de nuit, de l'eau bénite et une petite branche de buis également bénit.

Quelques minutes après le départ du médecin, une femme entra sans bruit dans la chambre. Elle s'approcha du lit en faisant le signe de la croix, puis elle prit le rameau vert et fit tomber quelques gouttes d'eau bénite sur le corps, en disant tout bas le premier verset du *De profundis*.

Cela fait, elle tendit la main à Marie-Rose, qui avait les yeux rouges.

— Quel malheur ! murmura-t-elle ; c'est épouvantable !

Marie-Rose poussa un long soupir et montra le panier à Angélique.

Celle-ci avança, et, pendant quelques secondes, les

yeux humides, elle regarda la tête de l'enfant. Ensuite elle prit le panier et l'emporta.

. . . .

Le juge de paix n'avait pas perdu son temps ; il avait poussé son enquête aussi loin que possible. Certes, ce n'était pas sa faute s'il n'avait pas obtenu tout ce qu'il désirait.

A peu près certain que l'homme inconnu avait été jeté dans la rivière plus haut que le moulin, il fit appeler le meunier et ses deux garçons Tous trois avaient passé la nuit ; mais ils déclarèrent n'avoir rien vu et rien entendu. Cela s'expliquait par le bruit de l'eau et des machines en mouvement.

Claude Royer fut également entendu. Mais nous savons qu'il ne pouvait fournir aucun autre renseignement que ceux qu'il avait précédemment donnés.

Sa femme, appelée à son tour, avait apporté un commencement de clarté, en racontant sa courte conversation avec le voyageur, qui l'interrogeait au sujet de Jules Cornefer. Elle était convaincue que l'homme et la femme venaient de Verzéville, où ils avaient été amenés par le courrier de Varnejols. C'était donc entre Verzéville et Blaincourt, ou peut-être même dans la voiture du courrier, que le voyageur avait rencontré Jules Cornefer ou l'individu qui avait pris son nom.

Ceci obligeait le juge de paix à interroger le courrier de Verzéville. C'est après la déposition de Marie-Rose qu'il avait fait partir les gendarmes ; celui qu'il avait renvoyé à Verzéville devait aller trouver le courrier pour le prier de se rendre immédiatement à la mairie de Blaincourt.

Instruit de la chose grave qui le faisait appeler, le courrier ne perdit pas une minute. Quand il arriva à

Blaincourt, le juge de paix et le maire ayant déjeuné étaient revenus à la mairie.

— La nuit dernière un crime a été commis à Blaincourt, dit le juge de paix au courrier; un voyageur, dont jusqu'à présent nous ne savons pas le nom, a été jeté dans la rivière. Est-ce vous qui avez amené hier matin ce voyageur et sa jeune femme à Verzéville?

— Une jeune femme enceinte?

— Parfaitement.

— C'est moi, monsieur le juge de paix.

— D'où venaient-ils?

— Probablement de Remiremont, car ils sont descendus de la voiture du courrier de Varnejols pour monter dans la mienne.

— Vous n'aviez que ces deux voyageurs?

— Et deux autres, deux hommes, monsieur le juge de paix.

— Ah!

— Ils avaient retenu leurs places d'avance; mais l'un d'eux a cédé sa place au voyageur, qui était avec son épouse, et s'est placé à côté de moi sur mon siège.

— Ces deux hommes venaient-ils aussi de Remiremont?

— Je ne sais pas: ils étaient à Varnejols longtemps avant l'arrivée du courrier.

— Ils étaient ensemble?

— Ils n'en avaient pas l'air; mais j'ai bien vu tout de même qu'ils se connaissaient.

— Ensemble ou séparément, ces deux hommes prennent-ils quelquefois votre voiture?

— Jamais, monsieur le juge de paix; je les ai vus hier pour la première fois.

— Alors, vous ne les connaissez pas?

— Je ne les connais pas.

— Les avez-vous revus hier, dans la nuit ou ce matin ?

— Je ne les ai pas revus, monsieur le juge de paix.

— Ecoutez, mon garçon, nous avons plusieurs raisons, non pas seulement de supposer, mais de croire que ces individus sont les auteurs du crime.

— Ah ! les brigands ! exclama Lucot avec un mouvement de fureur.

— Il paraît évident que les deux misérables attendaient leur victime à Varnejols. Quand ils sont descendus de votre voiture à Verzéville, avez-vous vu la direction qu'ils ont prise ?

— Je n'ai pas fait bien attention et je ne saurais dire de quel côté s'en est allé celui qui était près de moi. Quant à l'autre, c'est différent ; il a pris avec le monsieur et la dame le chemin de Blaincourt ; ils ont dû passer par la sapinière. J'ai même remarqué que les voyageurs avaient fait connaissance en voiture, car ils paraissaient être au mieux ensemble.

Le juge de paix et le maire échangèrent un regard rapide.

— Maintenant, mon garçon, reprit le magistrat, donnez-moi aussi exactement que possible le signalement des deux hommes.

— Je n'ai pas bien vu leurs figures ; ils avaient des chapeaux de feutre gris à larges-bords, un long cache-nez de laine enroulé autour du cou, des blouses bleues à peu près pareilles à la mienne, et de grandes guêtres de cuir bouclées jusque sous les genoux. Il m'a semblé que c'étaient deux maquignons.

— Les misérables s'étaient déguisés, pensa le juge de paix.

— Avez-vous autre chose à me dire ? demanda-t-il à Lucot.

— Non, monsieur le juge de paix.

— Alors, mon garçon, je vous remercie ; vous pouvez retourner à Verzéville.

On avait fait apporter à la mairie la valise de Charles Chevry et on en avait fait l'inventaire. On y avait trouvé deux billets de banque de cinq cents francs et, dans une petite bourse de soie verte, douze pièces d'or de vingt francs, puis du linge non marqué ; mais pas un seul papier qui aurait pu donner un renseignement, fournir un indice quelconque.

Le mystère restait impénétrable.

Quel avait été le mobile du crime ?

Comment le découvrir, si l'on ne parvenait pas à savoir le nom de la victime ?

Ce nom était la clef de tout.

C'est avec ce nom que la justice pouvait diriger ses recherches, et, remontant aux causes, dissiper les ténèbres et enfin mettre la main sur les meurtriers.

A la fin de cette laborieuse journée, le juge de paix était fort découragé ; il voyait les nombreuses et insurmontables difficultés qui allaient se dresser devant la justice.

Sa mission, à lui, était terminée. Il avait averti le parquet. Le procureur impérial ou un substitut et un juge d'instruction allaient arriver à Blaincourt dans la nuit ou au plus tard le lendemain matin.

VIII

En sortant de l'auberge; après avoir fermé les yeux de la morte, le docteur Cornevin était entré chez Angélique Rigaud, lui avait fait plusieurs recommandations au sujet de l'enfant dont elle voulait bien être la nourrice, puis il était venu retrouver le juge de paix à la mairie. Il était alors quatre heures et demie.

Tous deux n'avaient plus rien à faire à Blaincourt.

Le médecin avait donné des ordres pour que sa voiture fût amenée devant la mairie. Elle allait arriver.

Ces messieurs s'étaient levés et se disposaient à prendre congé du maire lorsque la haute stature de Jacques Vaillant parut dans l'encadrement de la porte de la salle restée ouverte.

Le maire s'avança vers lui et lui serra cordialement la main. Puis, le faisant entrer :

— Monsieur le juge de paix, monsieur Cornevin, dit-il, je vous présente M. Jacques Vaillant de Mareille, ancien capitaine de dragons.

On se salua.

— Messieurs, dit l'ancien militaire, je vois que vous êtes prêts à partir; j'arrive un peu tard; mais vous m'excuserez et me pardonnerez, j'espère, de vous retenir un moment.

— Nous ne sommes pas absolument pressés, le docteur et moi, de quitter Blaincourt, répondit le juge de paix ; veuillez vous asseoir, monsieur. Auriez-vous à faire quelque révélation ?

— Non, malheureusement, monsieur le juge de paix, car, comme vous, je voudrais que la lumière se fît sur cette mystérieuse affaire. Je me suis permis de venir vous trouver, messieurs, pour vous adresser une demande.

— Parlez, monsieur, répliqua le juge de paix, de quoi s'agit-il ?

— M. le maire de Blaincourt vient de vous dire qui je suis. J'aurai bientôt cinquante-cinq ans et je suis né à Mareille où je demeure depuis que j'ai pris ma retraite. Je n'ai pas de fortune : une maison, un jardin et un champ que je cultive moi-même, voilà tout ce que je possède : mais ma femme et moi, nous avons des goûts simples ; nous ne sommes pas exigeants, nous savons nous contenter de peu. Ma pension nous suffit largement, nous pouvons même faire de petites économies.

Fils d'un pauvre manœuvre de Mareille, le tirage au sort me fit soldat ; je partis conscrit. Mon temps fait, je restai au régiment ; j'avais pris goût à l'état militaire ; d'ailleurs j'avais de nombreux amis au régiment, même parmi les officiers, et plus tard, quand le drapeau blanc disparut, j'aimai les belles couleurs de notre drapeau national. Quand je me suis marié, il y a dix-huit ans, j'étais sous-lieutenant.

Que vous dirai-je encore, messieurs ? Ma femme et moi nous aurions voulu avoir un enfant, fille ou garçon, un petit être à aimer, à adorer. Il n'est pas venu, et nous devons renoncer à cette joie qui nous a été refusée. De là des regrets, des tristesses. A mesure qu'on vieillit, on voit mieux son isolement.

Une pauvre petite créature vient de naître de parents inconnus ; à côté de son berceau, il y a deux tombes ouvertes ! Pauvre petite !

— Oui, pauvre petite !... répétèrent les autres.

— Eh bien, messieurs, voici ce que je viens vous demander : Donnez-la moi.

Le maire et le juge de paix se regardèrent.

— Oui, continua Jacques Vaillant d'une voix vibrante d'émotion, je vous demande de me confier la pauvre petite orpheline ; je l'élèverai, je veillerai sur elle et je vous promets qu'elle ne manquera jamais de rien.

Elle grandira entre ma femme et moi, je serai son père, ma femme sera sa mère ; nous l'aimerons comme si elle était notre fille. Elle n'a pas de nom, je lui donnerai le mien aussitôt que la loi me permettra de l'adopter.

— Cher monsieur, répondit le juge de paix, vos nobles sentiments méritent d'abord nos félicitations ; la demande que vous faites vous honore et nous montre les belles qualités de votre cœur. Mais ni monsieur le maire, ni moi n'avons encore le droit de disposer de l'orpheline. Demain, dans quelques jours ses parents peuvent ne plus être des inconnus ; sa famille retrouvée peut la réclamer.

— J'ai pensé à cela, monsieur ; aussi ma demande n'est-elle que conditionnelle.

— Monsieur le maire et moi nous prenons acte de votre offre généreuse.

— L'enfant a déjà été confié à une femme de Blaincourt, qui a consenti à être sa nourrice, dit le médecin.

— Je le sais, répliqua le capitaine. J'ai vu tout à

l'heure Angélique Rigaud, je l'ai prévenue de la démarche que je viens de faire près de vous, et déjà il est convenu entre nous que c'est moi qui paierai les mois de nourrice, si ma demande est acceptée.

— C'est bien, dit le juge de paix ; nous saurons dans quelques jours si l'orpheline a une famille ou si elle est seule au monde ; alors M. le maire de Blaincourt vous répondra.

— J'attendrai la réponse de M. le maire.

— Je crois pouvoir vous dire que l'enfant n'est pas tout à fait pauvre : ses malheureux parents lui ont laissé un petit héritage.

— Je sais cela, monsieur le juge de paix, quelques billets de cent francs trouvés dans le portefeuille.

— Plus deux autres billets de banque de cinq cent francs chaque et deux cent quarante francs en or trouvés dans cette valise. Au total dix huit cent quatre vingt-douze francs soixante centimes, dont on peut disposer pour l'enfant.

— Somme à laquelle je me garderai bien de toucher, si la pauvre petite m'est confiée.

— Cependant...

— Cette petite somme est le noyau d'une dot, monsieur le juge de paix. En plaçant cet argent et en capitalisant les intérêts chaque année, on peut, au bout d'un certain temps, doubler et tripler la somme.

Le juge de paix sourit.

— Votre observation est juste, répondit-il.

Depuis un instant la carriole du médecin attendait devant la porte de la mairie.

Le maire et Jacques Vaillant accompagnèrent le docteur Cornevin et le juge de paix jusqu'à la voiture. On se tendit une dernière fois la main, puis le cheval du docteur partit comme un trait.

Alors un homme, qui venait d'écouter ce que disaient une vingtaine de personnes rassemblées devant la mairie, s'éloigna en hochant la tête.

— Ils ne savent rien, ils ne sauront rien, se disait-il : le juge de paix aurait fait aussi bien de rester tranquillement chez lui, dans sa chambre, les pieds sur les chenêts de sa cheminée. Moi seul aurais pu lui dire comment l'homme a été jeté dans la rivière... Je n'étais pas loin de là ; il faisait noir, très-noir, mais j'ai vu tout de même, car j'ai de bons yeux. Mais était-il assez bête, ce voyageur, pour venir se jeter ainsi dans la gueule du loup.

J'ai bien fait de me taire ; je n'ai pas besoin de me créer des ennuis en fourrant mon nez dans des affaires qui ne me regardent point. La justice est la justice et moi je ne suis qu'un pauvre homme ; c'est à la justice de faire son métier : qu'elle cherche !

C'est égal, pour ma satisfaction, à moi, je voudrais bien savoir quel était le troisième individu qui assistait de loin à la noyade avec une lanterne. A mon temps perdu il faudra que je fasse aussi, de mon côté, une petite enquête.

Le personnage qui parlait et raisonnait ainsi, sans se douter, probablement, qu'il était profondément égoïste et que sa manière de voir était tout à fait condamnable, était un petit vieux d'une soixantaine d'années. Il avait été autrefois un cultivateur aisé. Malheureusement il eut un jour la folie de la richesse : croyant arriver vite à la fortune, il se lança dans diverses spéculations aussi mauvaises les unes que les autres, dont le résultat final fut sa ruine complète. Par surcroît de malheur, ses deux fils ayant mal tourné quittèrent le pays et sa femme mourut de chagrin.

Sur un coin de terre que ses créanciers avaient

dédaigné lorsqu'ils s'étaient emparés de son bien, il avait construit lui-même une baraque avec du bois et de la terre. C'est là qu'il habitait. Pendant quelques années il avait travaillé chez les autres, puis il avait changé de métier et était devenu gardeur de chèvres.

Parmi les quarante ou cinquante chèvres qu'il menait brouter l'herbe de la montagne, deux lui appartenaient. Avec ce qu'on lui donnait chaque mois par tête de bête qu'il gardait, le lait et les chevreaux de ses chèvres qu'il vendait, il parvenait à vivre tant bien que mal, sans avoir recours, trop souvent, à la charité de ses concitoyens.

Il se nommait Monot; mais, depuis qu'il s'était fait gardeur de chèvres, on l'avait surnommé la Bique; ce sobriquet lui était définitivement resté et on ne l'appelait plus autrement que le père La Bique.

Mais laissons ce bonhomme, que nous reverrons peut-être un jour, et revenons au maire et à Jacques Vaillant.

Quand la voiture du médecin eut disparu à leurs yeux, le maire passa familièrement son bras sous celui de l'ancien dragon. Déjà ces deux hommes, qui ne se connaissaient pas la veille, étaient amis.

— C'est bien, cher monsieur, c'est très-bien ce que vous voulez faire, dit le maire.

— Je suis heureux que vous m'approuviez. Voyez-vous, c'est une volonté supérieure à la mienne, — je n'ose pas dire Dieu, — qui m'a conduit à Blaincourt; car, enfin, pourquoi y suis-je venu? Je n'avais rien, absolument rien à y faire. La providence a ses vues; elle m'a désigné pour remplir la mission que je sollicitais tout à l'heure.

— Et que vous aurez, car vous en êtes digne.

— Alors vous croyez...

— Je crois, et le juge de paix pense comme moi, qu'on ne découvrira rien.

— Je le crois également.

— Le vif intérêt que vous portiez à la jeune femme inconnue s'est donc immédiatement, après sa mort, reporté sur son enfant?

— Oui, aussitôt. Je ne puis me rendre compte de ce qui se passe en moi depuis ce matin ; je vous l'ai dit, tout ce que je ressens, tout ce que j'éprouve est étrange. Ainsi, quand j'ai appris la naissance de l'enfant, j'ai tressailli de joie dans tout mon être, puis un peu plus tard, quand ce mot: elle est morte! a retenti à mes oreilles, je fus frappé comme d'un coup de massue et je sentis quelque chose qui se déchirait en moi. Certes, je ne suis pas halluciné et je n'ai perdu aucune de mes facultés morales; eh bien, le croiriez-vous, il m'a semblé que c'était ma fille que je venais de perdre, et que mon devoir, maintenant, était de consacrer le reste de mes jours à son enfant, de devenir son protecteur, de lui rendre en affection, en caresses, en dévouement, ce que la mort venait de lui enlever.

— J'arriverai à croire comme vous, mon cher capitaine, qu'il faut voir dans ceci et dans votre présence à Blaincourt une manifestation de la volonté divine. Est-ce que vous partez ce soir?

— Non, car il est un peu tard ; mais je pense quitter Blaincourt demain matin de bonne heure. Je vais me mettre en quête de quelqu'un, ici ou à Verzéville, pour me conduire à Mareille.

— Ne cherchez pas ; d'ailleurs vous trouveriez difficilement. Je mets ma voiture et un de mes chevaux à votre disposition ; demain mon domestique vous conduira à Mareille.

— Pardon, mais je...

— Eh, capitaine, interrompit le maire, ce serait mal à vous de m'ôter le plaisir de vous obliger.

— Je n'ai plus rien à objecter.

— A la bonne heure. Maintenant que vous n'avez plus le souci de vous procurer une voiture, avez-vous autre chose à faire ce soir?

— Absolument rien.

— En ce cas, je vous emmène souper chez moi. Je vous présenterai à ma femme à qui j'ai parlé de vous tantôt, et elle et mes enfants seront enchantés de faire votre connaissance.

Et le maire entraîna l'ancien dragon, qui se laissa emmener.

IX

Huit jours se sont écoulés depuis les faits que nous venons de raconter.

Il y avait eu enquête sur enquête ; mais, malgré toute la peine qu'ils s'étaient donnée, les représentants de la justice n'avaient rien pu savoir. Chaque fois qu'on avait cru tenir un fil conducteur, il s'était rompu brusquement.

Le procureur impérial et un juge d'instruction s'étaient transportés à Blaincourt. Jules Cornefer, de retour de son voyage, avait comparu devant eux ; on ne le soupçonnait pas d'être complice du crime ; mais on espérait qu'il pourrait fournir de précieux renseignements.

Certes, le jeune homme n'était pas content de jouer ainsi, à son insu, un rôle dans cette ténébreuse affaire, et, même devant le ministère public, il ne s'était pas gêné pour laisser voir son indignation et sa colère.

— Évidemment, avait-il répondu, les deux scélérats me connaissent ou tout au moins mon nom puisqu'ils s'en sont servis. Mais qui sont-ils ? Je connais des milliers de personnes dans l'arrondissement. J'ai beau chercher, me creuser la tête, je ne trouve pas.

Jules Cornefer n'avait pas eu de peine à prouver que, dans la nuit du crime, il était à Remiremont, à l'hôtel de l'Ecu, où il descendait habituellement.

Toutefois, le procureur impérial et le juge d'instruction lui avaient fait subir un assez long interrogatoire.

Avant de quitter Blaincourt, ces messieurs avaient vu la victime, puis la jeune femme et l'enfant, deux autres victimes, par contre-coup, des deux misérables, qui paraissaient devoir échapper à la justice.

Cependant les brigades de gendarmes étaient lancées dans toutes les directions; on rencontrait des gendarmes partout, dans les villages, les hameaux, les bois, sur toutes les routes, sur tous les chemins. Ils arrêtèrent bien quelques vagabonds; mais point les deux individus dont le courrier de Verzéville avait donné le signalement.

Blaireau et Princet avaient su prendre leurs précautions; ils étaient rentrés à Paris tranquillement, sans avoir été inquiétés.

Le lendemain de la visite des magistrats du parquet à Blaincourt, avait eu lieu le double enterrement. Le maire, assisté du juge de paix et du docteur Cornevin, conduisait le deuil. Tous les habitants de la commune et plusieurs centaines de personnes accourues des villages voisins suivirent les deux cercueils jusqu'au cimetière. Là, devant les deux fosses creusées à côté l'une de l'autre, le maire prononça quelques paroles émues, qui impressionnèrent vivement l'assistance.

Il parla de l'enfant, de l'innocente petite créature que le malheur avait frappée coup sur coup, avant et à l'heure de sa naissance.

— Mais la providence veille sur les pauvres petits orphelins ! s'écria-t-il. L'enfant ne sera pas sans famille, l'orpheline n'est pas abandonnée ; elle ne sera pas privée de tendresse et d'affection ; elle a déjà retrouvé un père et une mère !...Et vous, pauvres victimes de la méchanceté des hommes, que vos âmes soient consolées !

Sur le registre des décès de la commune, on avait écrit deux actes ; les nom et prénoms avaient été remplacés par ces mots : inconnu, inconnue.

. . . .

Un matin, entre dix et onze heures, une voiture de maître s'arrêta devant l'hôtel du Havre, à Paris. Un homme bien vêtu, à la dernière mode, mit pied à terre. C'était Blaireau. Pour la circonstance, il avait cru devoir orner la boutonnière de sa redingote du ruban rouge de la Légion d'honneur.

Il entra hardiment dans la loge du concierge.

— Je désire parler au maître de l'hôtel, dit-il à ce dernier.

L'homme sortit de sa loge, et, montrant une porte :

— Le patron est là, dans son bureau, répondit-il ; vous pouvez entrer.

Blaireau alla à la porte indiquée, tourna le bouton et pénétra dans le bureau. Le propriétaire de l'hôtel quitta aussitôt son travail et se leva pour saluer le visiteur qui, à en juger par sa mise, sa tenue et sa décoration, devait être un homme considérable.

Blaireau s'aperçut avec satisfaction qu'il avait produit tout l'effet qu'il désirait.

— Monsieur, dit-il, c'est ici, chez vous, que sont descendus, il y a trois semaines environ, deux voyageurs venant d'Angleterre, M. Charles Chevry et sa femme.

— Parfaitement, monsieur.

— M. Charles Chevry est mon ami.

— Vous venez sans doute pour le voir ? Mais lui et sa

dame sont absents : ils ne sont pas à Paris; je suis même un peu étonné qu'ils ne soient pas déjà de retour. En partant M. Chevry m'a dit qu'il reviendrait dans trois ou quatre jours, et, si je ne me trompe, c'est aujourd'hui le dixième jour.

— Oui, je sais cela. En effet, mon ami a quitté Paris, pensant y revenir au bout de quelques jours, puisqu'il n'a emporté qu'un peu de linge dans une petite valise de voyage; mais, par suite d'une cause tout à fait imprévue, il a été obligé de changer ses dispositions ; Charles Chevry est retourné en Angleterre.

— Ah !

— Et des mois se passeront avant que j'aie le plaisir de le revoir à Paris.

— Je vous avoue, monsieur, que je suis surpris, très-surpris.

— Comme je l'ai été moi-même. Que voulez-vous? cela arrive souvent dans la vie. On n'est jamais sûr la veille de ce qu'on fera le lendemain. L'imprévu, la chose inattendue est toujours là pour mettre obstacle à nos désirs. Enfin, monsieur, je viens vous trouver de la part de M. Charles Chevry pour vous payer, d'abord, ce qu'il vous doit et vous prier ensuite de me remettre les objets divers qu'il a laissés à l'hôtel et qu'il me charge de lui expédier à Londres.

Le maître de l'hôtel regarda fixement Blaireau, ayant l'air embarrassé.

Avait-il un soupçon? Peut-être.

— Monsieur veut-il avoir l'obligeance de me dire son nom?

— Certainement, répondit Blaireau avec aplomb ; je me nomme Théophile Lemoine. Du reste, voici ma carte, ajouta-t-il en tirant un carnet de sa poche où il

prit un carré de papier qu'il remit au maître d'hôtel.
Celui-ci lut :

THÉOPHILE LEMOINE

Ingénieur des mines
92, rue Saint-Dominique-Saint Germain.

Il parut soulagé. Pourtant il tournait la carte entre ses doigts, regardant de nouveau le soi-disant ingénieur des mines d'une façon singulière.

Blaireau devina qu'il avait sur les lèvres une question qu'il hésitait à adresser.

Mais Blaireau n'était pas un fourbe ordinaire ; il ne s'embarquait jamais dans une aventure sans avoir pris dix précautions au lieu d'une ; ayant tout prévu, même le cas où le maître de l'hôtel demanderait à faire lui-même l'expédition des objets à Charles Chevry, il était prêt à répondre à tout.

— Maintenant, reprit-il, je dois vous dire que mon ami m'a écrit...

— Ah ! vous avez une lettre de M. Chevry ? dit l'autre vivement.

— Que j'ai reçue ce matin même ; c'est dans cette lettre qu'il me prie de venir vous trouver. Mais voyons, voyons donc, continua-t-il, ayant l'air de chercher dans ses poches, je dois pourtant l'avoir sur moi. Ah ! la voilà ; je ne me rappelais pas l'avoir mise dans la poche de mon pantalon. Voyez, monsieur, voyez.

Il y avait sur l'enveloppe le timbre d'affranchissement rose oblitéré, représentant la reine Victoria, puis le timbre de la poste au milieu duquel ressortait, en grosses lettres carrées, le mot : London. Enfin la lettre était bien adressée à M. Théophile Lemoine, ingénieur des mines, 92, rue Saint-Dominique.

Le propriétaire de l'hôtel ne pouvait plus avoir le moindre doute. Assurément, il croyait à la parfaite honorabilité de M. Théophile Lemoine ; mais gardien fidèle des choses qui lui avaient été confiées, il ne trouvait pas inutile de prendre certaines précautions afin de mettre à couvert sa responsabilité.

La lettre au bas de laquelle on lisait cette signature : Charles Chevry, était datée de Londres, 17 novembre.

Avait-elle été réellement expédiée de Londres ou écrite à Paris et glissée dans une enveloppe venant de la capitale des Iles Britanniques? Nous ne saurions le dire. Mais Blaireau avait des correspondants à Londres comme dans les autres villes principales de l'Europe. D'ailleurs, quand il voulait quelque chose, le misérable savait tourner ou passer par dessus toutes les difficultés.

Le maître de l'hôtel lut la lettre lentement, sans se presser. Heureusement pour Blaireau, il ne connaissait pas l'écriture de Charles Chevry.

— C'est singulier, fit-il.

Blaireau, malgré son audace, ne put s'empêcher de tressaillir.

— Et quoi donc ? interrogea-t-il.

— M. Charles Chevry ne vous dit point, dans sa lettre, qu'au moment de partir il m'a remis la clef de sûreté du secrétaire où il a serré ses papiers qui ont, paraît-il, une très-grande importance.

Ignorant le fait, Blaireau n'avait point pu prévoir que cette observation lui serait faite. Cependant il ne se troubla point.

— Mon ami aura oublié de me parler de cela, répondit-il avec un calme qui n'appartenait qu'à lui, ou plutôt il n'a pas jugé nécessaire de me faire connaître ce détail, puisque c'est à vous-même qu'il me dit de m'adresser.

— C'est juste, monsieur. Maintenant, si vous le voulez, nous allons monter dans l'appartement.

— Que je vous solde d'abord votre note.

— Soit.

Le propriétaire de l'hôtel s'assit devant son bureau, ouvrit un livre, prit une feuille de papier à en-tête imprimé, aligna un certain nombre de chiffres, fit l'addition et présenta la note, qui se montait à deux cent soixante francs.

Blaireau mit sur le bureau quatorze pièces de vingt francs, en disant d'un ton superbe :

— Un louis pour le garçon.

Il plia la note et la mit dans sa poche.

Le maître prit la clef du secrétaire dans un tiroir de son bureau, appela un de ses garçons et on monta dans le logement de Charles Chevry, qui se composait de deux chambres et d'un cabinet.

— L'appartement n'a pas été ouvert depuis le départ de M. Chevry, dit le propriétaire, tout ce qui appartient à monsieur et à madame est là, tel qu'ils l'ont laissé.

— Je n'en doute nullement, répondit Blaireau.

Dans la première chambre il y avait une malle de cuir de grande dimension, bourrée de linge et d'effets d'habillement. Dans la seconde, où se trouvait le secrétaire, deux sacs de voyage étaient placés sur une table. L'un était rempli de menus objets de toilette, l'autre était vide. Celui-ci avait évidemment contenu les papiers serrés dans le secrétaire.

Le maître de l'hôtel ouvrit le meuble ; aussitôt les yeux de Blaireau étincelèrent.

Les papiers étaient réunis en deux rouleaux, soigneusement enveloppés dans des feuilles de parchemin. Ils devaient être, en effet, très-importants, très-précieux, puisque Blaireau était là uniquement pour s'en emparer.

Sur une autre tablette du meuble se trouvaient plusieurs écrins renfermant des bijoux de prix : bracelets, broches, boucles d'oreilles, bagues, et enfin une superbe parure de diamants et rubis.

Sous les yeux de son maître et de Blaireau, le garçon de l'hôtel mit le tout, papiers et écrins, dans le sac de voyage.

— Si vous le désirez, monsieur, dit alors le propriétaire, je ferai porter cela à votre domicile.

— Oh! je ne veux pas vous donner cette peine; j'ai une voiture à votre porte; la malle tiendra aisément à côté du cocher, et je prendrai avec moi les deux sacs de voyage.

— J'aurais pu aussi faire l'envoi moi-même à M. Charles Chevry.

— Sans aucun doute, répliqua Blaireau, toujours avec son calme imperturbable; j'avais pensé d'abord à vous prier de vous charger de ce soin; mais j'ai trouvé, pour faire parvenir tout cela à mon ami, un moyen plus sûr que par le chemin de fer et les messageries.

Le maître de l'hôtel s'inclina. Il n'avait plus rien à dire.

Le garçon, aidé du patron, mit la malle sur ses épaules et descendit suivi de près par Blaireau, qui avait pris les deux sacs de voyage.

Au bas de l'escalier le propriétaire se ravisa, et il pria Blaireau de vouloir bien le suivre dans son bureau.

— Est-ce que nous avons oublié quelque chose? demanda le maître coquin, en appelant sur ses lèvres son plus gracieux sourire.

— Oui, monsieur, une toute petite formalité.

— Ah ! de quoi s'agit-il ?

— De me donner une décharge, c'est-à-dire un reçu des objets que je viens de vous remettre.

— Mais c'est trop juste, monsieur, c'est trop juste.

Et s'asseyant devant le bureau :

— Dictez-moi, je vous prie.

Et sous la dictée du propriétaire il écrivit et signa hardiment : Théophile Lemoine, ingénieur des mines.

Un instant après la voiture de Blaireau filait à grande vitesse.

Le tour était joué.

— Maintenant, se disait le misérable en serrant contre lui le sac de voyage renfermant les papiers et les bijoux, la police peut chercher tant qu'elle voudra dans les Vosges, à Paris, au diable, si le cœur lui en dit, elle ne trouvera rien. Les morts sont muets... Quant à l'enfant... ce n'est pas l'enfant qui parlera.

Tout à coup, chose étrange, comme s'il eût encore une conscience, ce misérable souillé de crimes crut entendre une voix mystérieuse qui lui criait :

— Les morts auront un vengeur !

PREMIÈRE PARTIE

L'ENFANT DU MALHEUR

1

L'AMOUR TIMIDE

On était à la fin de juin. La matinée était belle. Le gai soleil répandait sa lumière chaude, éblouissante, traversait de ses rayons le papillotement des feuillages verts, piquait de paillettes lumineuses la verdure de l'herbe et des plantes perlées encore de la rosée abondante de la nuit.

C'était le moment de la fenaison. La brise éparpillait dans l'air tiède les senteurs odorantes de l'herbe et des fleurs fanées. De tous les côtés, dans la prairie, les faux luisaient, reflétant et renvoyant au loin les rayons de soleil.

Devant les faucheurs, l'herbe droite et drue, émaillée de toutes les fleurs du pré ; derrière eux s'alignaient les andins serrés, épais. Des femmes et des jeunes filles, en jupons courts, laissant voir les bas rayés collés sur les mollets, portant la camisole légère, large, flottant sur les hanches, à peine serrée par la jupe, et coiffées de chapeaux de paille, à larges bords, flexibles, ornés d'un ruban rose ou vert, ou bleu, commençaient à apparaître avec les fourches et les râteaux.

Tout ce monde était joyeux et semblait en fête. Un bruit de chansons se mêlait à celui des pierres à aiguiser mordant le tranchant des faux.

Sous un berceau, où la vigne vierge, la clématite, le chèvrefeuille et le jasmin entrelaçaient leurs rameaux grimpants, une jeune fille assise, dans une pose gracieuse, la tête inclinée sur l'épaule, travaillait à un ouvrage de tapisserie.

Le berceau avait été placé au fond du jardin : un carré de terre de mille mètres environ, clos d'une charmille touffue, taillée avec un soin minutieux. Son entrée faisait face à l'habitation, une maison petite, mais blanche, coquette, égayée par ses volets verts et les rideaux blancs à grandes fleurs enguirlandées, qui tombaient derrière les vitres des hautes fenêtres. Et puis elle était entourée de massifs épais de lauriers, de végélias, de troënes à grappes, au-dessus desquels s'élevaient des lilas, mêlant leurs feuilles vertes à celles des érables, des fusains et des cornouillers panachés.

Entre la maison et le mur bordant la rue, on avait laissé un espace de quelques mètres carrés. Au milieu, on avait creusé un petit bassin, dont l'eau était constamment renouvelée, grâce à un jet qui la lançait à plus de trois mètres de hauteur. Quatre corbeilles de fleurs agrémentaient ce parterre et le devant de l'habitation. Des espaliers à palmettes cachaient la nudité d'un mur de clôture dans lequel s'ouvrait une porte peinte en vert, entre deux pilastres, sur l'entablement desquels étaient posés deux vases de fonte, forme Médicis.

Sous le berceau, du côté opposé à son entrée, on

avait ménagé une ouverture carrée afin d'avoir vue sur la rivière, qui traçait ses méandres à deux cents mètres de distance, et au delà sur les escarpements de la montagne aux crêtes boisées, qui, faisant le fond du tableau, comme une toile de décors, bornaient complétement l'horizon.

De temps à autre, s'arrêtant dans son travail, la jeune fille levait les yeux. Alors son regard courait rapide sur les larges plates-blandes garnies de fleurs en plein épanouissement.

Rêveuse, une nuance de tristesse répandue sur son visage, elle paraissait s'oublier à suivre le vol capricieux des insectes, à écouter les bourdonnements, les susurrements et les bruits d'ailes, comme s'il y avait dans tout cela une voix mystérieuse parlant à son âme ou répondant à sa pensée.

Cette jeune fille était bien la plus gracieuse, la plus adorable créature qu'on pût voir. Elle n'avait pas encore seize ans. Elle était petite plutôt que grande et sa taille mince et élancée avait la souplesse et la flexibilité d'un jonc ; mais si elle conservait encore l'apparence d'un enfant, sa poitrine développée, le galbe de ses belles épaules, toutes ses formes délicatement arrondies révélaient la femme faite.

Sa tête charmante, qui avait des mouvements d'une grâce incomparable, était ornée d'une magnifique chevelure d'un beau noir luisant avec des reflets bleuâtres. Ses longues nattes enroulées en torsade et attachées avec goût, encadraient superbement sa ravissante figure d'un dessin très-pur, aux traits fins et délicats, faisant ressortir le charme étrange de sa beauté idéale. De longs cils soyeux, voile tombant sous les paupières, adoucissaient l'éclat de ses grands yeux noirs, éteignaient la flamme brûlante du regard, regard qui, tout en étant doux et caressant, avait quelque chose de ferme, de fier et de superbe qui indiquait que cette enfant si gracieuse, si suave, si mignonne, ne manquait ni d'énergie ni de volonté.

Il y avait en elle beaucoup de la créole. On pouvait, à son teint, la prendre pour une Vénitienne ; mais si elle avait les yeux d'une Mauresque, son regard était celui d'une Espagnole.

Elle avait les oreilles petites, finement attachées, le front haut, les arcs des sourcils bien marqués, le nez joli, les joues rondes, grassouillettes, encore un peu poupines. Sa bouche était petite et ses lèvres, bien bordées, d'un rose vif, entre le rouge et le rose. Ses dents, d'un émail immaculé, d'une blancheur de lait, fines, admirablement rangées, avaient la transparence des belles perles d'Orient.

Ses mains ni grasses ni maigres, aux doigts effilés, aux ongles roses, étaient élégantes et ses petits pieds faisaient penser à ceux de mademoiselle Cendrillon.

Ajoutez à cela une voix douce, au timbre mélodieux, de la bonté, une grande sensibilité, beaucoup de modestie, un air réservé, digne, peut-être un peu grave pour son âge.

Un pli au coin de ses lèvres, les inflexions de sa voix, le ton de sa parole et certains gonflements des narines accusaient, de même que l'éclair de son regard, une volonté, un caractère, une nature énergique, ardente et passionnée.

Son humeur toujours égale était mise au diapason de sa bonté ; cependant elle avait le rire difficile, comme si elle eût porté dans son cœur un deuil éternel. Mais de même qu'elle n'était jamais d'une grande gaieté, on ne la voyait jamais prise par une grande tristesse.

Souvent, recueillie, sa pensée, empruntant les ailes du

rêve, s'envolait vers des lointains ténébreux. Allait-elle, alors, évoquer des souvenirs dans les limbes du passé ? Ou bien s'élançait-elle à travers les brumes de l'avenir afin de tâcher de surprendre quelques-uns de ses secrets ?

Soudain, elle eut un léger tressaillement et son front se couvrit d'une teinte de pourpre qui, en même temps, estompa ses joues.

Un jeune homme venait de se montrer au bout de l'allée, à l'entrée du jardin.

Comme l'indiquaient son costume, son teint hâlé et ses mains larges, brunies par le soleil, c'était un paysan, un humble travailleur des champs ; mais ce paysan était un grand garçon de vingt et un ans, bien découplé, plein de santé et solide comme s'il eût été taillé dans le granit, en somme un beau garçon.

Dès l'abord, sa figure expressive, bien ouverte, son regard intelligent et franc inspiraient la sympathie.

Il y avait en lui une certaine distinction qui constrastait avec son vêtement rustique ; mais celui-ci douait l'homme de quelque chose de poétique qui donnait à sa mâle beauté un cachet tout particulier.

La jeune fille avait ramené ses yeux sur sa broderie et s'était vite remise à travailler. Elle voulait avoir l'air d'être surprise. Une petite ruse féminine. Mais lui ne s'y serait pas trompé s'il avait eu le regard assez hardi pour remarquer la rougeur de son front.

Il avançait lentement, avec hésitation, comme un homme qui craint d'être mal accueilli. Enfin il arriva devant le berceau.

— Bonjour, mademoiselle Jeanne, dit-il d'une voix qui trahissait son émotion.

Elle eut un petit cri d'oiseau effarouché.

— Ah ! c'est vous, Jacques, fit-elle ; bonjour, mon ami

Elle se rangea un peu pour lui faire une place à côté d'elle sur le banc.

Mais comme s'il n'eût pas compris, il restait immobile, embarrassé, à l'entrée du berceau.

— Jacques, reprit-elle en le regardant et avec un doux sourire, je vous ai fait une place sur le banc, venez donc la prendre.

Il obéit. Il était devenu rouge comme un coquelicot.

— Ainsi, dit-il, vous n'êtes pas mécontente que je sois venu jusqu'ici ?

— Pourquoi serais-je mécontente, Jacques ?

— Je ne sais.. balbutia-t-il, j'avais peur de vous contrarier ; mais vous êtes si bonne ! Je vois bien, maintenant, que vous ne m'en voulez pas.

Elle cessa de travailler et leva ses grands beaux yeux sur lui.

— Jacques, est-ce que je vous ai quelquefois mal reçu ? demanda t-elle.

— Non, jamais.

— Eh bien, alors ?

— Oui, vous avez raison, je suis ridicule et je mériterais... Pourquoi suis-je ainsi ? Je ne peux pas me l'expliquer. J'ai beau me raisonner, me gronder, me dire que je suis stupide, rien n'y fait. Quand je vous vois, même de loin, j'éprouve une émotion... Si je m'approche de vous, si je vous parle, je me mets à trembler. Il me semble que je fais mal, que ce que je vais vous dire va vous offenser.

Jeanne baissa les yeux et rougit de nouveau.

— Je ne comprends pas cela, répliqua-t-elle d'une voix un peu troublée. Vous oubliez donc, Jacques, que vous êtes le filleul de mon père, mon ami, un peu mon frère ?

— Oh ! non, je ne l'oublie pas, sans cela je ne viendrais pas ici.

— Pourquoi ?

— Je n'oserais pas.

— Voyons, Jacques, est-ce que je vous fais peur ?

— Ce n'est pas ça. Ah ! tenez, c'est drôle, c'est bête d'être ainsi ! Et c'est seulement près de vous, car je ne suis pas de même avec les autres. Comment vous expliquer !... C'est une crainte qui est en moi, qu'il m'est impossible de surmonter, la crainte de vous déplaire. Oh ! vous déplaire, moi ! Je préférerais la mort. Et pourtant mon respect et tout ce qu'il y a pour vous dans mon cœur me disent que je ne peux rien faire et rien dire qui puisse vous être désagréable. Est-ce que j'ai une mauvaise pensée, est-ce que les paroles qui viennent sur mes lèvres ne sont pas inspirées par mon cœur et mon âme ? Ah ! mademoiselle Jeanne, si j'osais vous exprimer tout ce que j'éprouve, tout ce que je ressens...

Mais non, continua Jacques, je ne peux pas, ma crainte est là, toujours là pour m'arrêter : après tout elle est ma sauvegarde, car je vous le dis, mademoiselle Jeanne, et vous pouvez me croire, si vous aviez pour moi un regard de dédain et de colère ou seulement une parole sévère, je verrais immédiatement s'enfuir loin de moi tout ce qui fait le bonheur de l'existence, tout ce qui en est la beauté : je ne pourrais plus vivre, je voudrais mourir.

— Jacques, répondit-elle sans lever les yeux, rassurez-vous, je n'aurai jamais pour vous un regard de dédain ou une parole sévère. J'ai l'âme reconnaissante et je me souviens du temps qui, d'ailleurs, n'est pas bien loin de nous, où vous étiez mon petit protecteur. Oui, Jacques, je pense souvent aux jours de notre enfance.

Nous avons été élevés l'un près de l'autre, pour ainsi dire ensemble : nous avons grandi : mais j'étais encore toute petite que déjà vous étiez grand, presque un homme. C'est alors que j'ai commencé à sentir votre protection, la douceur et tout ce qu'il y a de bon dans une affection sincère, dévouée. Vous souvenez-vous, Jacques? Quand au retour de la promenade je me trouvais fatiguée, vous me portiez dans vos bras pour reposer mes petites jambes ; quand j'avais un petit chagrin, une petite peine, effrayé, vous accouriez vers moi ; vous essuyiez mes larmes et vous me consoliez.

— Puis vos bras mignons serrés autour de mon cou, vous m'embrassiez.

— Mon affection d'enfant répondait à la vôtre.

— Mais vous avez grandi.

— C'est vrai ; mais je n'ai pas changé.

— Oh! que si.

— Comment cela ?

— Vous êtes devenue la plus gracieuse, la plus belle et la meilleure de toutes les jeunes filles. Mon parrain vous avait mise au pensionnat, on vous instruisait, vous appreniez vite et bien. Chaque année, vous étiez toujours la première et vous reveniez les bras chargés de couronnes. Moi, je ne vous disais rien ; mais, allez, j'étais bien heureux. Enfin, vous avez quitté tout à fait le pensionnat, il y a six mois, et quand vous êtes revenue...

— Jacques, mon ami d'enfance, ne m'a plus appelée Jeanne tout court, mais mademoiselle Jeanne.

— C'est que vous n'étiez plus la même.

Elle secoua la tête en souriant.

— Ce n'est pas moi, Jacques, mais vous qui avez changé.

Il la regarda tout ahuri.

— Moi, moi! balbutia-t-il.

— Voyons, pourquoi, depuis mon retour, ne m'appelez-vous pas simplement Jeanne comme autrefois?

— C'est un reproche que vous me faites?

— Oui.

— Eh bien, je craignais...

— Je sais, je sais, interrompit-elle avec un accent doucement railleur, la crainte qui est là, toujours là, qui vous fait trembler quand vous vous approchez de moi, qui retient les paroles sur vos lèvres.

Puis changeant de ton :

— Jacques, reprit-elle, vous ne devriez pas manquer ainsi de courage. Il y a des choses qu'on peut dire à une jeune fille sans l'offenser, sans lui déplaire, sans rien ôter du respect qu'on a pour elle. Jacques, je sais ce que vous valez et quel cœur est le vôtre ; je sais aussi d'où vient votre timidité, votre crainte, et pourquoi les paroles que vous voudriez prononcer expirent sur vos lèvres. Est-ce que je n'ai pas un peu deviné ce qu'il y a dans votre cœur, dans votre pensée?

— Oh! Jeanne, Jeanne! exclama-t-il.

— Parlez, Jacques, parlez.

— Quoi! vous me permettez, vous m'autorisez... Mais non, la crainte me revient, je... je ne peux pas.

Le pauvre timide tremblait comme un enfant peureux ; il avait le front couvert de sueur et de grosses larmes roulaient dans ses yeux.

La jeune fille l'enveloppa de son regard.

— Pourtant, Jacques, dit-elle de sa plus douce voix, ce n'est pas à moi à dire, la première, que sans nous en douter, notre affection réciproque s'est changée peu à peu en un autre sentiment. Conséquence de notre intimité d'autrefois, cela devait être.

— Jeanne, Jeanne, mais vous m'aimez donc ?

— Je vous ai toujours aimé, répondit-elle simplement, le front irradié.

— Et moi, Jeanne, c'est parce que je vous aime plus que tout au monde, parce que je vous adore, que vous êtes pour moi une divinité, que je n'osais plus vous parler, que j'osais à peine vous regarder !

— Et maintenant, vous osez.

— La crainte a disparu ; votre doux regard fait passer en moi je ne sais quelle force nouvelle. Ah ! je ne suis plus le même ! Tout est lumière, tout rayonne ; il me semble que ce jardin est un coin du paradis, il me semble que le monde, l'univers m'appartient. Jeanne, je vous aime ! je vous aime !

Son émotion était trop forte : il se mit à sangloter.

Elle aussi pleurait silencieusement ; de belles larmes, précieuses comme des perles fines, coulaient sur ses joues.

Il s'était agenouillé devant elle, il avait pris ses mains, il les couvrait de baisers, il embrassait ses genoux.

— Elle m'aime, elle m'aime, je suis aimé ! disait-il dans une sorte de délire ; pour moi un pareil bonheur... Je serai digne de vous, ma Jeanne adorée ; vous verrez, vous verrez, pour vous rien ne me coûtera. C'est votre bonheur qu'il me faut. Mon cœur, mon âme, ma vie, tout vous appartient ! Mon Dieu, mais ferai-je assez pour vous ? pourrai-je jamais vous prouver toute la force, toute la grandeur de mon amour ?

— Pourquoi pas ? répondit derrière eux une voix inconnue.

Les deux amoureux se levèrent brusquement, elle, effrayée, lui, un éclair dans le regard.

Un homme, un vieillard couvert de haillons, venait

de se dresser derrière la haie, encadrant sa figure ridée, son crâne chauve et sa longue barbe blanche inculte dans l'ouverture du berceau.

— Pourquoi êtes-vous là ? l'apostropha Jacques d'un ton courroucé.

— Par hasard, mon jeune ami, répondit le vieillard ; j'avais les jambes lasses et les pieds meurtris, car mes vieux souliers sont troués en plusieurs endroits ; pour me reposer j'ai choisi cette place où l'herbe est haute et je m'y suis étendu à l'ombre de la haie.

— Pour nous écouter !

— Non, certes, car j'étais là bien avant que la demoiselle vînt s'asseoir sur ce banc.

— Soit, mais vous avez entendu.

— Ma foi, oui, mon garçon, et j'ai même trouvé votre petite conversation très-intéressante. Allons, allons, faut pas en vouloir au pauvre vieux s'il a encore de bonnes oreilles et de bons yeux pour voir que vous êtes un beau garçon et la demoiselle une jolie fille, il ne lui reste absolument que ça, maintenant que les jambes ne vont plus. D'ailleurs, qu'est-ce que ça fait que j'aie entendu ? Ce n'est pas moi, le père La Bique, le pauvre vieux mendiant de Blaincourt, qui voudrais faire du mal à la demoiselle. Lui faire du mal, moi, à cette chère petite ! Ah ! mais non, au contraire. Roucoulez à votre aise, mes gentils tourtereaux, et soyez tranquilles, le père La Bique n'est pas un bavard, il sait garder pour lui seul ce qu'il voit et ce qu'il entend. Allons donc, est-ce qu'on a besoin de raconter à d'autres ce qui ne les regarde point ? A revoir, mes enfants, à revoir.

— Attendez, monsieur, dit Jeanne.

— Oh ! comme tout le monde vous pouvez m'appeler père La Bique.

La jeune fille s'était approchée de la charmille.

— Je ne suis pas riche, dit-elle, d'un ton gracieux et avec un sourire qui étaient à eux seuls une aumône ; mais, tenez, voici pour vous acheter une paire de souliers.

Et, allongeant le bras au dessus de la haie, elle tendit au vieux une pièce de cinq francs.

Celui-ci prit la pièce d'argent et retint un instant la main sur laquelle il appuya ses lèvres.

— Merci bien, mademoiselle, dit-il, en la saluant de la tête ; que le bon Dieu vous le rende en joie et en bonheur.

Il mit son chapeau sur sa tête, jeta sa besace sur ses épaules et s'éloigna clopin-clopant, en s'appuyant sur son bâton d'érable...

— Bonne et belle, murmura-t-il ; plus belle encore que sa mère !

II

L'ANCIEN DRAGON

— Jacques, connaissez-vous ce pauvre homme? demanda la jeune fille.

— Oui, Jeanne, je le connais ; je l'ai vu plusieurs fois déjà. Il vient à Mareille deux ou trois fois chaque année. On dit qu'il n'a pas toujours été pauvre, que c'était autrefois un riche cultivateur. Le malheur est venu, et maintenant, devenu vieux, ne pouvant plus travailler, il est obligé de mendier.

— C'est bien triste.

— Oui, Jeanne, bien triste. Il serait à souhaiter qu'il y eût partout en France des hospices pour recueillir les vieillards qui, comme le père La Bique, n'ont personne autre que des étrangers pour leur venir en aide.

— Est-ce que ce singulier nom, La Bique, est son véritable nom?

— C'est un sobriquet.

— Pourquoi le lui a-t-on donné?

— Je l'ignore, Jeanne. Le pauvre vieux vous intéresse?

— Beaucoup, Jacques ; ce qu'il nous a dit m'a impressionnée ; à un moment, avez-vous remarqué comme il était ému, et puis la façon dont il me regardait ?

— En effet, Jeanne, il ne vous quittait pas des yeux.

— On aurait cru qu'il avait quelque chose à me dire.

— Quelle idée !

— Je me trompe sans doute. Et il est de Blaincourt, Jacques ?

— Oui, Jeanne, de Blaincourt.

La jeune fille laissa échapper un soupir et sa tête s'inclina sur sa poitrine.

— Jeanne, reprit le jeune homme au bout d'un instant, vous pensez à votre mère.

— Oui, Jacques, je pense à ma mère qui, elle aussi, demeurait à Blaincourt et que je n'ai pas connue, puisqu'elle est morte en me mettant au monde. C'est souvent, bien souvent, que je pense à elle. Comme je l'aurais aimée, comme je l'aimerais si je l'avais encore ?

Je ne sais rien de ma mère, Jacques, rien, pas même son nom. Quand je questionne mon père au sujet de celle qui n'est plus, il me répond d'une manière évasive, ou bien, embarrassé, troublé, il me prend dans ses bras, me presse contre son cœur et me ferme la bouche avec ses baisers ; et toujours, toujours il devient triste et je vois des larmes dans ses yeux. On ne me dit pas tout : Jacques, je sens, je devine qu'on me cache quelque chose. Mais qu'a donc fait ma mère pour qu'on redoute de me parler d'elle ?

Le vieux mendiant l'a connue... quand je le reverrai, je l'interrogerai. Mais je veux éloigner ma pensée des choses qui l'assombrissent. Jacques, c'est pour voir mon père que vous êtes venu ce matin ?

— Oui, Jeanne. Je suis entré dans la maison, j'ai appelé ; personne ne me répondant, j'ai pensé que vous étiez tous deux au jardin ; je vous ai vue seule, Jeanne, et ne voulant pas m'en aller sans vous dire bonjour, je suis venu jusqu'ici. Ah ! je ne savais pas quelle joie infinie m'y attendait.

— Mon père est allé faire, avec Fidèle, une petite promenade au bord de la rivière, mais il ne tardera pas à rentrer.

Le jeune homme s'attrista subitement.

— Vous me rappelez à la réalité, Jeanne, dit-il. Vous savez que pour entrer au dixième régiment de dragons où mon parrain a commandé un escadron, j'ai dû demander à devancer l'appel. Et bien, j'ai reçu hier soir ma feuille de route. Je suis venu pour le dire au capitaine et lui faire en même temps, ainsi qu'à vous, Jeanne, mes adieux.

La jeune fille avait pâli.

— Quand donc partez-vous ? demanda-t-elle d'une voix altérée.

— Demain.

Elle eut une sorte de tressaillement nerveux ; mais par un effort de volonté elle maîtrisa son émotion.

— C'est un peu précipité, dit-elle : mais il le faut, le devoir passe avant tout. Vous êtes soldat, Jacques, vous appartenez à la patrie ; vous avez un noble cœur, vous êtes digne de la servir. Si un jour la France était attaquée, vous compteriez parmi ses plus braves défenseurs. Partez, Jacques, ajouta-t-elle en lui tendant la main, partez, Jeanne vous attendra.

— Merci, Jeanne, ma Jeanne adorée, merci ! Ah ! maintenant, je ne quitterai pas Mareille en désespéré. Les horizons sont vastes et beaux et l'avenir est à moi, à nous, Jeanne, à nous ! C'est long, sept ans, mais qu'importe ;

les années s'écouleront vite, car je verrai briller l'étoile du bonheur qui m'attend au retour!

— Et puis vous vous direz: Jeanne pense à moi, Jeanne ne serait pas contente si je me laissais aller à l'ennui, au découragement.

A ce moment, le jappement joyeux d'un chien se fit entendre.

— C'est la voix de Fidèle, dit Jeanne, voici mon père.
— Jeanne, j'ai une nouvelle crainte.
— Laquelle ?
— Si le capitaine me défendait de penser à vous ?
— Rassurez-vous, répondit-elle avec un doux sourire, mon père sait depuis longtemps que vous m'aimez et que je vous aime.

La haute stature de Jacques Vaillant apparut au bout du jardin.

Près de seize ans écoulés ne l'avaient point changé ; il ne paraissait pas qu'il eût vieilli. Il conservait la force, la santé, sa belle prestance, et se tenait toujours droit comme un i. Seulement quelques cheveux blancs de plus et sa moustache militaire plus grisonnante.

Les jeunes gens sortirent vivement du berceau pour aller à sa rencontre ; mais en chemin, il fallut répondre, d'abord, aux caresses de Fidèle qui, par ses gambades, ses bonds, ses petits cris, sa queue frétillante, témoignait à sa manière la joie qu'il éprouvait de revoir sa jeune maîtresse, et Jacques, l'ami de la maison.

Fidèle tenait de l'épagneul par son poil ; il n'était pas de forte taille, mais il était courageux, vaillant. Métisé de Pyrame et de Barbet, il avait la gentillesse, la vivacité, les allures du premier, l'intelligence, la bonté, le dévouement de l'autre ; sous tous les rapports il méritait de porter le nom de Fidèle.

— Ah ! c'est toi, Jacques, dit le capitaine, tendant au

jeune homme sa main largement ouverte ; vraiment, c'est une surprise pour moi de te voir ici, tenant, en mon absence, compagnie à ma Jeanne.

La jeune fille s'approcha, présenta son front et reçut le baiser du vieux soldat.

— Cher père, dit-elle, Jacques est venu ce matin parce qu'il a une communication importante à vous faire, ne vous trouvant pas, il n'a pas voulu se retirer sans me dire bonjour.

— S'il eût fait autrement il aurait manqué à son devoir. Bonjour, c'est bien ; est-ce tout ce qu'il t'a dit ?

— Non, mon père, Jacques m'a dit aussi qu'il m'aimait.

— Comment, il a osé ?

— Il a osé, mon père.

— Et que lui as-tu répondu ?

— Que je l'aimais aussi.

— Tout comme cela, sans façon ? A la bonne heure, voilà ce qu'on peut appeler une redoute enlevée à la baïonnette. Ah ! ah ! mon gaillard, continua gaiement Jacques Vaillant, c'est ainsi que tu caches ton jeu... Voyez-vous ça, pendant que je me promène tranquillement, regardant couler l'eau et nager le poisson, Jacques Grandin, mon coquin de filleul, s'en vient ici, en tapinois, faire des siennes ! Fidèle, qu'est-ce que tu dis de cela, toi ?

— Ouah, ouah, ouah !

Et pour montrer qu'il approuvait la chose, Fidèle se mit à sauter de nouveau, cherchant successivement à toucher du bout de son museau ou avec sa langue la figure de Jeanne et celle de Jacques.

— Jacques, reprit le capitaine, tu déjeunes avec nous ?

— Certainement, répondit Jeanne, je mettrai son

couvert. Je vous quitte, car Gertrude doit être arrivée.

— Va, ma fille, va donner tes ordres à la femme de ménage.

Jeanne marcha rapidement vers la maison. Fidèle la suivit.

— Maintenant, Jacques, à nous deux. Allons nous asseoir sur un banc, et nous causerons en attendant le déjeuner.

Ils allèrent se placer à l'ombre d'un sumac.

— Voyons, qu'as-tu à me dire ? demanda Jacques Vaillant.

— J'ai reçu ma feuillle de route.

— Bien.

— Et je pars demain.

— Ce soir, j'écrirai deux lettres que je te remettrai, pour te recommander au colonel et au major, que je connais ; je puis même dire que le major est un de mes meilleurs amis. Si tu te conduis bien, Jacques, comme j'en suis certain d'avance, tu reviendras avec un grade.

Ainsi, il a fallu ton départ pour te délier la langue.

— Si Jeanne ne m'avait pas aidé... beaucoup, je n'aurais pas osé lui dire...

— Cela prouve, mon garçon, que tu l'aimes réellement, comme elle mérite d'être aimée. Quand j'ai découvert, il y a déjà quelque temps de cela, quelle était la nature de tes sentiments pour Jeanne, je fus d'abord effrayé, je l'avoue ; car Jeanne pouvait ne pas t'aimer, et dans ce cas tu te préparais une grande douleur. Je me dis que si tu n'avais rien à espérer, il était encore temps de te guérir, en t'enlevant d'un seul coup tout espoir. Pour savoir à quoi m'en tenir, j'interrogeai adroitement Jeanne. Elle comprit que je cherchais à voir dans son cœur. Alors, avec cette franchise nette que nous lui connaissons et qui est une de ses belles qualités, elle me dit : « Jacques m'aime, je le sais ; il ne me l'a pas dit encore ; mais à sa manière d'être vis-à-vis de moi, je l'ai compris comme vous l'avez compris vous-même. En ce moment, dans l'intérêt de votre filleul, dans le mien, vous voulez savoir si Jacques me plaît, s'il m'est agréable d'être aimée de lui. Eh bien, je vous réponds : oui, Jacques me plaît, il m'est agréable d'être aimée de lui, et le jour où il me fera l'aveu de son amour, heureuse, je mettrai ma main dans la sienne. »

C'était clair, cela, n'est-ce pas ? Comme tu vois, elle n'y allait pas par quatre chemins. J'éprouvai une grande satisfaction ; j'étais rassuré, plus d'inquiétude ; je n'avais plus qu'une chose à faire : laisser aller les choses. Et si c'est aujourd'hui seulement que vous avez échangé vos premières paroles d'amour, ce n'est pas ma faute, c'est la tienne.

— Mon bonheur n'en est pas moins grand.

— Sans doute. Mais demain arrivera : séparation, éloignement. Il y aura ici des larmes versées ; mais je suis là, je la consolerai. D'ailleurs, Jeanne est forte, courageuse ; il y a dans sa petite tête une volonté ferme, virile, qui manque à beaucoup d'hommes. Le temps passe vite, les sept années s'écouleront ; tu auras acquis l'expérience, tu te seras fait. Jeanne, de son côté, sera devenue tout à fait femme. A ton retour je vous marierai, car je compte bien être encore de ce monde.

— Je l'espère bien aussi, parrain. D'ailleurs, ajouta-t-il en souriant, vous n'avez pas le droit de mourir.

— C'est vrai, mon garçon ; pour Jeanne, pour toi, pour certaines choses qui me restent à faire, il faut que je vive encore. Malheureusement, Jacques, nul n'est entièrement maître de sa destinée ; je puis m'en aller tout d'un coup, sans m'y attendre, sans avoir entendu la mort crier : gare ! Si cela arrivait, le fiancé de Jeanne, son futur mari, deviendrait immédiatement son protecteur.

A ce sujet, Jacques, et comme on ne sait pas ce qui peut arriver, j'ai quelque chose à te dire.

— Parlez, capitaine ; vos paroles seront respectueusement écoutées.

— Comme tu le sais, Jacques, depuis bientôt cinq ans, immédiatement après la mort de ta marraine, ma bonne et brave Catherine, Jeanne est devenue tout à fait ma fille par un acte d'adoption. Par cet acte, je lui ai transmis mon nom et elle se nomme Jeanne Honorine Vaillant.

Jeanne sait qu'elle est née à Blaincourt et que sa mère est morte en lui donnant le jour ; mais elle ne sait que cela ; je lui ai toujours caché la vérité.

— Elle s'en plaignait tout à l'heure, en me parlant de sa mère.

— Oh ! il y a longtemps qu'elle a compris qu'un mystère entoure sa naissance. Que de fois elle m'a interrogé à ce sujet ! Mais j'ai toujours cru que je faisais bien de garder le silence, et je suis resté inébranlable dans ma résolution. Tu verras tout à l'heure si j'ai eu tort ou raison de ne point lui dire dans quelles circonstances et à la suite de quel événement elle est venue au monde. A toi, Jacques, je ne cacherai rien, parce qu'il est nécessaire que tu saches tout.

Il n'y a pas bien loin de Mareille à Blaincourt ; eh bien, je me suis arrangé de telle façon, j'ai su prendre de telles précautions que les gens d'ici n'en savent pas davantage que Jeanne. Aussi n'ai-je pas à redouter qu'une langue indiscrète ou malveillante vienne troubler la tranquillité de mon enfant.

Ah ! dame, on bavarda et on en dit de toutes les couleurs, quand, un beau jour, on me vit revenir à Mareille, portant la petite Jeanne dans mes bras. Elle était déjà grandelette, elle jasait comme une nichée de chardonnerets et courait comme un petit lièvre.

On chercha, on se mit l'esprit à la torture pour deviner, on plaida le faux pour savoir le vrai ; mais les curieux en furent pour leurs frais. On alla jusqu'à raconter que Jeanne était l'enfant d'une pauvre fille, que je l'avais eue, autrefois, étant soldat, d'une femme quelconque que j'avais abandonnée. Je laissai dire. Dans tous les pays il y a des mauvaises langues.

Maintenant, Jacques, écoute :

Et l'ancien dragon raconta ce qui s'était passé à Blaincourt dans la journée du 8 novembre 1854.

Quand il eut achevé son récit, il regarda fixement le jeune homme, qui l'avait écouté en frémissant, et avec la plus grande attention.

— Eh bien, Jacques, devais-je dire cela à Jeanne ?

— Oh ! non, répondit vivement le jeune homme, car c'eût été détruire toutes les joies de sa jeunesse.

— Je le savais, et c'est pour cela que j'ai gardé le silence. Jacques, je suis heureux de ton approbation. Oui, le plus longtemps possible, si ce n'est toujours, Jeanne doit ignorer que son père, victime d'une lâche vengeance, a été frappé par des assassins, et que la vue du cadavre de son mari a tué sa mère.

— A-t-on mis la main sur les meurtriers, est-on parvenu à savoir le nom de la victime ? demanda Jacques.

— Les magistrats ont fait ce qu'ils ont pu, la police a cherché partout. Rien. Tout est resté enseveli dans l'ombre du mystère.

— Pauvre Jeanne !

— Jeanne n'a rien à regretter, puisqu'elle ne sait rien ;

elle n'avait pas de nom, elle était sans famille ; je lui ai donné une famille et un nom.

— Et, capitaine, vous l'avez aimée, vous l'aimez autant, plus peut-être que si elle était véritablement votre fille.

— Je l'avais promis, Jacques, mais il y avait dans le cœur de Catherine et dans le mien quelque chose qui valait mieux que la promesse.

Je laissai Jeanne pendant deux ans et huit mois chez sa nourrice. J'avais mon idée. Le tragique événement avait eu un grand retentissement dans la contrée et l'on parlait partout de la pauvre jeune femme qui était morte un instant après avoir mis son enfant au monde. Je crus donc devoir attendre que tout cela fût un peu oublié. J'avais eu une bonne inspiration, puisque quand j'amenai la petite à Mareille, personne ne se douta que c'était l'orpheline de Blaincourt.

Comme je te l'ai dit, elle était déjà grande et forte, et gentille comme un chérubin ; enfin elle a donné et au delà tout ce qu'elle promettait en grâce, en beauté, en intelligence, en qualités du cœur.

Tu sais ce que la défunte et moi avons été pour elle ; rien ne lui a manqué, ni les soins, ni l'affection, ni les caresses, ni le dévouement ; elle était notre idole. Comme on le dit à Mareille, nous avons été réellement ses père et mère. Tout cela, Jacques, elle nous l'a rendu par sa reconnaissance, son attachement, sa tendresse filiale, par les mille satisfactions, par toutes les joies et tout le bonheur qu'elle nous a donnés.

L'adoption complète est venue à son temps et Jeanne est bien ma fille, ma fille adorée. Naturellement, elle sera mon héritière ; mais je lui laisserai peu de chose, quand je voudrais pouvoir lui donner une fortune.

— On peut être parfaitement heureux sans la richesse, capitaine ; je ne suis pas paresseux et j'ai de bons bras ; je travaillerai pour Jeanne.

— Je sais bien qu'avec toi, mon garçon, ma fille ne manquera jamais de rien. Je continue : Ce jardin, la maison et son mobilier, la pièce de terre à côté, et avec cela cinq ou six mille francs, voilà tout ce que je possède. Mon épargne est modeste, comme tu vois ; c'est tout ce que j'ai pu mettre de côté, et pas facilement, je t'assure. Cependant ta marraine était économe et avait comme Jeanne, qui la remplace aujourd'hui, beaucoup d'ordre; nous avons toujours vécu simplement, ne dépensant absolument que le strict nécessaire. Mais nous avons voulu que l'enfant eût toutes les petites choses qui font le bonheur de l'enfance, et puis, plus tard, nous l'avons fait instruire. Cela nous a coûté. En dehors de l'instruction ordinaire qu'on donne aux jeunes filles, elle a appris la musique, le dessein, à peindre. Cela n'était peut-être pas bien utile ; mais que veux-tu, mon garçon, on a ses faiblesses !

Autre chose maintenant : Je t'ai dit qu'on avait trouvé dans le portefeuille du noyé et dans la valise des voyageurs une somme de dix-huit cent quatre-vingt-douze francs. Cette somme, qui appartenait à l'enfant, m'a été remise par le maire de Blaincourt. J'avais le droit de m'en servir pour combler le déficit de mon petit budget, occasionné par un surcroît de dépense ; je ne l'ai pas fait. Cet argent était à Jeanne, à elle seule, je n'ai eu garde d'y toucher. Mais tu dois penser que je ne l'ai pas bêtement enfermé dans une tirelire où caché dans l'armoire entre deux draps, comme le font les bonnes vieilles femmes ; je l'ai placé, le mieux que j'ai pu. Plusieurs circonstances favorables se sont présentées et j'ai eu la chance d'en profiter, en faisant quelques opérations de Bourse qui ont réussi au delà de mes souhaits. Successivement le petit capital a augmenté ; aujourd'hui il s'élève à douze mille francs.

— Douze mille francs ! exclama Jacques, mais c'est une fortune !

— Non, répliqua le capitaine, mais ils peuvent en être la base.

— Jeanne est riche et moi je n'ai rien ! Ah ! j'ignorais cela, capitaine ; si j'avais su...

— Eh bien ?

— Je n'aurais pas osé...

— Allons, allons, fit le vieux soldat en lui tapant sur l'épaule, fais-moi le plaisir de ne pas dire des bêtises. Enfin Jeanne a douze mille francs, c'est sa dot. Quand tu reviendras, j'espère bien que la somme se sera encore arrondie. Alors, avec ce que je mettrai au bout, tu pourras acheter une petite ferme ou prendre la direction d'une importante exploitation agricole. Il y a beaucoup à faire en agriculture ; je t'ai entendu raisonner sur ce sujet et je partage tes opinions. Tes idées sont larges : il y a en toi l'étoffe d'un réformateur. Que tu sois en situation d'agir, tu feras faire un grand pas en avant à l'agriculture, en la faisant sortir progressivement des ornières de la routine. Pour secouer la torpeur de nos cultivateurs, il faut des exemples frappants : tu es, Jacques, de ceux qui peuvent les donner.

Les théories sont belles, mais la pratique vaut mieux. Pour que tu puisses mettre plus tôt tes idées en pratique, j'aurais pu te soustraire au service militaire, en te donnant la somme fixée par le ministre de la guerre pour le remplacement.

— Je n'aurais pas accepté, capitaine.

— Je le sais. Enfin, je ne t'ai pas fait cette proposition. Pourquoi ? D'abord, tu es encore un peu jeune pour diriger une exploitation dans les conditions que tu la veux.

Jeanne, de son côté, n'a pas encore seize ans ; on ne marie pas un enfant. Si tu as tes idées sur l'agriculture, j'ai les miennes sur le service militaire, qui est une dette sacrée que tout Français valide et qui n'est pas l'unique soutien de parents infirmes ou de frères et sœurs orphelins, doit à la patrie. Je n'admets pas, non je ne puis admettre que cette dette sacrée, qui est personnelle, on puisse la payer avec de l'argent.

Servir son pays, c'est-à-dire être appelé à défendre le territoire et l'honneur du drapeau, doit être une obligation sans réserve, absolue. Je sais bien qu'enlever un fils à sa famille pendant sept ans, c'est dur. Qu'on réduise le service militaire à cinq, à quatre et même à trois ans, j'applaudirai ; mais plus de privilége pour ceux-ci, plus de faveur pour ceux-là. Egalité pour tous. Le fils du millionnaire n'a pas le droit de se croiser les bras, de se dorloter dans le luxe de la maison de son père, pendant que les fils des paysans et des ouvriers vont se faire tuer à la frontière. Le sang du pauvre est rouge comme le sang du riche, et souvent celui du premier vaut mieux que celui de l'autre.

Voilà, mon garçon, ce que j'avais à te dire aujourd'hui ; à ton retour nous parlerons d'autres choses. Je n'ai pas besoin de te recommander la plus entière discrétion vis-à-vis de Jeanne.

— Soyez tranquille, capitaine, je garderai, enfermé là, ce que vous avez bien voulu me confier.

A ce moment la femme de ménage parut dans le jardin, ayant Fidèle en avant-garde.

— Eh bien, Gertrude, qu'est-ce que c'est ? fit le capitaine ; tu viens nous annoncer que la table est mise ?

— Oui, monsieur, et que le déjeuner est prêt et que mademoiselle vous attend.

— S'il en est ainsi, Jacques, ne nous faisons pas plus longtemps attendre, allons déjeuner.

Deux heures après, le jeune homme sortait de la maison de Jacques Vaillant. La joie, le bonheur étincelaient dans son regard et il y avait sur son front comme un air de triomphe. Cela fit dire à des femmes qui le virent passer :

— Comme il est joyeux, Jacques Grandin ! On ne dirait guère qu'il est soldat et qu'il part demain. On croirait, vraiment, qu'il a déjà sur les épaules les épaulettes de capitaine de son parrain.

On savait déjà à Mareille que Jacques Grandin avait reçu la veille sa feuille de route.

Le jeune homme se dirigeait vers la demeure du fermier dont il était depuis deux ans le premier garçon de ferme.

Soudain, au tournant de la rue, il se trouva nez à nez avec le vieux mendiant de Blaincourt.

— Tiens, c'est vous, père La Bique ! fit-il.

— Oui, jeune homme, et, regardez, avec de bons souliers neufs aux pieds, grâce à la charité de la belle demoiselle. A propos, garçon, est-ce vrai ce que j'ai entendu dire ?

— Qu'avez-vous entendu dire ?

— Que vous partez demain pour sept ans ?

— C'est vrai, père La Bique, je suis soldat et je pars demain.

— Ça n'a pas l'air de vous chagriner.

— A quoi cela me servirait-il de me faire de la peine ?

— A rien, bien sûr. Mais c'est égal, je ne comprends pas...

— Qu'est-ce que vous ne comprenez pas ?

— Votre conversation de ce matin avec la belle demoiselle. Je croyais que vous étiez à la veille du mariage, et c'est pas vrai. Ça me contrarie un peu, mon garçon.

— Vous? Et pourquoi?

— J'avais quelque chose à vous dire.

— A moi?

— Oui.

— Dites tout de même.

— Non, quand vous reviendrez et que vous serez le mari de la demoiselle.

— Et si vous êtes mort? répliqua Jacques en riant.

— Dans ce cas, mon garçon, j'emporterai le secret dans le trou qu'on creusera pour jeter mes vieux os.

— Ah! il s'agit d'un secret? fit Jacques devenu sérieux.

— Pardieu!

— Voyons, père La Bique, pourquoi ne pas me le confier dès maintenant?

— Parce que ce n'est pas mon idée.

— Dites-moi toujours quelque chose.

— D'abord, jeune homme, que savez-vous de la demoiselle? Le capitaine Vaillant vous a-t-il dit où il l'a trouvée?

— Hier je ne savais rien encore; mais ce matin le capitaine m'a appris comment Jeanne était devenue orpheline : le père jeté dans le Frou par des misérables, la mère mourant quelques heures plus tard en donnant le jour à Jeanne, et tous deux restés inconnus.

— Bon, je vois que le capitaine vous a raconté tout ce qu'il sait.

— Est-ce que vous en savez davantage, père La Bique?

— Oui et non.

— Ce n'est pas répondre.

— Jeune homme, quand vous serez le mari de Jeanne, l'enfant du malheur, comme on l'appelait à Blaincourt, je vous donnerai certaines indications à l'aide desquelles vous parviendrez peut-être à savoir le nom de son père, à retrouver sa famille.

Jacques saisit le bras du mendiant.

— Mais c'est tout de suite qu'il faut me les donner, ces indications, dit-il d'une voix agitée.

Le vieux secoua la tête.

— Quand vous serez marié, fit-il.

— Mais, encore une fois, si vous êtes mort !...

— Tant pis !

— Puisque vous ne voulez rien me dire, à moi, il faut révéler votre secret au capitaine Vaillant.

— Non, ce n'est pas mon idée.

— Et si je vous forçais à parler ?

— Comment ?

— En vous faisant appeler devant les magistrats du parquet.

— Pas bon, le moyen. On voit bien, jeune homme, que vous ne connaissez pas le père La Bique ; il est entêté comme trente-six mulets ; les gendarmes avec leurs grands sabres, les magistrats à toques noires ou rouges avec leur finasserie ne lui feraient pas lâcher un mot de ce qu'il ne veut pas dire ; le couteau de la guillotine sur mon cou ne me ferait pas remuer la langue.

— Père La Bique, je vous prie, je vous supplie de parler !

— Quand vous reviendrez, jeune homme, quand vous reviendrez. Allons, courage, jeune soldat : bon voyage et bonne chance !

Et, tournant les talons, le vieux mendiant s'éloigna aussi vite que ses jambes pouvaient le lui permettre.

Jacques resta un instant immobile à la même place, puis secouant la tête :

— Il faut que je sois bien simple pour avoir ajouté foi un instant aux paroles de ce vieux bonhomme, murmura-t-il : il n'en sait pas plus que mon parrain. Est-ce que les magistrats et la police n'ont pas fait toutes les recherches? Le père La Bique est un vieux malin : il a voulu s'amuser un instant à mes dépens, il s'est moqué de moi !

III

LE DÉPART DU CONSCRIT

Jacques Grandin partait, il était en route. Jacques Vaillant, Jeanne et cinq ou six camarades du jeune soldat lui faisaient la conduite. Une dizaine de gamins, qui avaient une grande amitié pour le jeune homme, s'étaient joints à ceux qui l'accompagnaient. En avant cabriolait Fidèle.

On n'était pas encore loin de Mareille ; mais on avait traversé la vallée, sur la rive droite du Frou, qui est, à Mareille, à deux lieues environ de l'endroit où il se jette dans la Saône.

Maintenant on grimpait la colline Sainte-Anne. Sur le plateau on devait se serrer une dernière fois la main et se dire adieu.

La route était belle avec sa double bordure de platanes, dont le feuillage vert, rempli de chants d'oiseaux, était encore égayé par les premiers rayons du soleil.

Cette route coupe le coteau, en adoucissant sa pente, et contourne la Bosse grise, une espèce de pic, formé d'un amas de roches énormes, planté de travers sur la croupe de la montagne et ressemblant assez, de loin, à la bosse d'un chameau.

La Bosse grise, hérissée de pointes, d'aiguilles, d'angles aigus, de saillies tranchantes, d'une infinité de dentelures bizarres, est couverte d'épaisses broussailles vierges sous lesquelles se cachent d'effroyables fentes, gueules monstrueuses toujours béantes de précipices, de gouffres insondables. Peu accessible à l'homme, qui n'ose s'y aventurer, la Bosse grise est le domaine de l'aigle et des oiseaux nocturnes.

— Jacques, dit le capitaine Vaillant, en s'arrêtant, c'est ici que nous devons nous séparer ; t'accompagner plus loin serait t'obliger encore à ralentir ta marche ; or, tu n'as plus qu'une demi-heure pour arriver à Blignycourt où tu dois prendre la voiture à son passage.

— Et puis ce serait vous fatiguer inutilement, répondit le jeune homme.

Devant eux s'étendait le plateau large d'un kilomètre.

Jacques se retourna pour jeter une dernière fois les yeux dans la vallée et sur Mareille. Jusque là il avait conservé son humeur joyeuse, mais à la vue du vieux clocher, dont il s'éloignait pour longtemps, sa gaieté, un peu factice peut-être, l'abandonna subitement. Des larmes jaillirent de ses yeux.

Jeanne cachait les siennes dans son mouchoir et étouffait les sanglots qui montaient à sa gorge.

— Courage, mon garçon, courage ! dit Jacques Vaillant.

Et le vieillard, qui était prêt à pleurer aussi, lui serrait fortement les deux mains.

— Allons, Jeanne, embrasse-le, cela lui mettra de la force au cœur.

La jeune fille se jeta toute palpitante au cou de son

fiancé, qui l'étreignit contre sa poitrine. Les deux cœurs battaient l'un contre l'autre, leurs larmes se mêlèrent. C'était le premier baiser d'amour. Ils ne se dirent pas une parole, il y avait là des jeunes gens qui ne devaient pas connaître leur secret : mais que de choses dans leurs regards ! Promesses, serments, espérances !...

— Dans dix-huit mois ou deux ans, disait Jacques Vaillant, quand tu seras tout à fait un soldat, un bon soldat, on t'accordera un congé, et tu viendras passer quelques jours à Mareille près de tes amis.

Ceux-ci l'entouraient et serraient ses mains. Puis ce fut le tour des gamins ; tous voulurent embrasser leur bon ami Jacques, et ils criaient :

— Nous aussi, Jacques, nous serons soldats un jour !

On allait se séparer, lorsque, tout à coup, un des enfants poussa un cri de terreur et se serra tout tremblant contre les jambes du capitaine Vaillant. Aussitôt, les autres se mirent à crier :

— Jean Loup ! Jean Loup !

Tous les yeux se dirigèrent du côté où la présence de celui à qui on donnait le nom de Jean Loup venait d'être signalée.

Un être bizarre, qui semblait sortir d'un des gouffres de la Bosse grise, et qu'on pouvait prendre, vu à une certaine distance, pour une bête fauve, courait à travers champs avec une rapidité extraordinaire. Ses pieds nus touchaient à peine le sol ; on aurait dit qu'il volait et qu'il avait, comme le dieu Mercure, des ailes aux talons.

Rien n'entravait sa course vertigineuse, ni les roches noires qui se dressaient devant lui, ni les trous de carrière qu'il franchissait d'un bond, ni aucun autre accident de terrain. Il sautait par-dessus les haies avec une agilité fantastique et passait à travers les plus épais buissons en bondissant comme une panthère. Il se dirigeait en droite ligne vers les personnes arrêtées sur la route.

Les enfants se hâtèrent de ramasser des cailloux comme s'ils allaient avoir à se défendre contre une attaque de Jean Loup.

— Laissez ces pierres et n'ayez aucune crainte, leur dit Jacques ; Jean Loup est un pauvre sauvage, mais il n'est pas méchant, il est bon, au contraire. Sachez aussi qu'il est mon ami, et que celui d'entre vous qui lui jetterait une pierre perdrait mon amitié.

Ces seules paroles suffirent pour calmer l'ardeur belliqueuse des gamins ; ils laissèrent tomber aussitôt les cailloux qu'ils venaient de ramasser. Toutefois, ils ne paraissaient point complétement rassurés.

Jean Loup arrivait.

Comme Jacques venait de le dire, c'était un sauvage, un véritable sauvage ; on aurait pu croire facilement qu'il était venu d'une forêt vierge de l'Amérique ou d'une île océanienne. C'était un homme de haute taille, qui paraissait doué d'une force prodigieuse, à en juger par la souplesse de son torse superbe, par ses jambes et ses bras velus, nerveux, dont chaque mouvement tendait et faisait paraître les muscles sous l'épiderme.

Il avait pour vêtement une sorte de casaque faite de deux peaux de loup, attachées par des cordelettes de racines d'acacia. Ses bras étaient entièrement nus, de même que ses jambes, jusqu'au-dessus de ses genoux. On aurait pu lui donner trente ans ; mais il ne devait pas avoir plus de vingt ou vingt-deux ans.

Sa figure, d'un dessin correct, que le rasoir ou les ciseaux n'avaient jamais touchée, avait un peu la couleur du cuivre rouge et s'encadrait dans une barbe noire, frisée, poussant claire, en broussailles. Il avait le nez droit, ni long, ni court, la bouche un peu grande, avec de grosses lèvres, mais ornée de belles dents d'une blancheur d'ivoire. En somme, malgré ce qu'il y avait de farouche dans sa physionomie et d'indompté en lui, il était beau, beau comme devait l'être l'homme dans les temps primitifs et les temps barbares. Sa beauté, d'un caractère étrange, était, en un mot, une beauté de sauvage.

Ses cheveux longs et plats, roussis par le soleil, n'avaient jamais été coupés, comme ceux de Samson le Nazaréen ; il ne devait les peigner qu'avec ses doigts armés d'ongles longs, solides et durs comme de la corne ; ils tombaient tout autour de sa tête, sur son dos et ses épaules. Retenus par rien, toujours libres de s'épandre à volonté, quand un coup de vent ou toute autre cause les amenait sur son visage, ce qui devait arriver souvent, par un brusque mouvement de la main il les rejetait en arrière.

Une seule chose chez lui contrastait d'une manière frappante avec tout l'ensemble de sa personne, c'était l'animation, la clarté et l'expression extraordinaire du regard. Il y avait toujours dans ses grands yeux étonnés, pleins de lumière, quelque chose de craintif et de farouche ; mais quand on le regardait attentivement pendant un instant et qu'on saisissait les jets de flamme qui traversaient son regard, on sentait que sous le front de cet être étrange, de ce malheureux vivant à l'état sauvage au milieu des bois et des roches désertes, il y avait la pensée, une intelligence ; on comprenait qu'il y avait dans sa poitrine un cœur d'homme et que ce cœur pouvait être accessible à tous les sentiments, à toutes les sensations humaines.

Jacques Grandin, se détachant du groupe, s'était avancé sur le bord de la route. Quand Jean Loup arriva près de lui, il lui tendit la main.

L'homme sauvage la prit dans les siennes et la garda un instant, en faisant entendre des sons rauques, étranglés, bizarres, qui semblaient indiquer son contentement.

Hélas ! c'est seulement par des cris ou des sons qui s'échappaient de sa poitrine, que Jean Loup pouvait manifester sa douleur et sa joie. Depuis qu'il osait un peu s'approcher des hommes, il avait compris que la langue est chez l'homme l'organe de la parole ; mais lui ne pouvait s'en servir. Il n'était pas muet, cependant. Il ne parlait point parce que, fuyant les hommes et vivant dans les bois avec les bêtes, il n'avait pas appris à parler.

Le malheureux était en cela plus sauvage que les antropophages des contrées inconnues de l'Afrique ; ceux-là, au moins, ont un langage et se comprennent entre eux.

— Eh bien, mon pauvre Jean Loup, lui dit Jacques, je pars et tu seras longtemps avant de me revoir. En vérité, on dirait que tu savais cela, puisque tu es sorti de ton trou pour venir me souhaiter un bon voyage.

Jean Loup secoua la tête, faisant onduler ses cheveux sur ses épaules comme une crinière de lion.

Puis, comme s'il eût compris, son visage s'attrista subitement et on vit deux grosses larmes rouler dans ses yeux.

— C'est mon seul, mon unique ami que je perds, semblait-il dire.

De nouveau il saisit vivement la main de Jacques et la pressa contre son cœur.

— Pauvre diable ! murmura le jeune soldat, son cœur bat à se briser.

Soudain, les yeux de Jean Loup étincelèrent. Tenant toujours la main de Jacques, il l'entraîna près de Jeanne dont il prit également la main. Il les regarda longuement, un sourire singulier sur les lèvres ; puis, lentement, il rapprocha leurs mains et les mit l'une dans l'autre.

— Oh ! fit Jacques, stupéfait de surprise.

Puis, par un mouvement spontané, il prit le sauvage dans ses bras.

— Tiens, Jean Loup, s'écria-t-il, il faut que je t'embrasse !

— C'est étrange, étrange ! murmurait Jacques Vaillant.

Les amis de Jacques Grandin se rapprochaient comme ayant l'intention d'envelopper Jean Loup et de s'emparer de lui.

Le sauvage eut probablement cette pensée, car il bondit en arrière et reprit aussitôt sa course à travers champs.

— Nous voulions lui serrer la main, dirent les jeunes gens.

— Oui, répondit Jacques ; mais il n'a pas compris, il a eu peur. Mes amis, ne faites jamais de mal au pauvre Jean Loup, et si un jour il avait besoin d'être protégé, défendu, soyez tous ses défenseurs.

Après avoir mis entre ceux qu'il venait de quitter et lui une certaine distance, Jean Loup s'était arrêté. Debout sur une roche, les poings sur ses hanches, immobile comme une statue de bronze sur son piédestal, et faisant face à la route, il regardait.

Il vit Jacques serrer les mains de ses camarades, caresser Fidèle, embrasser le capitaine Vaillant, puis Jeanne une fois, une fois encore et enfin s'éloigner rapidement.

Ceux qui restaient agitaient leurs chapeaux en l'air, derniers signes d'adieu. Jeanne envoyait des baisers du bout de ses doigts roses, et Jacques, qui se retournait à chaque instant, recevait les baisers de sa fiancée que lui apportait la brise.

Jean Loup trouva cela charmant, et il fit comme Jeanne, il envoya des baisers à son ami qui partait.

Tout à coup, tendant l'oreille, il dressa la tête comme un cheval de bataille au son de la trompette. Un bruit de sabots de chevaux se faisait entendre sur la route. Presque aussitôt, deux jeunes cavaliers, montant des chevaux de prix et qui venaient de la vallée, se montrèrent sur le plateau.

Jean Loup eut un frémissement dans tout son être; ses traits se contractèrent horriblement, des éclairs sombres, terribles, sillonnèrent son regard, et il y eut dans sa gorge comme un grondement de tonnerre.

Les cavaliers, serrant la bride des chevaux impatients, qui auraient voulu prendre le galop, allaient au pas. En passant près des amis de Jacques Grandin, l'un d'eux, le plus jeune, un grand et beau garçon de vingt ans, enveloppa Jeanne d'un regard ardent chargé d'étincelles.

La jeune fille éprouva une sorte de malaise dont elle ne se rendit point compte.

Jacques Grandin venait de disparaître au croisement d'une seconde route.

De l'endroit éloigné où il se trouvait, Jean Loup n'avait pu rien voir; cependant il prit une attitude menaçante et, ses yeux lançant des flammes, il montra ses deux poings au jeune cavalier.

Celui-ci comprit; il répondit à la menace du sauvage, en faisant siffler sa cravache, ce qui devait avoir une signification, et par un grand éclat de rire ironique, qui arriva comme une flèche aux oreilles de Jean Loup.

Les chevaux partirent au galop.

— C'est le fils de Mme la baronne de Simaise, dit un

des jeunes gens : il fait sa promenade du matin avec un de ses amis de Paris, sans doute.

— Il a un singulier regard, ce jeune homme, dit simplement Jacques Vaillant.

Il ne lui vint pas à la pensée que la beauté de Jeanne avait excité les appétits sensuels du jeune débauché.

— Allons, fit-il, nous n'avons plus rien à faire ici. Viens, ma fille, viens, ajouta-t-il, en s'adressant à Jeanne, qui s'obstinait à regarder au loin sur la route poudreuse, déserte maintenant.

Il lui offrit son bras et on reprit le chemin de Mareille. Fidèle marchant toujours en avant-garde.

Jean Loup resta encore un instant debout sur la pierre ; puis après avoir jeté rapidement son regard de tous les côtés, ayant le nez en l'air, comme s'il eût interrogé la rose des vents, il se dirigea en courant vers les grandes roches et disparut derrière les épines, les ronces et les viornes centenaires, qui rendaient la Bosse grise inabordable du côté de la forêt.

Les deux cavaliers avaient rapidement traversé le plateau. Pour descendre l'autre versant de la montagne, les chevaux se remirent à marcher au pas et les cavaliers se rapprochèrent. Tous deux étaient beaux, bien faits, élégants, distingués. L'ami du fils de la baronne de Simaise était âgé de vingt-six ans ; il se nommait Jules Bastier et était le fils unique d'un opulent banquier de Paris. Ce jeune homme avait reçu une instruction et une éducation en rapport avec les millions qu'il devait posséder un jour. C'était un avantage qu'il avait sur Raoul de Simaise, dont l'éducation avait été fort négligée. Dès l'âge de seize ou dix-sept ans, ayant sous les yeux l'exemple de son père, un coureur d'aventures, Raoul était déjà un parfait mauvais sujet.

Vaniteux, fanfaron, égoïste, sceptique, sans dignité,

plein d'un faux amour-propre, impertinent vis-à-vis de ceux qu'il croyait inférieurs à lui, lâche et rampant devant les autres, il avait tous les défauts et, dans son âme déjà corrompue, le germe de toutes les passions viles. Mais faux et hypocrite, il savait parfaitement dissimuler sa perversité précoce, même aux yeux de sa mère qui, séparée de son mari et vivant seule avec sa fille dans une retraite profonde, ne le voyait que deux ou trois fois chaque année, et seulement pendant quelques jours. Cependant, dans la physionomie de Raoul, qui était celle d'un cafard, dans son sourire pincé, nerveux et dans son regard hypocrite, fuyant, parfois cruel, il y avait quelque chose qui trahissait sa nature mauvaise, ses déplorables instincts.

— Quel est cet être bizarre, assez semblable à une bête, que nous avons vu, en passant, monté sur une roche? demanda Jules Hastier.

— Oh! un sauvage, un fou, répondit Raoul avec un mouvement nerveux des épaules.

— J'ai remarqué qu'il te menaçait; ce sauvage, ce fou, a quelque chose contre toi.

— Je crois, en effet, qu'il éprouverait du plaisir à m'étrangler.

— Ah! et pourquoi cela?

— Il a de la rancune comme un chien qu'on caresse à coups de trique; il se souvient d'une correction que je lui ai administrée avec cette cravache que je tiens à la main.

— Comment, tu as eu le courage de frapper ce malheureux?

— Parfaitement.

— Oh! Raoul!

— Et, à l'occasion, je suis prêt à recommencer.

— Que t'avait-il fait?

— Permets-moi de ne pas te répondre.
— En ce cas, je cesse de t'interroger.
— Tu as vu la jeune fille ?
— Oui.
— N'est-ce pas qu'elle est charmante ?
— Adorable, c'est une merveille !
— Alors, tu comprends...
— Oui, je comprends l'enthousiasme avec lequel tu m'as parlé d'elle.
— Et pourquoi j'en veux faire ma maîtresse.
— Une folie ! Veux-tu que je te donne un bon conseil ?
— Voyons.
— Renonce à ton projet.
— Jamais !
— Tu ne réussiras point. Il m'a suffi du coup d'œil que j'ai jeté sur elle pour la juger. Cette jeune fille, Raoul, n'est pas une fleur des champs qu'on peut cueillir.

Et pourtant elle sera à moi ; il faut, je veux qu'elle m'appartienne !
— C'est donc une véritable passion ?
— Oui, c'est une passion terrible qui a allumé dans tout mon être un feu qui me brûle, me dévore !
— Et tu ne lui as jamais parlé ?
— Je la vois, c'est assez.
Jules se mit à rire.
— Pourquoi ris-tu?
— Parce que je t'en ai connu déjà plusieurs de ces passions terribles, dont le feu s'est éteint, tiens, comme cette allumette avec laquelle je voulais allumer mon cigare.
— C'est vrai ; mais cette fois, c'est sérieux.
— Heu !

— Eh bien, quoi ?
— Dans quatre jours nous retournons à Paris.
— Après ?
— Dans huit jours tu ne penseras plus à la belle Jeanne. Comme les précédentes, ta nouvelle passion aura duré ce que dure un feu de paille.
— Oui, murmura Raoul, je vais retourner à Paris ; mais je reviendrai !

IV

LE COUREUR DES BOIS

Un jour, cinq ans auparavant, un habitant de Mareille, revenant de Blignycourt, à travers les bois, rentra dans la commune essoufflé, effaré, couvert de sueur et de poussière, et agitant ses bras comme un insensé.

A le voir dans un pareil état d'agitation on pouvait supposer, en effet, qu'il venait d'être atteint d'aliénation mentale.

Des hommes, des femmes, des enfants sortirent des maisons et l'entourèrent.

— Ah! si vous saviez, si vous saviez, si vous saviez! répétait-il constamment.

A toutes les questions qu'on lui adressait, il continuait de répondre :

— Ah! si vous saviez!

On alla lui chercher un grand verre de vin qu'il but d'un trait. Cela parut lui faire du bien. Peu à peu il se calma et, enfin, il put parler.

Il raconta que, en passant dans la forêt, il avait vu, courant à travers les taillis, un animal extraordinaire, ayant des jambes, des bras, une figure, des cheveux très-longs, ressemblant enfin beaucoup à un homme.

Il ne pouvait en dire davantage. Il n'avait fait qu'entrevoir la bête, car aussitôt la peur l'avait pris et il s'était sauvé à toutes jambes.

Les auditeurs pensèrent tout d'abord qu'il avait eu peur de son ombre ou que, s'il avait réellement vu un animal quelconque, ce ne pouvait être qu'un cerf, une biche ou seulement un chevreuil. Cette opinion manifestée à haute voix, provoqua de grands éclats de rire. On se moquait du peureux, on le raillait.

De nouveau et avec plus de force il affirma que l'animal qu'il avait vu ne pouvait être un fauve des bois, puisqu'il courait debout, comme l'homme, avec deux jambes et non avec quatre.

Vrai ou non, le fait était suffisamment étrange pour donner lieu à des commentaires.

Le savant de l'endroit, un homme qui lisait beaucoup et qui avait quelques notions d'histoire naturelle, émit l'avis que l'animal en question devait être un singe, non un de ces petits singes qu'on voit quelquefois dans les villages, grotestement habillé, dansant et faisant des grimaces au son d'un orgue de Barbarie, puis tendan sa calotte pour recevoir les pièces de monnaie des spectateurs, qu'il glisse ensuite dans la poche de son maître, en ayant l'air de compter; mais un singe de la grande espèce, de ceux qui ressemblent le plus à l'homme par la forme et la taille, un orang ou un chimpanzé, les deux plus grands singes connus, et que Buffon a distingués en donnant au premier le nom de Pongo et au second celui de Jocko.

Tout cela était fort bien dit; mais un orang ou un chimpanzé dans une forêt des Vosges! Ce n'était pas admissible. Comment y serait-il venu? Les orangs, les chimpanzés, comme tous les autres singes, d'ailleurs, ne vivent que dans les pays chauds. On rencontre les orangs dans les îles de Bornéo et de Sumatra et les chimpanzés dans les régions occidentales de l'Afrique, constamment brûlées par le soleil.

Non, on ne pouvait admettre la présence d'un singe dans la forêt. Cette fois, le savant de Mareille en était pour ses frais d'érudition : on ne voulut pas se soumettre à l'autorité de sa parole.

— Eh bien, si ce n'est pas un singe, dit alors une femme, je crois, moi, que c'est un homme, un homme sauvage.

On se remit à rire.

— Vous n'avez pas besoin de rire, reprit la femme, dont le visage était devenu écarlate, il y a des hommes sauvages, c'est connu.

— Et aussi des femmes sauvages.

— Oui, mais pas en France.

— Et pourtant, moi, j'en ai vu un, répliqua la femme ; j'en ai vu un, entendez-vous ?

— Où cela ?

— A la foire d'Epinal, il y a deux ans, dans une baraque de saltimbanques.

— Oh ! un sauvage pour rire.

— Je vous dis que c'était un vrai sauvage, et la preuve c'est qu'il avait de grands cheveux qui tombaient presque jusqu'au milieu de son dos, une figure et des regards qui faisaient peur, et qu'il a mangé devant tout le monde qui était là, un gros morceau de viande crue, et ensuite un petit oiseau qu'il avait à peine déplumé.

— Eh ! ma chère, répondit un homme qui voyageait souvent, on voit ce que vous venez de raconter un peu partout ; tour de saltimbanques, attrape-nigauds ; il faut allécher le public crédule, tendre un appât à sa curiosité.

Ils sont sur les tréteaux, c'est le moment de la parade; l'un souffle à pleins poumons dans un trombone, l'autre joue du piston ou de la clarinette, un troisième frappe à tour de bras sur une grosse caisse: boum, boum, boum... C'est un vacarme infernal. La foule s'amasse, se serre, se presse devant l'estrade. Celui qui applique des gifles sur la figure de Jocrisse fait un signe. Tout se tait. Le pître a la parole:

— Mesdames, messieurs, nous allons avoir l'honneur de vous présenter tout à l'heure un sujet rare, rare, que dis-je? merveilleux, qu'on n'a jamais vu dans cette bonne ville, messieurs et dames; c'est un homme sauvage, amené en France depuis un mois seulement. On va le voir, on va le voir !... Ce sauvage est aussi un anthropophage; mais n'ayez aucune crainte, il ne vous mangera point. Il a été pris dans l'île inconnue de Caracaramirotarapa, découverte par le célèbre navigateur Robinson, qui a vu Vendredi dans une situation horrible, entre jeudi et samedi, pour avoir cru Zoé. On va le voir! on va le voir! Entrez, messieurs et dames, entrez. C'est quinze centimes, trois sous seulement pour les grandes personnes et deux sous pour les enfants. Entrez, entrez, entrez, on va le voir !... Allons, suivez, suivez... En avant la grosse caisse...

Et le tapage recommence : Boum, boum, boum.

La baraque se remplit. La farce est jouée.

Et le fameux habitant de l'île de Caracaramirotarapa, qu'on exhibe aux yeux du public bénévole, est tout simplement un des saltimbanques plus ou moins vieux et plus ou moins laid, que ses camarades ont affublé d'oripeaux bizarres après lui avoir barbouillé la figure d'un affreux bariolage.

— C'est un sauvage dans ce goût-là que vous avez vu, il y a deux ans à Epinal.

La femme secoua la tête, ce qui indiquait qu'elle n'était nullement convaincue.

Bref, après avoir fait toutes les suppositions possibles, on finit par conclure que celui qui avait causé tout cet émoi n'avait rien vu du tout.

Mais, quelques jours après, une femme, qui était allée dans la forêt ramasser du bois mort, rapporta également qu'elle avait vu passer, à peu de distance d'elle, courant avec une rapidité extraordinaire, un être étrange qui, si ce n'était pas un grand singe, comme on l'avait dit, ne pouvait être autre qu'un homme sauvage.

On se moqua de la femme comme on s'était moqué de l'homme. Pour les uns, c'étaient des peureux, des hallucinés, des cerveaux creux dont l'imagination malade créait des fantômes; d'autres voulaient croire à une mystification préparée d'avance.

Cependant d'autres personnes ne tardèrent pas à raconter la même chose. Ce fut d'abord une autre femme de Mareille, puis des charbonniers de la forêt et ensuite deux hommes, le père et le fils. Ceux-ci étaient ensemble lorsqu'ils avaient aperçu le coureur des bois à travers une clairière ; ils s'étaient même mis à le poursuivre, mais, beaucoup plus agile qu'eux, il n'avait pas tardé à disparaître dans la profondeur de la forêt.

On ne pouvait plus admettre que tant de personnes se fussent trompées, eussent mal vu. D'ailleurs ce qu'on racontait à Mareille on le disait aussi à Blignycourt, à Vaucourt, à Haréville, communes qui touchent à la forêt et dont quelques habitants avaient également rencontré le coureur des bois.

Orang-outan, chimpanzé ou homme sauvage, l'être existait donc. Les plus incrédules ne pouvaient plus douter,

Depuis le premier jour, l'émotion avait toujours été en augmentant. La bête de la forêt était le sujet de toutes les conversations, on ne s'occupait plus que d'elle. Ce que les uns avaient vu réellement fut considérablement exagéré par les autres. C'était une nouvelle bête du Gévaudan, ou un formidable géant, qui pouvait tordre ou briser un arbre dans ses grands bras nerveux, comme on tord et brise un roseau, ou encore un monstre hideux, féroce, ayant une large gueule, armée de dents longues et terribles comme des défenses de sanglier, et dont la tête énorme était couverte de crins pareils à ceux d'un cheval.

Tout cela augmentait l'agitation, effrayait, terrifiait. C'était comme une panique. Bien des gens, obligés d'aller travailler aux champs, n'osaient plus s'approcher de la lisière du bois. La nuit ils avaient d'affreux cauchemars où il leur était impossible de dormir. Les mères tremblaient pour leurs enfants.

Les forts, les hardis, ceux qui se moquaient de l'épouvante des autres, allaient, plusieurs ou séparément, traquer les endroits sombres de la forêt. Eux aussi, ils voulaient voir, afin de se rendre compte par eux-mêmes de ce qu'il y avait de vrai dans les choses étranges qu'on racontait ; mais ils revenaient sans avoir pu seulement trouver une trace du passage du coureur des bois.

Sans aucun doute, ce n'était pas pour son plaisir que celui-ci se faisait voir de temps à autre ; il ne tenait nullement à satisfaire la curiosité des gens ; il était évident qu'il avait peur de l'homme, qu'il fuyait au moindre bruit de pas, qu'il se cachait, et que ceux qui avaient pu l'approcher d'assez près pour le voir, avaient été favorisés par le hasard.

Jacques Vaillant était à cette époque maire de Mareille. Il ne pouvait rester sourd à toutes les rumeurs et ne pas entendre tout ce qu'on disait. Son devoir était de ramener le calme parmi ses administrés, de rassurer la population. Il fallait pour cela donner à la commune une satisfaction qu'elle n'exigeait point, mais qu'elle semblait attendre.

Il fut décidé qu'une battue, dirigée par le maire, serait faite dans la forêt, qu'on forcerait le coureur des bois jusque dans son repaire et qu'on s'emparerait de lui, si la chose n'était pas impossible.

La partie de la forêt dont le coureur des bois semblait s'être emparé appartenant au territoire de Mareille, le maire de cette commune avait plus qu'un autre maire le droit de prendre l'initiative.

Jacques Vaillant désigna lui-même les trente hommes qui l'accompagneraient, armés de fusils, puis cinquante traqueurs.

Un dimanche matin la petite troupe sortit du village et, silencieusement, en bon ordre, marcha vers la forêt.

Là, Jacques Vaillant donna ses ordres, indiqua à chacun son poste, et recommanda de la façon la plus absolue qu'aucun coup de feu ne soit tiré sans son commandement.

— Car, ajouta-t-il, nous ne savons pas encore si nous sommes à la recherche d'une bête ou d'un homme. Si c'est une bête, il n'est pas encore prouvé qu'elle soit nuisible, puisque, jusqu'à présent, personne ne s'est plaint de ses méfaits. Mais si c'est un homme, un pauvre fou égaré, perdu dans nos montagnes, comme je suis disposé à le croire, comprenez-moi bien, messieurs, lui faire seulement du mal serait un acte odieux ; le tuer serait un meurtre, pour ne pas dire un crime dont nous serions tous les complices. Ce malheur est possible, évitons-le.

Après ces paroles, chacun se rendit au poste qu'il devait occuper et les traqueurs pénétrèrent dans les fourrés.

A onze heures tout le monde se retrouva à l'endroit qui avait été indiqué comme rendez-vous.

On n'avait rien vu, si ce n'est quelques fauves et une famille de sangliers qu'on avait laissé passer, le maire ayant défendu de tirer, et la chasse, d'ailleurs, étant prohibée.

Le jeudi on recommença sans obtenir un meilleur résultat. Néanmoins, il fut convenu que le dimanche suivant on ferait une troisième tentative.

Cette fois des hommes de Vaucourt, d'Haréville, de Blignycourt et de plusieurs autres villages vinrent se joindre à ceux de Mareille. On était plus de trois cents.

Jacques Vaillant renouvela devant tous ses précédentes recommandations et la chasse commença. Il pouvait être sept heures du matin.

Si ce troisième jour on ne réussissait pas mieux que les deux premiers, il fallait définitivement renoncer à capturer le coureur des bois. Après tout, savait-on s'il n'avait pas déjà quitté la contrée?

Vers neuf heures, les cris de quelques traqueurs, venant de loin, annoncèrent une découverte. Mais était-ce le coureur des bois lui-même ou étaient-ils seulement sur sa trace? N'importe, tous les cœurs se mirent à battre; chacun tendit l'oreille, plongeant son regard dans les taillis.

Bientôt, se répétant sur différents points, les cris devinrent plus nombreux et continuèrent en se rapprochant. Il n'y avait plus à en douter, les traqueurs avaient fait sortir le coureur des bois d'un fourré ; ils le poursuivaient et cherchaient à l'envelopper, ainsi qu'ils en avaient reçu l'ordre, pour l'amener à peu près au centre du cercle immense formé par les chasseurs.

Ceux-ci avaient aussi leur mot d'ordre. Le signal étant donné, ils marchèrent vers le centre, rétrécissant le cercle au fur et à mesure qu'ils avançaient.

A dix heures et demie, le coureur des bois était cerné dans un espace de moins de quatre cents mètres carrés. On le voyait, avec sa longue chevelure flottante, passer en bondissant, puis disparaître sous bois, reparaître, s'élancer et bondir de nouveau. Le malheureux faisait des efforts désespérés pour franchir le cercle d'hommes qui se resserrait toujours.

A un moment on put croire qu'il allait s'échapper ; un homme de Vaucourt le mit en joue et fit feu ; il n'avait probablement pas entendu la défense faite par le maire de Mareille.

— Malheureux ! cria Jacques Vaillant de toute la force de ses poumons, vous ne voyez donc pas que c'est un homme ?

L'homme sauvage, — on était certain, maintenant, que le coureur des bois appartenait à la race humaine, — avait fait un bond énorme en arrière, puis s'était accroupi au pied d'un chêne. On crut un instant que la balle l'avait atteint et frappé mortellement. Mais, comme on s'élançait pour lui porter secours, il se dressa tout à coup, comme mû par un ressort, et jeta autour de lui des regards épouvantés.

Heureusement, il n'avait pas été touché ; mais le projectile était passé si près de sa tête, qu'il avait coupé une mèche de ses cheveux. Sans doute, le bruit de l'explosion et le sifflement de la balle à son oreille lui avaient fait peur, et il s'était abrité contre l'arbre pour éviter une atteinte mortelle. Mais il ne voulait pas se laisser prendre ; au péril de sa vie, il tenait à défendre sa liberté.

V

LA FEMME DU MAIRE

Comme la bête acculée, qui se dresse menaçante, faisant face aux chasseurs qui vont la mettre à mort, le sauvage ne voyait plus le danger ; tout à coup, il poussa un cri rauque, prit son élan et partit comme une flèche, espérant encore qu'il trouverait une issue, qu'il parviendrait à franchir la haie humaine qui l'entourait.

De nouveau des hommes se trouvèrent devant lui, barrant le passage. Il fit volte-face et s'élança vers un autre point ; d'autres hommes l'arrêtèrent. Dix fois il recommença la même manœuvre sans plus de succès. Il se trouvait toujours face à face avec des hommes, ses ennemis ; il les voyait partout autour de lui, gardant toutes les issues. Impossible de s'échapper.

Alors, les yeux enflammés, le regard plein de sombres éclairs, faisant entendre par instants un grondement terrible, il se mit à tourner dans l'espace entouré, sautant, bondissant comme un lion furieux dans sa cage de fer. Mais il était facile de voir que ses forces s'épuisaient ; ses membres n'avaient plus la même souplesse, la même agilité ; de temps à autre il s'arrêtait pour reprendre haleine.

Il avait la poitrine haletante, le bruit de sa respiration ressemblait à un râlement, son cœur avait des battements violents, précipités, et la sueur coulait sur ses joues et sur tout son corps, comme si on lui eût jeté un baquet d'eau sur la tête.

Le malheureux était dans un état qui faisait peine à voir, et il eût été inhumain de laisser se prolonger plus longtemps cette lutte désespérée d'un seul homme contre trois cents.

Ému d'une profonde pitié, Jacques Vaillant le sentit, car il s'empressa de donner l'ordre d'en finir au plus vite.

Alors le coureur des bois vit les hommes s'avancer sur lui, lentement, mais le serrant toujours de plus près. Éperdu, fou, il rassembla tout ce qui lui restait de force pour tenter une dernière fois de faire une trouée dans la muraille humaine. Il s'élança, rapide et terrible comme l'avalanche, sur une demi-douzaine d'hommes qui, à leur tour, se jetèrent sur lui.

Ce fut une mêlée furieuse, un flux et reflux de corps s'allongeant, se courbant, se redressant, de jambes tendues, de bras enlacés, de têtes roulant sur des torses ployés.

Cela dura deux minutes à peine. A la fin le sauvage resta seul debout ; il avait terrassé ses ennemis. Mais ceux-ci se relevèrent vite et trente autres, puis vingt, puis dix, puis d'autres encore vinrent se joindre à eux.

Au milieu le sauvage debout, immobile, dressant sa haute taille, le regard sillonné d'éclairs farouches, toujours menaçant. Mais ses bras velus pendaient inertes à ses côtés ; il était profondément découragé, car il comprenait que lutter plus longtemps contre la masse de ses ennemis était chose inutile. D'ailleurs il sentait dans ses membres une lassitude extrême ; il n'avait plus de force ; il renonçait à se défendre.

Contre la force pas de résistance. Il ne connaissait certainement pas ce proverbe ; mais cette vérité devait, à ce moment, pénétrer dans sa pensée.

Il était pris, et cependant nul n'osait mettre la main sur lui. Etait-ce la peur qui arrêtait tous ces hommes ? Non. Ils étaient saisis d'admiration et ils contemplaient le sauvage avec ce respect que l'homme vraiment supérieur par l'intelligence ou la force physique impose toujours.

Et puis il y avait chez ce sauvage si jeune, si beau, dont l'attitude était celle d'un héros antique, quelque chose de fier, de digne et de superbe qui leur causait à tous une impression indéfinissable.

Il avait pour coiffure son épaisse et longue chevelure, qui couvrait entièrement ses épaules. Son vêtement se composait d'une vareuse sans manches, qui laissait voir ses bras nus, musculeux, sa large poitrine velue comme les bras, et d'un reste de pantalon de velours, qui n'était plus en réalité qu'une espèce de large ceinture, qu'un sentiment instinctif de pudeur lui faisait conserver sans doute.

La vareuse et le pantalon usés et déchirés de toutes parts commençaient à s'en aller en lambeaux : ainsi avaient dû s'en aller peu à peu dans les buissons les manches de l'une et la partie inférieure de l'autre.

Sur ses jambes nues jusqu'au milieu des cuisses, le sang ruisselait, sortant d'écorchures qu'il s'était faites en passant à travers les buissons épineux.

Devenu craintif, il regardait devant lui, à droite et à gauche, avec un jeu rapide des prunelles qui indiquait son effroi ; sa terreur, l'anxiété qui était en lui se reflétaient également sur son visage d'une mobilité extraordinaire.

Tout à coup, la flamme sombre de son regard s'éteignit, et il fut pris d'un tremblement nerveux qui secoua tout son corps. Sa physionomie avait, maintenant, une expression douloureuse. Enfin, de grosses larmes jaillirent de ses yeux et des sanglots s'échappèrent de sa poitrine.

— Oh ! oh ! firent plusieurs hommes.

En voyant pleurer ce malheureux, les cœurs les moins sensibles se sentaient émus. Il y avait, en effet, dans les larmes et les sanglots du sauvage quelque chose de navrant qui provoquait la compassion.

Jacques Vaillant s'approcha de lui et d'une voix douce, affectueuse, il l'interrogea.

Au son de cette voix, qu'il reconnut n'être ni dure, ni menaçante et qui frappait agréablement son oreille, comme les chants d'oiseaux qu'il aimait à écouter au fond du bois, le sauvage parut se rassurer. Il regarda le vieillard avec ses grands yeux humides et fixes, mais il ne répondit pas.

Jacques Vaillant renouvela sa première question.

Le sauvage ouvrit la bouche et remua la langue, mais il ne put articuler un seul mot ; il fit entendre seulement quelques sons étranglés, qui sortirent difficilement de sa gorge.

— Inutile de le questionner davantage, dit Jacques Vaillant, le malheureux est muet ou il ne sait pas parler.

Il prit son bras et le passa sous le sien.

— Tu ne peux pas vivre ainsi dans les bois, comme une bête, avec les sangliers et les loups, lui dit-il ; viens, mon garçon, viens avec moi.

Le sauvage se remit à pleurer et à trembler; mais résigné, en apparence, il se laissa emmener sans faire la moindre tentative de résistance.

Quelques hommes coururent en avant pour annoncer à Mareille le succès de l'expédition, pendant que d'autres partaient dans toutes les directions, voulant être les premiers à apprendre aux habitants des communes voisines la capture de l'homme sauvage.

Prévenue, la population de Mareille tout entière, jusqu'aux tout petits enfants dans les bras de leurs mères, se porta à la rencontre des chasseurs et de leur prisonnier. Et c'est escorté d'une foule grouillante qui criait, piaillait, battait des mains, manifestant sa joie et sa satisfaction de toutes les manières, que le coureur des bois fut conduit au domicile de Jacques Vaillant.

Jeanne était à Epinal depuis quelques mois, dans le pensionnat de demoiselles où son père adoptif l'avait placée.

La femme du maire, l'excellente Catherine, s'empara aussitôt du sauvage. C'était un hôte étrange que lui amenait son mari, mais il était son hôte; à ce titre, il avait droit à tous ses égards. Elle n'était nullement effrayée de se trouver en présence de cet être singulier, terrible, qui avait été la terreur de toute la contrée, et qui la regardait aller et venir avec effarement. Et pourquoi l'aurait-elle été? Il n'avait rien de redoutable; au contraire, il faisait naître la pitié et attirait la sympathie, l'affection. Et puis ne voyait-elle pas qu'il était timide, craintif, et que malgré son aspect peu rassurant, il y avait dans ses grands yeux noirs de la douceur? Sa physionomie n'avait-elle pas l'expression de la bonté?

Sans doute, il devait avoir faim, grand'faim, car

comment et de quoi pouvait-il vivre au milieu des épais fourrés de la forêt?

Le déjeuner était prêt. Sur la table, couverte d'une nappe blanche, elle mit trois couverts; ensuite elle prit la main du sauvage et le fit asseoir à la place qu'elle voulait qu'il occupât entre elle et son mari. Le prisonnier obéissait toujours passivement; mais ses yeux étaient mornes et il y avait dans son regard une profonde tristesse.

Catherine lui servit successivement un morceau de veau froid, des légumes et une aile de poulet; elle poussa la sollicitude jusqu'à couper la viande en petits morceaux, ainsi qu'on le fait pour les enfants; mais vainement elle fit signe au sauvage de manger et de boire, l'encourageant, le rassurant, cherchant à l'apprivoiser par de douces paroles, il ne voulut toucher à rien. Ses yeux se tournaient continuellement vers la fenêtre ou la porte, et quand il les ramenait sur Jacques Vaillant et Catherine, leur expression douloureuse semblait leur dire:

« Pourquoi m'a-t-on amené ici? Ah! si vous ne me voulez pas de mal, si vous voulez être bons pour moi, rendez-moi ma liberté, laissez-moi retourner dans la forêt.

Les mouvements de sa physionomie et son regard reflétaient si énergiquement sa pensée que le maire et sa femme le comprirent et se sentirent remués jusqu'au fond de l'âme.

— Pauvre garçon! soupira Catherine.

A partir de ce moment, sans rien perdre de son activité, elle devint triste, songeuse.

Elle essaya encore de faire manger le sauvage, en lui portant un morceau de viande à la bouche. Peine inutile, il rejeta brusquement son buste en arrière. Elle lui présenta un verre de vin; il le repoussa avec une sorte de dégoût.

Il était facile de voir qu'il y avait en lui la résolution désespérée de se laisser mourir d'inanition.

Le repas achevé, Catherine desservit la table; elle n'avait pas mangé. Quant à son mari, malgré un grand appétit, il avait mangé à contre-cœur. Il éprouvait un malaise visible.

Après être restée un instant dans sa cuisine, Catherine revint. Jacques fumait mélancoliquement sa pipe. Affaissé sur son siège, immobile, la tête inclinée sur sa poitrine, le sauvage pleurait silencieusement.

L'excellente femme l'enveloppa d'un long regard de pitié, et une fois encore elle murmura:

— Pauvre garçon!

Jacques Vaillant la regarda fixement comme s'il eût voulu surprendre sa pensée.

— Est-ce qu'il s'est laissé prendre facilement? demanda-t-elle.

— Non. Pendant près de deux heures il a lutté avec le courage et l'énergie du désespoir: si nous n'avions pas été aussi nombreux, il nous aurait certainement échappé. Ah! le malheureux a vaillamment défendu sa liberté!

— Jacques, cela prouve qu'il a moins peur des bêtes que des hommes.

— Il s'apprivoisera peu à peu et un jour il reconnaîtra que c'est dans son intérêt, par humanité, pour lui donner une existence plus heureuse qu'on lui a ravi sa liberté.

— L'oiseau qu'on prend dans un champ et qu'on met en cage ne s'habitue jamais à sa captivité; il devient triste, languissant, ne touche pas à la nourriture qu'on lui donne, laisse traîner ses ailes et meurt.

Jacques Vaillant baissa la tête et ne répondit pas.

— Enfin, reprit Catherine après un moment de silence, que vas-tu faire de ce malheureux?

— Je le remettrai entre les mains des gendarmes qui, de brigade en brigade, le conduiront à Epinal.

— Comme un malfaiteur de la pire espèce! fit Catherine presque indignée.

— C'est ce que je dois faire.

— Et après? Que fera-t-on de lui là-bas?

— Je l'ignore.

— On l'enfermera dans une maison de fous ou dans une cellule de prison.

— C'est possible.

— Où, comme l'oiseau dont je te parlais tout à l'heure, il se laissera mourir de faim. Jacques, mieux vaut pour lui la liberté au milieu des bêtes de la forêt que l'agonie lente, horrible, dans la cellule d'une prison ou le cabanon d'un hospice d'aliénés.

— Peut-être. Mais...

— Quoi?

— C'est un homme; il n'a pas le droit de vivre à l'état sauvage au milieu d'un pays civilisé. Certes, je ne suis pas un ennemi de la liberté; j'ai toujours eu le respect de la liberté individuelle; mais je n'admets pas que ce malheureux puisse vivre plus longtemps dans les bois: il faut qu'il soit rendu à la société à laquelle il appartient et où il doit avoir sa place.

— Regarde-le, Jacques, regarde-le.

— Je vois bien qu'il est triste.

— Sa douleur est profonde, navrante. Jacques, la forêt, avec ses grands arbres et ses endroits sombres, est son domaine, l'enlever à ce qu'il aime, à sa chère liberté qu'il a si bien défendue, le ramener parmi les hommes qu'il fuit, qui lui font peur, sans doute parce qu'ils l'ont fait beaucoup souffrir, c'est vouloir sa mort.

— Je te comprends, ma chère femme, tu voudrais lui rendre sa liberté.

— Eh bien, oui.

— Cela ne se peut pas. Quoi qu'il puisse arriver, devrait-il, comme tu veux le croire, se laisser mourir de faim, je dois faire mon devoir.

Catherine resta silencieuse, ayant l'air de réfléchir. Comprenant qu'elle ne parviendrait pas à convaincre son mari, elle coupait court à la discussion.

— J'ai mis de l'eau sur le feu dans la grande bassine, reprit-elle ; ne crois-tu pas, Jacques, que ce serait une bonne chose de lui faire prendre un bain ?

— Sans doute, mais il ne voudra pas.

— Il faut au moins lui laver les jambes.

— Va pour le bain de pieds ; apporte ce qu'il faut, je me charge de le nettoyer. Du reste, autant que je puis juger, son corps est propre sous ses vêtements crasseux ; il a dû se baigner plus d'une fois dans les ruisseaux de la forêt. Bien qu'ils soient très-longs, ses cheveux ne sont pas emmêlés ; cela indique aussi qu'il a soin de se peigner tous les jours, avec ses doigts, sans doute.

Catherine sortit et revint bientôt apportant la bassine pleine d'eau tiède sur laquelle flottait une éponge ; elle alla chercher ensuite un morceau de savon de Marseille et des serviettes.

Le sauvage, un peu étonné, se laissa mettre les pieds dans l'eau et le maire, à genoux, procéda à l'opération du lavage. Il remarqua que les pieds, jusqu'aux chevilles, avaient la dureté de la corne, et que sur les jambes et les cuisses l'épiderme avait la fermeté du cuir tanné. Le lavage terminé, Jacques Vaillant versa de l'huile d'amandes douces dans sa main et se mit à frictionner les membres du sauvage, principalement sur les déchirures qui, heureusement, étaient peu profondes.

Pendant ce temps, Catherine faisait l'inventaire des effets de son mari. Elle choisit un pantalon, un gilet et une vareuse, le tout presque neuf, et prit dans une armoire une chemise de bonne grosse toile de ménage.

Elle rentra dans la salle à manger, Jacques Vaillant avait fini.

— Ce n'est pas tout, lui dit-elle maintenant, il faut l'habiller.

— Soit, fit Jacques.

— Il n'est pas tout à fait aussi grand que toi ; mais ceci lui ira à peu près ; c'est le pantalon, le gilet et la vareuse que tu ne mets plus parce que tu as acheté ce vêtement un peu juste. Ah! j'ai oublié une paire de souliers.

— Et une paire de chaussettes, ajouta le maire en riant.

— Je vais chercher cela. Habille-le vite ; quand ce sera fait, tu m'appelleras.

Et elle disparut.

Toujours sans résister, pareil à une machine qu'on fait mouvoir, le sauvage se laissa enlever ses haillons, puis revêtir de l'habillement tiré de la garde-robe du maire.

— Catherine, tu peux entrer ; cria Jacques Vaillant.

Elle n'était pas loin, car elle parut aussitôt.

Le sauvage était si drôle dans son nouveau costume, faisant toutes sortes de contorsions et de grimaces, que la brave femme ne put s'empêcher de rire.

Le pauvre garçon était, en effet, gêné dans ses mouvements ; il paraissait honteux de se sentir et de se voir habillé presque richement. Le bouton de la chemise lui serrant le cou, il faisait aller sa tête comme un jeune chien le premier jour qu'on lui met un collier. A la fin, comprenant qu'il devait subir ce nouveau martyre, il resta complètement immobile, debout, n'osant plus remuer ni la tête, ni son corps, ni ses bras, ni ses jambes.

Catherine lui fit signe de s'asseoir. Il laissa échapper un long soupir, puis il obéit en se laissant tomber lourdement sur un siége.

Alors le mari et la femme lui mirent les chaussettes et les souliers aux pieds. Lui regardait d'un air piteux ces machines de coton et de cuir dans lesquelles on emprisonnait ses pieds. Jamais, probablement, il n'avait fait usage d'aucune espèce de chaussures.

— Maintenant, dit Jacques Vaillant, il est à peu près présentable.

— Oui, mais il n'a pas l'air satisfait; il ne bouge plus, il est gêné là-dedans, on dirait une momie.

— C'est peut-être la première fois qu'il a une chemise sur le dos; il s'y fera. Mais sa transformation n'est pas complète.

— Que lui manque-t-il encore ?

— Je vais lui couper ses longs cheveux.

Catherine se récria très-fort ; son mari n'avait pas ce droit, ce serait une sorte de mutilation ; d'ailleurs, elle le trouvait très-bien avec ses grands cheveux tombant sur ses épaules ; il lui plaisait ainsi.

Jacques Vaillant n'insista point.

Et c'est ainsi, grâce à la bonne Catherine, que le coureur des bois conserva sa longue chevelure.

VI

BONNE OU MAUVAISE ACTION

Vers quatre heures, ayant à voir quelqu'un de la commune, Jacques Vaillant sortit.

En voyant la porte s'ouvrir, le sauvage avait fait un mouvement brusque, comme s'il eût eu l'intention de s'élancer hors de la salle à manger et de prendre la clef des champs, mais la porte s'était refermée, et, après avoir jeté un long regard du côté de la fenêtre, il était retombé dans son immobilité.

Catherine avait pris un livre et s'était assise en face du sauvage ; mais, distraite par toutes sortes de pensées qui se heurtaient tumultueusement dans son cerveau, elle ne lisait point. Le livre, posé sur ses genoux, restait ouvert aux mêmes pages.

A chaque instant elle enveloppait son hôte d'un regard plein de compassion dans lequel on aurait pu découvrir comme un sentiment de tendresse. Elle écoutait aussi un bruit confus de voix qui venait de la rue, car, depuis que le malheureux était entré chez elle, il y avait eu constamment devant la maison un rassemblement d'hommes et de femmes au milieu duquel braillaient des enfants.

Le sauvage paraissait ne rien entendre et être insensible à tout : les coudes sur ses genoux et la tête dans ses mains, il était comme galvanisé.

Une heure s'écoula ainsi.

Deux ou trois fois Catherine s'était levée et avait entr'ouvert les rideaux de la fenêtre pour voir ce qui se passait dans la rue. Tout ce monde devant sa maison la gênait. Pourquoi ces hommes ne rentraient-ils pas chez eux ? Et ces femmes... n'avaient-elles pas leur ménage à soigner, le repas du soir à préparer ? Catherine était agitée, inquiète, tourmentée ; elle avait conçu un projet et elle cherchait le moyen de le mettre à exécution.

Tout à coup le coureur des bois fit entendre son espèce de grognement habituel et sortit de son immobilité. Ses yeux avaient subitement repris leur éclat, de sombres éclairs sillonnaient son regard redevenu farouche ; mais il était toujours triste et une grande anxiété se lisait sur son visage. Il s'agitait sur son siége avec un malaise visible. A chaque instant il sursautait, dressait sa tête, roulait ses grands yeux d'une manière effrayante, jetait sur la fenêtre un regard rapide, puis le cou allongé, l'oreille tendue, il semblait écouter comme s'il eût entendu un appel lointain.

Quand ses yeux rencontraient ceux de Catherine, sa physionomie changeait aussitôt d'expression ; la flamme de son regard s'éteignait et il la regardait ayant l'air de lui adresser une prière ; puis il secouait la tête et la laissait retomber sur sa poitrine en poussant un soupir.

— Comme je le comprends, pensait-elle ; oh ! je sais bien ce qu'il me demande. Si j'avais... non, ce n'est pas encore le moment. Mais ces gens-là ne s'en iront donc pas? Qu'est-ce qu'ils attendent? Qu'est-ce qu'ils veulent? Est-ce qu'ils pensent passer la nuit là, y rester jusqu'à demain?

Elle entendit ouvrir et fermer la porte sur le rue, puis marcher dans le jardin.

— Il revient, murmura-t-elle, c'est trop tôt : je pensais qu'il ne rentrerait qu'à la nuit close.

Le bruit des pas résonna dans le corridor et presqu'aussitôt on frappa à la porte de la salle.

On frappait, ce n'était donc pas Jacques qui rentrait.
— Ouvrez, dit-elle.

Un jeune et joli garçon de quinze ans et demi entra.

Le visage de Catherine s'épanouit.

— Bonsoir, marraine, dit le jeune garçon.

C'était Jacques Grandin.

Catherine se leva.

— Tu es bien gentil de venir me voir ce soir, lui dit-elle, en lui mettant un baiser sur le front.

— Mon parrain ne pourra pas rentrer avant huit heures ; c'est lui qui m'a envoyé pour vous tenir compagnie.

— Sois le bienvenu, Jacques.

— Je devrais être près de vous depuis une demi-heure, marraine ; mais je me suis arrêté dans la rue, devant la maison, pour écouter ce que disent les gens.

— Que disent-ils?

— Oh! toutes sortes de choses ; naturellement ils ne parlent que de l'homme sauvage. S'ils osaient, marraine, il y a longtemps que tous ceux qui sont là seraient entrés ici. La grande Ursule, la femme du boulanger, prétend qu'elle a reconnu le sauvage ; c'est lui qu'elle a vu il y a deux ans, à Epinal, dans une baraque de saltimbanques.

— Ah ! vraiment ! Et on croit cela ?

— On le croit. Ça peut bien être vrai !

— Cela, en effet, expliquerait la présence de ce malheureux dans nos montagnes.

— Un sauvage en France, un vrai sauvage, vivant dans les bois avec les bêtes, cela ne s'était jamais vu, marraine [1].

— Je le crois. Sais-tu pourquoi tout ce monde reste là ? Sais-tu ce qu'ils attendent ?

— Ils savent que le sauvage est chez vous, marraine ; ils espèrent qu'il sortira de la maison ou se montrera à une fenêtre.

— Ah ! c'est pour cela qu'ils ne rentrent pas chez eux ; eh bien, Jacques, leur curiosité ne sera pas satisfaite. As-tu vu le sauvage, toi ?

— Non, marraine, je n'étais pas là quand on l'a amené.

— Désires-tu le voir ?

— Oh ! oui, marraine.

— Tu n'auras pas peur ?

— Je n'ai pas peur des loups, en hiver, quand ils sont affamés ; pourquoi aurais-je peur d'un homme ? répondit bravement le jeune garçon.

Catherine sourit. Puis s'écartant aussitôt et lui montrant le coureur des bois immobile sur son siége :

— Tiens, dit-elle, le voilà, regarde-le.

Jacques ne put s'empêcher de tressaillir ; mais il

---

[1] A la connaissance de l'auteur, quatre individus ont été trouvés en France, vivant complètement à l'état sauvage au milieu des bois, nus, ne sachant plus parler. Mon confrère et ami Elie Berthet, dans son beau roman « Antonia » raconte l'histoire vraie d'une pauvre jeune fille abandonnée en bas âge et prise, sauvage, après de longues années d'une misérable existence, dans les montagnes des Pyrénées.

n'était pas effrayé. Il s'approcha du sauvage lentement, puis, après l'avoir contemplé un instant, il lui prit la main.

Le coureur des bois sursauta, se redressa vivement et ses yeux étincelants se fixèrent sur le visage de Jacques. Des sons rauques sortirent de sa gorge, ses pupilles se dilatèrent et son regard prit une expression de douceur infinie qui se répandit sur toute sa physionomie ; il y eut sur son front comme un épanouissement.

Quelle était sa pensée ? Quelle impression nouvelle, inconnue, subissait-il ? Nous ne saurions le dire.

Mais, soudain, un sanglot s'échappa de sa poitrine et de nouvelles et grosses larmes jaillirent de ses yeux.

— Il pleure, marraine, il pleure! s'écria Jacques en proie à une émotion visible.

— Il ne fait que cela depuis qu'il est ici.

— Comme il me regarde ! Il a l'air de me demander quelque chose.

— Je sais ce qu'il te demande.

— Il faut le lui donner.

— Pas encore.

— Pourquoi ?

— J'attends qu'il fasse nuit et que ceux qui sont devant la maison soient partis.

Le sauvage se dressa sur ses jambes ; de rapides éclairs brillèrent à travers ses larmes. Il saisit le bras de Jacques et, de son autre main, par un geste brusque, il lui montra la fenêtre.

— Je ne comprends pas, dit tristement le jeune garçon.

— Je comprends, moi, murmura Catherine.

Le sauvage laissa retomber ses bras avec découragement, secoua la tête, poussa un soupir navrant, se rassit et, sa figure dans ses mains, reprit son immobilité.

Mais on voyait au gonflement de sa poitrine qu'elle était pleine de sanglots.

Catherine fit asseoir Jacques près d'elle et ils se mirent à causer presque à voix basse, comme s'ils eussent craint de troubler le sauvage dans ses pensées.

La nuit vint. Lassés d'attendre et rappelés aussi par l'heure du souper, les curieux s'étaient retirés peu à peu ; il ne restait plus que quelques personnes devant la maison.

— Jacques, dit tout à coup Catherine, tu vas être mon complice.

Il la regarda avec étonnement.

— Oui, continua-t-elle, ce que je voulais faire seule nous allons le faire ensemble.

— Quoi donc, marraine ?

— Nous allons donner à ce malheureux ce qu'il demande ?

— Qu'est-ce qu'il demande ?

— La liberté.

— Quoi ! vous voulez ?

— Le laisser partir, retourner dans la forêt où il a été pris ce matin.

— Que dira le capitaine ?

— Je ne sais pas ; mais vois-tu, Jacques, j'ai pitié de ce malheureux.

— Mon parrain ne sera pas content.

— C'est probable.

— Il se mettra en colère.

— Nous serons là tous les deux pour le calmer.

— Nous lui dirons que le sauvage s'est échappé.

— Jacques, ma conscience me dit que je fais une bonne action ; nous ne mentirons pas, nous dirons la vérité.

— Oui, marraine, oui. Et, pour que mon parrain ne

se fâche pas contre vous, c'est moi, moi seul, qui rendrai la liberté au sauvage.

— Bien, mon Jacques. Ah ! tu es gentil, bien gentil ; mais je n'accepte pas ton dévouement ; je ne cherche point à éviter une responsabilité. Que ce malheureux soit libre d'abord ; après, nous verrons.

Elle s'approcha de la fenêtre et regarda dans la rue.

— Enfin, dit-elle, ils ne sont plus que cinq ou six ; d'ailleurs il fait assez nuit pour qu'il puisse prendre la fuite, maintenant, sans être vu.

Elle alluma une bougie, fit signe à son filleul de l'attendre et sortit de la salle. Elle revint au bout d'un instant, apportant un gros morceau de pain coupé dans la miche et sur un plat ce qui restait du déjeuner, la moitié du poulet et une épaisse tranche de veau. Elle prit des journaux sur une tablette de la crédence et s'en servit pour envelopper les viandes.

Le sauvage, de plus en plus agité, plus tourmenté, surtout depuis la tombée de la nuit, suivait avec une grande anxiété tous les mouvements de la femme du maire. Il la vit avec une sorte de stupeur emplir ses poches de nourriture : dans l'une du pain, dans les autres un flacon de vin, les viandes, du sucre, plusieurs tablettes de chocolat.

— Je lui donnerais bien de l'argent, pensait Catherine à mesure qu'elle fourrait dans les poches tout ce qui lui tombait sous la main, mais qu'en ferait-il ?

Quand elle trouva son hôte suffisamment lesté, c'est-à-dire quand il ne lui fut plus possible de rien mettre dans les poches, — la brave femme aurait voulu qu'il pût emporter tout ce qu'il y avait dans la maison, — elle dit à Jacques :

— Dépêchons-nous ; il y a déjà longtemps que sept

heures sont sonnées et ton parrain peut rentrer d'un moment à l'autre.

— Faut-il ouvrir la fenêtre ?

— Non. En passant par là ou par la porte de la rue il serait vu. Prends-le par la main et suis-moi.

Catherine reprit sa lumière et, marchant devant pour éclairer, elle ouvrit successivement plusieurs portes. Le sauvage se laissait conduire comme un enfant. Tous trois sortirent de la maison par la porte de derrière, ouvrant sur le jardin. Catherine éteignit sa bougie et la laissa sur une des marches de pierre du perron.

Silencieux, ils suivirent une allée sombre et arrivèrent au fond du jardin.

Déjà la nuit était parée de ses étoiles scintillantes ; à l'est la lune venait de se lever ; elle répandait sa douce clarté dans la vallée pendant que, avant de s'éteindre, les derniers feux du couchant jetaient une lueur plus vive sur les crêtes des montagnes, particulièrement sur la Bosse grise, qui, se dressant au-dessus de la ligne sombre de la forêt, se découpait vigoureusement à l'horizon sur le fond demi-clair du ciel.

Jacques mit la main sur l'épaule du sauvage et, lui montrant la forêt, il lui dit :

— Regarde.

Comme s'il eût compris, le coureur des bois se dressa de toute sa hauteur ; son regard lumineux embrassa l'horizon tout entier, puis s'arrêta fixe sur le sommet illuminé de la Bosse grise. Alors il respira à pleins poumons et se mit à trembler comme le roseau secoué par le vent.

— Tu es libre, va, va, reprit Jacques, accompagnant ses paroles d'un geste expressif.

Le sauvage ne comprit pas ou bien il doutait encore,

car il resta immobile, les yeux toujours fixés sur le gigantesque rocher.

— La haie est haute et épaisse, dit Jacques.

Catherine lui montra une échelle.

Le jeune garçon la prit et la dressa contre la haie.

Le sauvage poussa un cri de joie. Il voyait l'échelle, cela lui disait tout. Il ne pouvait plus douter; on ne le retenait plus, on lui donnait la liberté. Il s'élança vers l'échelle; mais il s'arrêta brusquement, comme si un obstacle se fût dressé devant lui, et revint lentement sur ses pas.

Dans ce qui se passait en lui, il venait de sentir que l'ingratitude est une chose laide; un sentiment dont il ignorait le nom, la reconnaissance, le ramenait devant Mme Vaillant et Jacques. Tous les sentiments viennent du cœur et le cœur palpite également dans la poitrine du sauvage et de l'homme civilisé.

Il prit la main de la femme du maire et la porta à ses lèvres. Action touchante, qui impressionna vivement l'excellente femme! Obéissant à l'impulsion de son cœur, le sauvage se civilisait. Ensuite, il saisit les deux mains de Jacques et les serra dans les siennes avec effusion.

Cela fait, ayant ainsi acquitté sa dette, il bondit sur l'échelle qui, sous le poids de son corps, s'enfonça dans la haie; mais, avec une agilité surprenante, il se suspendit à une branche de pommier, se balança un instant, prenant son élan pour s'accrocher en même temps avec ses jambes et ses mains à une autre branche qui pendait en dehors du jardin. Ses jambes se détachèrent d'abord, puis ses mains. Il poussa un cri joyeux, dernier remerciement adressé à ceux qu'il quittait, et, aussitôt, Mme Vaillant et Jacques entendirent le bruit de sa course rapide à travers champs.

Quelques jours après, on trouva près d'un buisson les souliers que le maire et sa femme lui avaient mis aux pieds.

Ayant l'habitude de marcher et de courir pieds nus, sa chaussure le gênant, sans doute, il s'en était débarrassé.

VII

QUE DEVIENDRA-T-IL

Quand Jacques Vaillant rentra, il trouva sa femme et son filleul qui l'attendaient dans la salle à manger. Huit heures étaient sonnées à l'horloge de la paroisse.

Le maire jeta dans la salle un coup d'œil rapide.

— Où donc est le sauvage? demanda-t-il.

Catherine se leva; elle était un peu tremblante.

— Jacques, dit-elle d'une voix qui trahissait son émotion, tu vas me gronder.

— Te gronder! pourquoi?

— Le malheureux n'est plus ici.

— Tu l'as laissé s'échapper?

— Non, Jacques.

— Alors, explique-toi.

— Ton filleul et moi nous l'avons conduit au fond du jardin. Là, nous lui avons montré la forêt. Jacques a mis l'échelle contre la haie et... il est parti. Fais-moi des reproches si tu crois que je les ai mérités, mais je t'en prie, mon ami, ne te mets pas en colère. Ecoute, il me faisait pitié : il souffrait tant, sa douleur était si grande ! Ses larmes, ses sanglots me brisaient le cœur ; et puis il me regardait si tristement, ayant l'air de me supplier... Je n'ai pas pu résister ; une chose en moi plus forte que ma volonté, plus forte que la crainte de te déplaire, m'a fait agir...

Ah ! si tu avais vu comme ses yeux brillaient, si tu avais vu sa joie, son bonheur quand il a compris qu'il était libre, qu'il allait retourner dans les bois ! Si tu avais été là quand, pour me remercier, il a pris ma main et l'a portée à ses lèvres, je te le dis, Jacques, je te le dis, tu te serais attendri et tu n'aurais pas eu le courage de l'empêcher de prendre la fuite.

Je ne me repens pas de ce que j'ai fait ; mais si tu juges que c'est mal, mon ami, je te prie de me pardonner.

— Je te pardonne, Catherine.
— Et moi, parrain ? fit le jeune garçon.
— Il faut bien que je te pardonne aussi, gamin.
— Ainsi, Jacques, c'est bien vrai, tu ne nous en veux pas.

Jacques Vaillant eut un doux sourire.

— Je n'ai ni le droit de vous en vouloir, ni celui de vous adresser un reproche, répondit-il, car je dois te le dire, Catherine, je suis votre complice.

— Toi, notre complice ?
— Oui. Tu ne m'as pas caché ta pensée ; j'avais, d'ailleurs, deviné ton intention. En t'envoyant notre filleul pour te prévenir que je ne rentrerais pas avant huit heures, c'était te dire que je te laissais le temps de mettre ton projet à exécution.

— Ah ! Jacques, Jacques, s'écria-t-elle en se jetant dans ses bras, tu es toujours le meilleur des hommes !

— Avec toi, ma chère Catherine, je ne pouvais guère changer, répliqua-t-il en souriant. Enfin, tu es satisfaite, le sauvage a regagné la forêt... Dieu veuille que nous n'ayons pas à regretter un jour ce que nous avons fait !

— Pourquoi le regretterions-nous ?

— Je ne lis pas dans l'avenir, Catherine ; mais bien des choses peuvent arriver qui seraient notre condamnation.

— Tu m'effrayes, Jacques ; que veux-tu dire ?

— Le malheureux peut être pris pour un fauve et tué dans une chasse.

Catherine devint affreusement pâle.

— Ce malheur est possible, continua Jacques Vaillant ; j'admets, néanmoins, que nous n'aurons pas à le déplorer ; mais bien d'autres dangers, également terribles, le menacent. Il aime le silence de la forêt, ses grands arbres, ses taillis et ses épais fourrés, ses retraites impénétrables où il peut s'endormir ; toutefois, je ne puis croire qu'il soit depuis longtemps dans les bois. D'où vient-il ? Qui est-il ? Là est le mystère. Une femme d'ici affirme qu'elle l'a vu il y a deux ans environ dans une baraque de saltimbanques ! C'est possible, mais rien ne prouve que ce soit vrai. Je suppose qu'il est depuis deux ou trois mois déjà l'hôte de la forêt. Comment, pendant ce temps, a-t-il pourvu à ses besoins de chaque jour ? Je ne saurais le dire. Mais il est évident qu'il a trouvé le moyen de se nourrir, puisqu'il n'est pas mort de faim. Donc, pour lui, pendant quelques mois encore, c'est-à-dire aussi longtemps qu'il trouvera sa nourriture, tout ira bien.

Malheureusement, l'hiver viendra, et les hivers dans nos montagnes, avec les neiges et les frimas, sont toujours rudes. Je veux bien admettre encore que son corps, habitué aux intempéries des saisons, résistera aux atteintes du froid et qu'il trouvera un abri contre la bise dans la cavité profonde de quelque rocher. Mais il aura à défendre sa vie contre les carnassiers, et s'il n'est pas dévoré par eux, comment trouvera-t-il sa nourriture? Car alors, Catherine, il n'y aura plus de fruits sur les arbres, plus de nids d'oiseaux cachés dans les feuilles ; la ronce au fruit noir et juteux sera sèche ; les glands du chêne et les prunelles de l'épine seront pourris sous la neige.

— Ah ! Jacques, je n'avais pas songé à cela ! soupira Catherine.

— Et moi, j'y pense seulement maintenant.

— Que faire, Jacques ?

— Rien !

— Que Dieu le protège, le malheureux !

— Attendons l'hiver.

— Oui, Jacques, attendons l'hiver ; si les bêtes de la forêt menacent ses jours, s'il a faim, il se souviendra que nous avons été bons pour lui et il viendra nous trouver.

— A moins qu'il ne préfère mourir de faim.

— Ah ! Jacques, s'écria-t-elle, ayant de grosses larmes dans les yeux, si cette horrible chose arrivait, je ne me consolerais jamais de lui avoir rendu sa liberté.

— Tu vois, Catherine, tu regrettes déjà ce que tu as fait.

Elle poussa un long soupir et baissa la tête.

— Parrain, dit Jacques Grandin, c'est la faim qui force le loup à sortir du bois ; si le sauvage ne revient pas, c'est que, bien avisé et prévoyant, il aura fait ses provisions pour l'hiver.

— Il a raison, dit le maire.

Catherine hocha la tête.

— L'hiver sera mauvais pour moi, pensa-t-elle.

C'était un pressentiment.

— Maintenant, autre chose, reprit Jacques Vaillant : il faut donner une explication aux habitants de la commune.

— Que leur diras-tu, Jacques ?

— Dans cette circonstance le mensonge n'est pas défendu : je leur dirai que, profitant du moment où tu l'avais laissé seul, le sauvage s'est élancé hors de la maison, a sauté par-dessus la haie du jardin et s'est enfui dans la direction de la forêt.

On racontait des choses absurdes, qui jetaient partout l'épouvante. Qu'est-ce que j'ai voulu ? Calmer l'agitation, détruire les craintes, chasser la terreur. J'ai atteint mon but. Ils ont vu le sauvage, ils savent que c'est un être timide, inoffensif, incapable de faire du mal même à un enfant : maintenant ils sont tous rassurés. Va, je les connais : demain, quand ils apprendront que le sauvage a repris le chemin de la montagne, ils battront des mains. Il ne s'en trouvera pas un seul pour dire aux autres : Allons le reprendre ! . . . . . .

. . . .

Jacques Vaillant ne s'était pas trompé.

Le lendemain, quand on apprit à Mareille, que le sauvage, ayant mis en défaut la vigilance de la femme du maire, s'était échappé et qu'il avait probablement regagné la forêt, il n'y eut dans la commune que l'émotion de la surprise. Nul n'éleva la voix pour faire entendre une parole de blâme ou manifester autrement son mécontentement.

— Après tout, il a bien fait de se sauver, disait-on ; est-ce qu'on a le droit de lui ravir sa liberté ? On comprendrait cela s'il était méchant ; mais non, au contraire, il est doux comme un agneau et craintif comme un lièvre. Puisqu'il a peur des hommes, et qu'il aime la solitude des grands bois, qu'on le laisse vivre à sa guise, comme il le veut.

On n'avait plus peur du sauvage, son voisinage n'inspirait plus aucune défiance ; on s'intéressait vivement à lui, maintenant ; on s'attendrissait sur son sort misérable. Celui qui aurait eu l'intention de lui tendre un piège, de lui faire du mal d'une façon ou d'une autre, eût été mal venu, on lui aurait certainement fait un mauvais parti, le coureur des bois aurait trouvé immédiatement de nombreux défenseurs, surtout parmi les femmes.

L'innocent mensonge du maire n'avait pas été accepté par tout le monde. Les incrédules devinèrent la vérité.

— Catherine Vaillant est une brave et excellente femme, disaient-ils ; si le sauvage a pu s'échapper, c'est qu'elle lui a ouvert les portes de la maison.

A cela les autres répondaient :

— S'il en est ainsi, la bonne Catherine a bien fait.

Du moment que le sauvage s'en est allé, c'est qu'il était content de retourner dans la forêt.

Pendant trois mois encore on parla beaucoup du coureur des bois, puis, peu à peu, on cessa de s'occuper de lui.

Du reste, on ne le voyait plus, comme précédemment, courir sous bois à travers les taillis.

Les charbonniers, interrogés, répondirent qu'ils ne l'avaient pas aperçu une seule fois depuis la grande battue. Des hommes pénétrèrent dans les parties les plus sombres, les plus désertes de la forêt ; mais ce fut en vain. Rien ne révélait la présence du sauvage ; on ne trouvait nulle part des traces de son passage. Il avait disparu.

On supposa qu'il avait quitté la forêt de Mareille et

qu'il s'était réfugié, beaucoup plus loin, dans une autre région.

Il n'en était rien.

Devenu plus prudent et plus craintif, le coureur des bois se cachait, s'entourant d'une infinité de précautions pour se rendre invisible. D'ailleurs il s'était éloigné des endroits fréquentés de la forêt.

Il avait découvert, au pied de la Bosse grise, sous des quartiers de roche qui s'étaient successivement détachés de la pyramide et amoncelés sur un large espace, une grotte naturelle, assez spacieuse, dont il avait fait sa demeure.

Jamais un rayon de soleil n'y pénétrait; mais un peu de jour descendait d'en haut et tombait de la voûte par une fente étroite.

Un passage sombre et tortueux, que le coureur des bois avait rendu praticable, conduisait à la grotte.

Il était là comme dans une forteresse, ayant pour remparts d'épaisses et hautes broussailles entrelacées, sous lesquelles il s'était frayé un chemin où l'homme le plus hardi aurait craint de s'engager. Sa retraite était ainsi cachée à tous les yeux, et, obstacle difficile à franchir, les épines et les ronces, hérissées de dents meurtrières, le défendaient contre les attaques de l'homme ou des bêtes de la forêt.

Non loin de là, sous un rocher ouvert comme une gueule, jaillissait une source, qui alimentait un petit ruisseau dont le murmure troublait seul le silence de cette partie de la forêt. C'est à cette source, dont l'eau était toujours fraîche et limpide, que le sauvage venait se désaltérer. Un peu plus bas l'eau avait creusé une fosse d'un mètre de profondeur; c'est là qu'il se baignait, car il avait l'instinct de la propreté.

Depuis qu'il avait été pris par les chasseurs, craignant

évidemment de retomber entre leurs mains, il ne sortait de sa demeure que lorsqu'il y était absolument forcé ; il s'éloignait le moins possible des alentours de la Bosse grise ; rarement il s'aventurait à une grande distance. Quand cela lui arrivait, c'est qu'il était obligé d'aller loin pour trouver ce qu'il cherchait.

S'il n'avait pas eu peur de l'homme, s'il n'eût pas mis tous ses soins à éviter son approche, il n'aurait eu que le souci de pourvoir à sa nourriture. Heureusement, il n'était pas trop difficile ; son corps, habitué depuis longtemps aux privations, s'accommodait de tout. Quelques pommes ou poires sauvages, des cornouilles ou des noisettes suffisaient pour apaiser sa faim. Quand les fruits lui manquaient, il se contentait d'une racine tendre ou de l'aubier de certains arbres qu'il prenait sous l'écorce. Il avait aussi des marrons et des châtaignes, la gomme du merisier.

Son palais s'était fait à l'âcreté et à l'amertume des fruits sauvages. Il disputait le fruit du chêne à la voracité des sangliers. Avec une poignée de glands il faisait un repas délicieux. Il ne dédaignait pas non plus les plantes herbacées qui lui paraissaient bonnes à manger. C'était son ordinaire.

Il avait ses extra : les œufs et les jeunes couvées qu'il trouvait dans les nids à l'époque des amours des oiseaux, les lapins qu'il prenait dans leur terrier, les oiseaux auxquels il faisait la chasse avec une adresse et une agilité merveilleuses et qu'il parvenait à attraper, enfin tous les animaux qu'il pouvait prendre et quelquefois les restes saignants, mis en réserve, d'un festin de carnassiers.

Quand il n'était pas pressé par la faim, il faisait rôtir ou plutôt sécher sa viande au soleil ; mais le plus souvent il mangeait la chair saignante, palpitante encore. Il le fallait bien, puisque à l'exception du bois, il ne possédait aucune des choses nécessaires pour faire du feu.

La nuit, il dormait sur des fougères et des feuilles sèches qu'il avait ramassées dans le bois et dont il s'était fait un lit dans un coin de la grotte. Le jour, quand il n'y avait pas pour lui nécessité de sortir, il restait couché ou accroupi sur sa litière, pendant des heures entières, immobile, les yeux à demi-fermés, comme plongé dans une méditation profonde ; ou bien les yeux grands ouverts, fixés sur le filet de lumière qui descendait d'en haut, il semblait en extase. Mais toujours il avait l'air de rêver.

Hélas ! à quoi pouvait-il penser, le malheureux ?

Au passé, à ses jeunes années, à ce qu'il avait déjà souffert, à ceux à qui il devait sa triste existence ? Oui, peut-être. Peut-être aussi pensait-il à sa mère... Il devait se souvenir. Et puis, qui peut dire que dans son immense et éternelle solitude, ne pouvant s'entretenir qu'avec ses pensées, il n'essayait pas de déchirer le voile de l'avenir ?

Que de choses enfouies, perdues, devaient exister en lui sans pouvoir en sortir ou se révéler ! Dans son cœur des trésors d'affection, de tendresse, de dévouement ; dans sa pensée, le secret du passé.

Dans un autre coin de la grotte, il y avait un fusil à deux coups couvert de rouille. Il l'avait trouvé dans le bois. Cette arme à feu avait dû appartenir à quelque braconnier, qui, surpris par les gardes ou les gendarmes, l'avait jetée dans un buisson. Le coureur des bois avait assisté plus d'une fois, de loin, à une chasse ; il avait entendu les détonations et vu tomber le gibier ; il connaissait donc l'emploi du fusil. Il avait longuement étudié le mécanisme de celui qui était devenu sa propriété ; mais il ne s'en était jamais servi, pour cause ; il n'avait ni poudre, ni plomb, ni capsules.

Il avait encore trouvé, un jour, dans un sentier de la forêt, un couteau de chasse, et quelque temps après un vieux panier qu'on avait oublié dans une clairière.

A défaut d'autres instruments, le couteau, on le comprend, lui rendait de nombreux services. Quant au panier, il lui avait servi de modèle pour en fabriquer plusieurs autres de diverses grandeurs avec lesquels il allait faire ses provisions. Il y en avait un amas dans une partie de la grotte transformée en grenier d'abondance. Tous les blocs en saillie faisaient l'office des rayons d'une étagère ou des claies d'un fruitier. Chaque cavité lui tenait lieu d'un coffre ou d'une armoire. A côté d'un tas de noisettes, un tas de glands, des noix, des fruits de toutes sortes, les uns encore verts, les autres séchés sous les rayons du soleil, des marrons, des châtaignes, un fagot de racines, des bottes d'herbages. A quelques pas de sa demeure il avait établi un petit parc dans lequel il avait jeté plusieurs milliers d'escargots ; ce pulmonès terrestre était un de ses régals. Beaucoup parvenaient à s'échapper ; mais cela l'inquiétait médiocrement, car, s'il ne les arrêtait pas dans leur fuite, il pouvait facilement en retrouver d'autres.

Toutes ces choses cueillies, coupées ou ramassées à profusion étaient ses conserves pour l'hiver. Il n'avait pas deviné que, l'hiver venu, quand la terre est gelée et que tout est enseveli sous la neige, on ne trouve plus rien dans le bois ; non, il n'avait pas deviné cela, il le savait par expérience, car depuis qu'il vivait à l'état sauvage, il avait vu se renouveler toutes les saisons.

Grâce aux précautions qu'il prenait quand il faisait dans la forêt des excursions plus ou moins longues, plusieurs mois s'étaient écoulés sans qu'il eût été rencontré ou seulement aperçu.

Comme nous l'avons dit, on croyait, à Mareille, qu'il

avait quitté la forêt pour aller chercher un asile plus sûr dans une autre région. Mais un jour, en novembre, des chasseurs le trouvèrent étendu sur un tapis de mousse, au bord du ruisseau dont nous avons parlé.

Les yeux fermées, sommeillant ou enfoncé dans un de ses rêves, il ne les avait pas entendu venir. Comme toujours, après avoir pris son bain, il s'était couché là, avec d'autant plus de confiance et de tranquillité, que l'endroit était le plus sombre, le plus désert de la forêt et que jamais il n'y avait vu le pas d'un homme. Les chasseurs n'étaient plus qu'à quelques pas de lui lorsque le bruit d'une branche de bois mort, craquant sous le pied, frappa son oreille et le tira de sa somnolence. Il tressaillit, leva la tête et regarda comme la bête qui craint d'être surprise.

En apercevant les chasseurs, dont l'attitude, d'ailleurs, n'était nullement menaçante, il fut saisi d'une folle épouvante. Il poussa un cri, se dressa comme mû par un ressort, promena autour de lui ses yeux hagards pour s'assurer qu'il n'avait pas d'autres ennemis à redouter, franchit le ruisseau d'un bond et disparut avec la rapidité de l'éclair.

Les chasseurs se regardèrent. Ils étaient encore sous le coup de la surprise.

— Il a eu une rude peur, dit l'un.

— Pourtant il a dû voir que nous ne songions pas à lui faire du mal.

— C'est égal, il a les jarrets solides, le gaillard.

— Il s'élance et bondit comme un chamois ; il attraperait un chevreuil à la course.

— Il a fui dans cette direction ; il doit avoir son gîte dans un des trous de la Bosse grise.

— C'est certainement là qu'il se cache.

— Et il se cache bien, puisque, depuis des mois, nul autre que nous ne l'a vu.

— Cela indique qu'il ne tient pas à être repris une seconde fois.

— Mais de quoi peut-il vivre, le pauvre diable? je me le demande.

— Ça, c'est son affaire.

— On prétendait qu'il n'était plus dans la forêt.

— Nous venons d'avoir la preuve du contraire.

Les chasseurs s'étaient arrêtés; ils n'allèrent pas plus loin. D'ailleurs, pour les empêcher d'avancer, ils avaient devant eux la barrière de ronces qui, de ce côté, défendait les abords de la Bosse grise. Sans feuillage maintenant, plus sombres, plus menaçantes, plus terribles dans leur nudité, droites, courbées, tordues ou s'allongeant, montrant leurs dents formidables, prêtes à mordre et à déchirer la chair, elles semblaient dire: Gardiennes de ces rochers, nous sommes là depuis des siècles pour défendre aux hommes d'approcher.

Les chasseurs égarés se hâtèrent de rebrousser chemin.

VIII

PAUVRE CATHERINE

Le lendemain, tout le monde, à Marcille, savait que le sauvage était toujours dans la forêt et que, selon toutes les probabilités, il avait établi sa demeure dans les environs de la Bosse grise.

— J'aurais préféré qu'il se fût éloigné de nous, dit Jacques Vaillant à sa femme.

— Pourquoi? demanda-t-elle.

— Pour ta tranquillité, Catherine, car depuis que ce malheureux est entré ici, tu es bien changée; j'observe, je vois... je ne te disais rien, espérant que cela se passerait. Catherine, quelque chose te tourmente.

Elle ne répondit pas, mais elle laissa échapper un soupir; c'était dire à son mari qu'il ne se trompait point.

Oui, elle était triste, la bonne Catherine. Douée d'une sensibilité nerveuse excessive, elle souffrait. En lui parlant, peut-être avec trop peu de ménagement, des terribles dangers que courait le sauvage dans sa vie errante au milieu des bois, son mari l'avait frappée au cœur. Et le pire, c'est qu'elle s'efforçait de cacher son mal pour ne pas inquiéter Jacques.

Ce qu'elle éprouvait elle n'aurait su le dire. Cela ne ressemblait pas à un remords de conscience troublée, ce n'était pas non plus une douleur physique, mais quelque chose de plus redoutable. C'était une mélancolie noire, née d'une impression profonde, qui l'avait saisie tout d'un coup, brutalement, et qui, lentement, mais avec une opiniâtreté inexorable, poursuivait son œuvre fatale, s'enfonçait dans son cœur comme un ver rongeur, détruisait ses forces, obscurcissait ses idées, l'enveloppait de ténèbres, absorbait tout son être, enfin, et faisait dans son cerveau d'affreux ravages.

Elle n'avait pas senti venir le mal; il l'avait prise comme une proie. Cependant, quand elle ressentit ses premiers effets, elle essaya de lui échapper, de le repousser; mais déjà il s'était emparé de sa pensée; il la tenait captive. Alors, reconnaissant son impuissance, inerte, sans défense, elle s'affaissa sous l'écrasement.

Le jour, la nuit, à chaque instant, toujours, sa pensée fixe, conduite, dirigée par le monstre qui se plaisait à la torturer, s'élançait à la recherche du sauvage, fouillant la profondeur des bois, gravissant juqu'aux cimes les plus hautes montagnes.

Chose étrange, son affection pour Jeanne s'affaiblissait, s'usait comme le morcau de fer sous la lime; elle oubliait l'enfant qu'elle avait adoptée, naguère encore si chère à son cœur. Sa pensée enchaînée, nageant dans le noir, n'avait plus la force de se dégager de ses liens pour s'abandonner à une influence salutaire.

Jeanne, près d'elle, aurait forcément amené une diversion; ranimée par les caresses de l'enfant, elle serait parvenue, peut-être, à secouer sa torpeur, à sortir de son atonie. Alors c'eût été la guérison. Mais Jeanne, nous le savons, était à Epinal. Elle ne songea pas à la faire revenir.

Complétement dominée par le mal, qui allait toujours en s'aggravant, n'ayant ni la force, ni le courage, ni même la volonté de tenter seulement de réagir contre lui, elle laissait s'accomplir l'œuvre de destruction.

— Catherine a quelque chose, se répétait souvent Jacques Vaillant, c'est-à-dire chaque fois qu'il la surprenait, immobile comme une statue, absorbée en elle-même, sa pensée dans le noir. Mais cela se passera, ajoutait-il pour se rassurer.

Il ne pouvait croire à la gravité du mal inconnu qui, sourdement, minait la pauvre femme.

Du reste, pour qu'il ne s'effrayât point, après un violent effort, elle forçait ses lèvres à sourire et prenait un air de gaieté. Comme toujours, d'ailleurs, elle donnait ses soins à son ménage, vaquait à ses travaux journaliers. Mais elle allait, venait, s'occupait machinalement, par habitude. Elle agissait inconsciemment, n'ayant plus de goût à rien.

Quand le froid, devenu rigoureux, dessina ses arabesques fantaisistes sur les vitres des maisons, quand la neige, tombant dense, à gros flocons, eut en un seul jour étendu sur la terre durcie un immense linceul, la maladie de Catherine prit un caractère tout à fait alarmant. Son pâle sourire s'envola de ses lèvres pour n'y plus revenir, sa gaieté forcée, factice, disparut, emportée dans un tourbillon du vent de bise, qui hurlait d'une façon sinistre en se heurtant aux angles des maisons et sifflait lugubrement dans les branches des grands arbres de la forêt.

Jacques Vaillant vit sa chère femme maigrir à vue d'œil ; ses yeux brillaient d'un éclat fiévreux, en s'enfonçant chaque jour davantage sous les arcades sourcilières ; ses lèvres s'amincissaient, des rides profondes se creusaient sur son front ; plus de rose sur ses joues, qui s'estompaient d'une teinte d'ambre.

Catherine ne sortait plus, elle restait enfermée dans sa maison, évitant de se laisser voir à une fenêtre ; on aurait dit qu'elle avait horreur du grand jour ou que le monde lui faisait peur. Il y avait de cela, car en l'absence de son mari, quand un visiteur se présentait, elle se cachait pour ne pas le recevoir, ou, si elle était surprise, elle le renvoyait vite pour se retrouver dans sa ténébreuse solitude.

Quand Jacques n'était pas là ou qu'elle ne craignait pas qu'il la vît, elle s'approchait d'une fenêtre, toujours la même, et là, immobile, dans une attitude douloureuse, les bras ballants, elle regardait au loin. Elle voyait l'épaisse couche de neige nivelant la plaine, la ligne sombre de la forêt, au-dessus les crêtes escarpées de la montagne, et plus près d'elle, à sa droite, sortant des brumes flottantes, la Bosse grise, avec sa couronne de neige et ses larges rayures blanches au bord des abîmes.

Ses yeux restaient fixés, comme rivés, sur le gigantesque rocher. Alors un frisson courait dans tous ses membres, un cri rauque se nouait dans sa gorge ou une plainte déchirante s'échappait de sa poitrine haletante.

— Mon Dieu, mon Dieu, qu'est-il devenu ? gémissait-elle. Oh ! le malheureux !... Mort, mort !... Oui, mort de froid et de faim ou sous la dent des loups ! Oh ! oh ! oh ! Déchiré, mis en pièces, mangé par les bêtes !

Tout son corps frémissait, tremblait d'horreur et d'épouvante. Elle laissait échapper une nouvelle plainte ou poussait un nouveau cri désespéré, et effarée, pantelante, elle reculait folle de terreur, comme si le spectacle horrible que créait son imagination eût été réellement sous ses yeux. Elle tombait lourdement sur un siége, presque inanimée, mais frissonnant toujours. Elle restait là longtemps, souvent des heures entières, la tête appuyée contre un meuble, reprenant peu à peu son effrayante immobilité. On aurait dit qu'elle ne pouvait plus la soutenir, sa pauvre tête, hantée par d'horribles visions, ou que le poids d'une pensée unique était pour elle un fardeau trop lourd à porter.

Jacques Vaillant ne disait plus :

— Ce ne sera rien, cela se passera.

Son inquiétude se changea en crainte plus sérieuse. Le dépérissement rapide de sa femme lui disait suffisamment qu'il devait s'effrayer.

Un jour, malgré Catherine, qui s'y opposait de toutes ses forces, il fit venir un médecin. Celui-ci ne sut trop que dire. Il vit bien que la pauvre femme se consumait lentement ; ce n'était pas la première fois qu'il lui était donné d'observer les symptômes d'une affection cérébrale. Il ne douta point que le siége du mal ne fût au cerveau ; mais que pouvait-il contre une maladie de l'âme ? Pour la forme et par acquit de conscience il griffonna une ordonnance.

Pendant quelques jours, Catherine voulut bien, sur les instances de son mari, suivre les prescriptions du docteur ; elle avala différentes drogues, de ces produits pharmaceutiques qu'un médecin peut toujours faire prendre à un malade sans rien risquer, parce que, s'ils ne font pas de bien, ils ne font pas de mal non plus.

Cependant la faiblesse suivait la progression du mal qui tuait la pauvre femme. Tous les ressorts s'étaient successivement détendus. Bientôt, Catherine ne put plus se traîner sur ses jambes décharnées, fléchissantes. Elle dut garder le lit.

Gertrude, qu'on prenait auparavant une ou deux fois

par semaine pour faire les gros ouvrages de la maison, dut venir tous les jours.

De loin en loin le médecin faisait une visite.

Jacques Vaillant ne se lassait point de l'interroger.

— Je ne peux rien dire, répondait-il. Dans beaucoup de cas la science est impuissante ; celui-ci en est un. Laissons passer l'hiver, le printemps viendra. Alors il faudra des distractions, beaucoup de distractions.

— Le printemps, le printemps ! murmurait l'ancien dragon en hochant la tête, nous en sommes loin.

Et il regardait tristement les arbres du jardin fleuris de givre et le tapis de neige miroitant sous les pâles rayons du soleil.

Le visage de la malade se couvrait d'une teinte plus terreuse, ses yeux s'enfonçaient davantage, on voyait les os sous la peau de ses joues creuses ; elle ne remuait plus ; elle ne s'intéressait plus à rien ; elle était si faible que manger un peu était pour elle une grande fatigue.

A la fin de janvier, le mal empira encore ; elle eut de longues heures de délire. Alors, surexcitée, tout le système nerveux irrité, elle retrouvait un peu de force. Elle sursautait, se tordait dans ses draps en poussant des cris d'épouvante, rauques, horribles. Puis dans ses yeux démesurément ouverts, d'une fixité effrayante, s'allumait un brasier.

— Les loups, les loups, les loups ! criait-elle. Jacques, qu'attends-tu ? Vite, vite, prends ton fusil et tue-les toutes, ces bêtes hideuses !... Oh ! comme ils rugissent ! Entends-tu, Jacques, entends-tu ? Ils arrivent de tous les côtés. Quelle bande ! Ah ! le malheureux est perdu... Ils se jettent sur lui, ses os broyés craquent sous les dents féroces ; ils s'arrachent ses membres sanglants... Regarde, là, là ! Vois-tu ? C'est une tête, sa tête détachée, qui roule, roule, roule...

Longtemps elle se débattait pour échapper à l'horrible vision. La crise se calmait à la fin, suivie d'un long frémissement du corps, et se terminait par des plaintes et des sanglots.

C'était le commencement d'une douloureuse agonie.

— Il s'est fait en elle, lentement, un épouvantable ravage, dit le médecin ; tous les organes ont été atteints successivement ; un miracle seul peut la sauver.

Catherine était condamnée.

Mais, déjà, Jacques Vaillant avait compris qu'il ne devait plus se faire illusion. Le cœur brisé, il voyait la mort s'approcher, guettant sa proie. Et son affection ne pouvait rien, rien ! Il allait être séparé pour toujours de celle qu'il avait tant aimée, de la douce compagne de sa vieillesse. Il fallait rassembler toutes ses forces, se raidir pour supporter le coup terrible.

Un matin, il dit à Gertrude :

— Je pars, je reviendrai dans la nuit, ayez bien soin de ma pauvre Catherine en mon absence.

Il courut à Épinal et revint dans la nuit, comme il l'avait annoncé, amenant la petite Jeanne.

Catherine était au plus mal.

Cependant, quand la porte de sa chambre s'ouvrit, livrant passage à Jacques et à l'enfant, elle se souleva un peu et tourna sa tête vers eux. Ses traits rigides s'animèrent et il y eut dans ses yeux comme un rayonnement de joie.

— C'est Jeanne, c'est notre enfant, dit-elle d'une voix faible, je l'attendais... De loin je la voyais venir avec toi, Jacques.

La petite fille se jeta sur le lit en pleurant à chaudes larmes.

— Maman, maman !

La mourante l'entoura de ses bras et, avec ce qui lui restait de force, la serra contre son cœur.

Jacques Vaillant s'était approché, s'efforçant de retenir ses larmes.

— Merci, Jacques, dit-elle ; tu as bien fait d'aller chercher la petite. Pourtant c'est un triste spectacle pour elle. Je vais m'en aller, ma fin est proche ; mais tu ne resteras pas seul, Jeanne est là ; elle me remplacera bientôt dans la maison. Jacques, tu peux l'adopter maintenant, il faut que Jeanne soit vraiment ta fille, qu'elle porte ton nom. Feras-tu cela ?

— Oui, Catherine, je te le promets.

Elle mit un baiser sur le front de l'enfant.

— Jacques, reprit-elle au bout d'un moment, est-ce que la lampe est éteinte ? Je ne vois plus.

Soudain, elle poussa un soupir, leva ses bras, qui s'agitèrent un instant et retombèrent sur le lit, raides. Elle ne fit plus un mouvement, elle était morte !

Jeanne avait reçu son dernier souffle dans son dernier baiser.

— Oh ! fit Jacques Vaillant.

Et un sanglot s'échappa de sa poitrine.

Il se pencha sur le lit, colla pieusement ses lèvres sur le front de la morte et lui ferma les yeux.

Jeanne et Gertrude s'étaient agenouillées devant le lit. Toutes deux pleuraient et priaient.

Le vieux soldat restait debout, immobile, sombre, les yeux mornes, sentant naître en lui le dégoût de la vie. Mais son regard s'arrêta sur la tête courbée de l'orpheline. Aussitôt il tressaillit.

— Trois tombes creusées autour d'elle, pensa-t-il : si à mon tour je lui manquais, que deviendrait-elle ?

Il eut un nouveau tressaillement qui fit vibrer toutes les fibres de son cœur.

— Non, non, ajouta-t-il, je n'ai pas le droit de suivre Catherine dans la mort. Jeanne a besoin de moi ; pour elle, il faut que je vive !

IX

LES CHARBONNIERS

Jacques Vaillant avait découvert, trop tard malheureusement, quand il n'était plus temps de combattre le mal, la cause de la maladie de sa femme. Catherine avait eu l'esprit frappé. En rendant la liberté au sauvage, elle croyait l'avoir jeté au milieu d'effroyables dangers que son imagination exagérait encore. Cette pensée l'avait tuée.

Mais l'ancien dragon avait des sentiments généreux, l'âme grande. Il n'en voulait point au malheureux, innocent, d'ailleurs, à qui il devait le deuil éternel de son cœur. Au contraire, il s'intéressait plus vivement à son sort.

L'hiver avait été long et dur avec deux mois de neige, et Jacques avait aussi ses craintes. Triste, pensif, il se demandait souvent :

— Qu'est-il devenu ?

Les paroles incohérentes prononcées par la défunte dans ses heures de délire s'étaient gravées dans sa mémoire et, quoi qu'il fît, elles étaient toujours présentes à sa pensée. Il tremblait que le sauvage ne fût, en effet, mort de faim et de froid ou qu'il n'eût été dévoré par les loups affamés.

Les beaux jours revinrent, ramenant avec eux les chauds rayons, les nuits tièdes, la verdure, les fleurs parfumées, les bourdonnements d'insectes, les chants d'oiseaux.

Un jour d'avril on aperçut le sauvage dans les environs de la Bosse grise.

En apprenant cela, Jacques Vaillant éprouva un immense soulagement. Toutefois, au bout de quelques jours, il se mit à douter. Est-ce bien le sauvage qu'on avait vu? Si on s'était trompé? Il retomba dans sa perplexité. Voulant à toute force acquérir une certitude, il sortit un matin de chez lui, s'appuyant sur sa canne, et se dirigea vers la forêt. Il monta vers la Bosse grise en suivant le bord du ruisseau jusqu'à sa source.

Celui qu'il cherchait était là, assis sur une roche, les jambes pendantes, en contemplation devant deux écureuils qui faisaient des exercices de voltige en se poursuivant à travers les branches d'un hêtre. Caché derrière un rideau de feuillage, Jacques Vaillant ne pouvait le voir ; lui-même n'avait pu encore apercevoir le vieillard ; mais, déjà, le bruit des feuilles froissées dans le balancement des branches lui avait révélé la présence d'un homme dans sa solitude.

Il se laissa glisser sur le sol, prêt à fuir.

Jacques Vaillant, écartant quelques branches, sortait du fouillis de verdure qui l'avait caché jusqu'alors.

Deux regards rapides se croisèrent.

Le vieillard eut une exclamation de joie.

Le sauvage l'avait reconnu. Sa physionomie changea d'expression et le feu sombre de ses prunelles s'éteignit. Il sentait que c'était un ami et non un ennemi qui venait lui faire une visite. Au lieu de se sauver, il s'avança vers Jacques Vaillant, qui s'était arrêté.

Le vieillard l'examinait avec surprise.

— C'est singulier, pensait-il, il n'a pas changé : il est toujours plein de force et de santé ; le froid et la faim ne l'ont donc pas fait souffrir ?

En voyant la douleur peinte sur le visage de Jacques Vaillant, le coureur des bois s'attrista subitement. De grosses larmes roulèrent dans ses yeux. Etait-ce l'émotion du souvenir ? Peut-être venait-il de deviner que la bonne Catherine n'était plus de ce monde. Peut-être le savait-il depuis longtemps. Qui sait s'il n'avait pas entendu les cloches de Marcille tinter le glas des morts pour Catherine, si, avec sa vue perçante, debout sur un rocher proéminent, il n'avait pas vu sortir le cercueil de la maison où il avait reçu une si affectueuse hospitalité ?

Quoi qu'il en fût, le vieux soldat vit les larmes et se sentit profondément touché.

— S'il voulait me suivre, se dit-il, je l'emmènerais et le garderais près de moi ; je serais pour lui un protecteur, un ami ; je l'habillerais, je le nourrirais, je lui apprendrais à parler, si c'est possible, et je le ferais instruire. Oui, en souvenir de ma pauvre Catherine, je voudrais l'arracher à sa misérable existence. Je suis sûr qu'au bout de huit jours passés avec moi, il n'aurait plus le désir de me quitter pour revenir ici.

Sous l'action de cette pensée généreuse, il prit la main du sauvage et chercha à l'entraîner, tout en essayant de lui faire comprendre que ce qu'il avait de mieux à faire était de le suivre.

Mais le coureur des bois retira vivement sa main, fit trois pas en arrière et le regarda tristement en hochant la tête. Il semblait dire :

— Vous avez trahi ma confiance, c'est mal !...

Le vieillard sentit le reproche. Il fit une tentative pour rentrer en faveur. Mais le coureur des bois, effarouché, soupçonneux, était devenu craintif. Il tourna les talons, s'enfonça sous bois et disparut.

— C'est fini, murmura Jacques Vaillant, il n'y a rien à faire pour lui ; sa vie errante, misérable, lui plaît ; il faut l'abandonner à sa malheureuse destinée.

Il revint sur ses pas, toujours triste et désolé, en pensant à Catherine, mais complétement rassuré, cette fois, au sujet du sauvage.

— Ah ! se disait-il, si la mort ne m'avait pas enlevé si vite ma pauvre femme, elle aurait pu guérir.

. . . .

L'année suivante, voyant qu'on ne cherchait plus à troubler sa tranquillité, à s'emparer de lui, l'hôte de la forêt devint moins craintif, moins farouche. Il cessa de se cacher. Il ne prenait plus autant de précautions pour ne pas être vu lorsqu'il allait faire ses provisions. On le rencontrait journellement. Si, par un reste de défiance, il ne se laissait pas encore approcher de trop près, du moins il ne se sauvait plus. On voyait bien qu'il n'avait plus peur de l'homme. Il commençait à s'apprivoiser.

S'enhardissant de plus en plus, poussé par la curiosité, sans doute, et peut-être aussi par d'autres sentiments, il s'en vint rôder autour des huttes de charbonniers. Ceux-ci, loin de l'effrayer, de le repousser, cherchaient, au contraire, à l'attirer près d'eux. Il paraissait particulièrement sensible aux paroles affectueuses des femmes. Il aimait les enfants, qui s'habituaient à le voir et n'avaient plus peur de lui ; il s'approchait d'eux, les regardait tristement et quelquefois les prenait dans ses bras et les embrassait. Une mère coupait un morceau de pain de la miche, y joignait un morceau de lard, de bœuf ou de fromage, et un enfant portait cela joyeusement au sauvage. C'était l'aumône du pauvre au malheureux. Il appuyait une main sur son cœur, — c'était sa manière de remercier, — et il mangeait. Comme cela lui semblait bon ! On voyait le plaisir qu'il éprouvait.

Assis sur un monticule, à une certaine distance, ou bien couché sur la branche d'un arbre, pendant des heures entières, il regardait travailler les charbonniers. Tout ce monde en mouvement, hommes, femmes et enfants, le réjouissait ; il s'intéressait beaucoup à tout ce qu'il voyait faire. Il s'amusait à écouter le bruit des scies, à voir tomber du chevalet les morceaux de bois sciés de même longueur, à voir rouler les brouettes, porter les civières et empiler ensuite le bois destiné aux fourneaux.

Il fut plus vivement intéressé encore quand il vit, de distance en distance, sur des emplacements nettoyés, dont on avait battu le sol, s'élever une trentaine de pyramides construites avec des morceaux de bois sciés précédemment, dressés bout à bout et symétriquement alignés.

Il passait d'un étonnement à un autre. D'abord il avait pensé que ces meules de bois étaient des cabanes d'un nouveau genre que construisaient les charbonniers. En effet, n'était-ce pas pour s'abriter contre le froid, le vent, la pluie ou la neige qu'ils recouvraient les meules, de la base au sommet, d'une épaisse chemise d'argile ? Mais il comprit bientôt qu'il s'était trompé.

Les meules établies et le travail de revêtement terminé, les charbonniers allumèrent dans les cheminées ménagées à l'intérieur de chaque meule un feu de petit bois. Alors une fumée noire et épaisse s'échappa au sommet des meules Au bout de trois ou quatre heures, les charbonniers cessèrent d'entretenir le feu du foyer.

La cheminée se trouvant entièrement remplie de menus charbons, le feu gagnait déjà les bûches voisines et allait successivement se communiquer aux autres.

Les cheminées furent bouchées et l'on pratiqua de nouvelles ouvertures nommées ouvreaux, lesquels fonctionnent comme des cheminées et appellent vers eux la combustion.

La carbonisation se fait de haut en bas et du centre à la circonférence ; à mesure qu'elle avance, le charbonnier ferme les premiers ouvreaux et en pratique d'autres un peu au-dessous. On voit la meule s'affaisser sur elle-même, par suite de la diminution considérable qu'éprouve le volume du bois. Enfin, quand la carbonisation a atteint la base de la meule, on ferme toutes les ouvertures, ouvreaux et évents, et on laisse s'éteindre le feu. La carbonisation se fait plus ou moins vite, suivant la quantité de bois ; cinq jours au plus pour les petites meules, quinze jours pour les plus grosses.

Pendant la durée des feux, le pauvre sauvage ne manqua pas un seul jour de venir voir le travail des charbonniers. On aurait dit que les petits nuages de fumée qui sortaient des meules, léchant la croûte de terre, qui montaient ensuite en spirales bleuâtres pour disparaître bientôt, emportés par le vent, étaient pour lui un spectacle merveilleux.

Nous l'avons dit, tout ce qu'il voyait faire l'intéressait. Il regardait, se rendait compte de tout et cherchait à comprendre. Pourquoi faisait-on ceci et ensuite cela ? Il était curieux. Il voulait savoir. Aussi le voyait-on chaque jour, de grand matin, à son poste d'observation. Évidemment il se faisait un grand travail dans sa pensée et il devait y avoir dans son cerveau une éclosion d'idées.

Une nouvelle surprise l'attendait à la démolition des

meules. Il avait vu entasser le bois ; maintenant le bois n'existait plus, c'était du charbon. Son étonnement se manifesta dans une admiration naïve. Il était émerveillé et heureux, surtout, de découvrir le secret du travail qu'il avait vu faire. Alors, pour la première fois, il osa s'approcher des charbonniers ; il chercha à leur faire comprendre qu'il les avait vus travailler, qu'il s'était intéressé à leur travail et qu'il était content. Il toucha le charbon, il en leva des brassées, comme si c'eût été une joie pour lui de se noircir les mains et le visage.

Les voituriers vinrent avec leurs grandes bannes et enlevèrent le charbon. Il y avait là un homme qui recevait de l'argent ; cet homme paraissait être le maître des charbonniers. Le sauvage l'avait vu plusieurs fois déjà, aux jours de paye, assis devant une table sur laquelle il comptait des piles de pièces d'or, d'argent et de cuivre. Les charbonniers, rangés autour de lui, attendaient silencieux. Il les appelait l'un après l'autre et remettait à chacun un certain nombre de pièces jaunes et blanches étalées sur la table.

Le sauvage comprit que ces pièces rondes, brillantes et sonnantes qu'on remettait à l'homme étaient le prix du charbon et que les pièces semblables qu'il avait vu donner aux charbonniers, étaient le prix de leur travail.

Il ne connaissait pas la valeur de l'argent, mais il devina que c'était avec ces petits morceaux de métal que les charbonniers se procuraient tout ce qui leur était nécessaire : du linge, des vêtements, du pain, la viande et le lard qu'ils faisaient cuire, les légumes, herbes ou racines meilleures que celles qu'il trouvait dans le bois, des œufs plus gros que ceux pondus dans les nids des arbres.

Ce fut une révélation. Il avait compris la raison, la nécessité du travail.

Il devint songeur, soucieux. Quelque chose le tourmentait. Il était jeune et fort ; mais que faisait-il de sa jeunesse ? A quoi lui servait sa force ? Il voyait travailler les charbonniers et il sentait en lui comme la honte de ne rien faire.

Un jour, il vit un chevalet inoccupé, la scie était à côté.

Il eut une sorte de tressaillement nerveux et ses yeux étincelèrent.

Il saisit la scie, mit une perche sur le chevalet, prit mesure, ainsi qu'il avait vu faire, pour couper de même longueur, et se mit à scier.

Autour de lui, on cria :

— Bravo ! bravo ! c'est très-bien !

— C'est qu'il n'est pas gauche du tout, dit une femme.

— On dirait qu'il n'a fait que ça toute sa vie...

— Il est fort et il est adroit.

Se voyant encouragé, il continua. Les enfants étaient en admiration devant lui. L'ouvrage fondait dans ses mains, pour nous servir de l'expression d'un vieux charbonnier. Sans prendre une minute de repos, sans lever le nez en l'air, ne regardant ni à droite ni à gauche, il sciait, sciait toujours avec acharnement, avec fureur, avec une sorte de passion. Le bois coupé de longueur s'entassait autour de lui.

A l'heure de la soupe on fut obligé de l'arrêter.

— Viens, lui dit-on.

On l'emmena. Il s'assit à la table des charbonniers et mangea avec eux. Le travail lui avait donné de l'appétit ; il dévora tout ce qu'on mit devant lui. On ne trouva point qu'il mangeait trop : il avait bien gagné son dîner. Il travailla encore le soir. Il revint le lendemain, il revint les jours suivants.

Quand il ne sciait pas, il brouettait des charges énormes. Il aidait à empiler le bois, à construire les meules ; on l'employait à tout. On n'eut jamais à lui dire : ceci est mal fait. Il alluma et entretint le feu des cheminées ; il ouvrit et ferma les ouvreaux ; il fit du charbon. En quelques mois, le sauvage était devenu charbonnier. Il ne recevait aucun salaire. Pourquoi lui aurait-on donné de l'argent ? Il n'aurait su qu'en faire. Mais il n'avait plus à courir dans la forêt pour trouver sa nourriture ; il y avait toujours quelque chose pour lui dans les huches, qu'il ait travaillé ou non. L'hiver il n'avait plus à redouter le froid ; toutes les huttes lui étaient ouvertes; il avait sa place au foyer, devant les bûches rouges ou les flammes du fagot.

Il s'était, on le comprend, facilement habitué à une meilleure nourriture, aux aliments cuits. Toutefois, il préférait toujours l'eau au vin, qui lui semblait une boisson détestable.

S'il eût voulu, il aurait pu rester constamment avec les charbonniers ; mais, bien qu'il se fût peu à peu apprivoisé et familiarisé, il était toujours l'homme sauvage ; il aimait sa liberté. Il préférait sa litière de feuilles sèche dans sa grotte à un lit dans une hutte.

Les charbonniers étaient quelquefois quinze jours, trois semaines et même plus sans le voir. Quand il revenait, on lui faisait fête ; on lui donnait à manger ce qu'on avait de meilleur. Comme on connaissait ses goûts, vite on lui faisait cuire quelques pommes de terre sous la cendre. Les femmes le flattaient, les enfants lui faisaient mille caresses, sautaient sur ses genoux, jouaient avec lui.

On l'amadouait, on aurait voulu le garder, non pas seulement parce qu'il rendait des services et que c'était un cheval à l'ouvrage, mais aussi parce qu'il était bon.

On l'avait pris en affection. On avait pitié de son triste sort.

Il savait bien qu'on l'aimait, que tous ces braves gens, hôtes comme lui de la forêt, étaient ses amis ; mais il restait insensible, en apparence, à toutes les avances, rien ne pouvait le séduire. Il était attaché à sa grotte, à la source limpide du rocher, comme les lierres aux flancs dentelés et anguleux de la Bosse grise. Evidemment il trouvait dans sa vie errante un charme infini ; il se replongeait avec bonheur dans sa solitude, savourant en quelque sorte son isolement. Alors, délicieusement bercé par le chuchotement des feuilles et le chant des oiseaux, regardant passer les nuages, il reprenait ses rêves mystérieux, interrompus par les distractions du travail.

Pendant ce temps, il revenait à sa nourriture d'autrefois ; il ne mangeait pas de bonnes choses comme chez ses amis les charbonniers, mais il ne s'en portait pas plus mal.

En entendant parler autour de lui, il avait appris la signification d'un certain nombre de mots et à les prononcer. Il disait oui, non, bonjour, bonsoir, merci, monsieur, madame... Il nommait également plusieurs objets ; pain, viande, fruit, légume, scie, bois, charbon, etc... Cela indiquait qu'avec un peu de bonne volonté et de patience, on aurait pu, peut-être en peu de temps, lui apprendre à parler. Mais trop occupés de leurs travaux, ne voyant en lui, d'ailleurs, qu'un pauvre diable, un innocent, condamné à une existence misérable, les charbonniers ne pensèrent pas à lui rendre cet immense service.

Ses vêtements s'usaient vite, quand même ils ne s'en allaient pas en morceaux arrachés par les ronces et les épines. Cependant les charbonniers et les personnes qui le rencontraient dans la forêt remarquèrent qu'il était toujours assez convenablement vêtu, légèrement l'été, chaudement l'hiver.

Ceci pourrait étonner. Voici le mot de l'énigme.

Jacques Vaillant ne l'oubliait point. De loin, constamment, il veillait sur lui, hommage rendu à la mémoire de sa chère défunte. Au renouvellement de chaque saison, sans que personne pût savoir où il allait, il sortait de chez lui, ayant un paquet sous son bras. Il gagnait la forêt, suivait le ruisseau jusqu'à sa source et déposait son paquet dans l'anfractuosité du rocher.

Le jour même ou le lendemain, venant boire à la source, le coureur des bois trouvait le paquet, qui contenait, presque toujours, un vêtement complet et une ou deux chemises de bonne toile de ménage.

Nous l'avons vu couvert de deux peaux de loup à peu près ajustées à sa taille. C'est après l'hiver 1868-1869, qui avait été extrêmement rigoureux dans les montagnes des Vosges, qu'on lui avait vu porter, pour la première fois, cette espèce de pardessus.

A la fin de l'automne, une bande de loups, probablement chassée d'une autre contrée, était venue chercher un refuge dans la forêt de Mareille. Comme on n'aime nulle part le voisinage de ces bêtes nuisibles et dangereuses, on leur fit la chasse. Dix ou douze furent tués et plusieurs autres blessés, dont deux mortellement. Ceux-ci moururent l'un près de l'autre dans un fourré et furent trouvés quelques jours après par le coureur des bois.

Un jour il avait vu un charbonnier dépouiller un renard qu'on avait pris dans un piége. Il fit comme il avait vu faire. Il dépouilla les bêtes et emporta les deux fourrures.

Mais, comme nous le verrons tout à l'heure, ce n'était point parce qu'il s'était fabriqué un vêtement avec les deux peaux de loups qu'on lui avait donné le nom de Jean Loup.

X

LA LÉGENDE DE L'HOMME SAUVAGE

Une femme de Mareille avait reconnu le sauvage. Elle affirmait l'avoir vu à Epinal, dans une baraque de saltimbanques, deux ans environ avant sa première apparition dans les bois de Mareille.

La chose était possible, pouvait être vraie. On devait admettre alors que, dans son enfance, il avait été volé quelque part par les saltimbanques ; que, devenu grand et fort, dégoûté du rôle répugnant qu'on lui faisait jouer, las d'être maltraité par ces bohémiens coureurs de foires, qui ne voyaient en lui qu'une chose à exploiter, un appât à offrir au public, il avait un beau jour rompu sa chaîne d'esclave et s'était réfugié dans les bois, montrant ainsi qu'il préférait vivre seul au milieu des bêtes qu'avec des hommes.

On aurait expliqué ainsi, d'une manière vraisemblable, sa présence dans la forêt. Mais cela était trop naturel, trop dans les choses possibles pour qu'on eût le bon sens de l'admettre. Aussi les affirmations de la femme de Mareille trouvèrent-elles beaucoup plus d'incrédules que de gens disposés à les accepter.

Donc, on repoussa cette hypothèse pour faire d'autres suppositions. Et comme ce qui pouvait être vrai ou tout au moins vraisemblable n'était pas du goût du plus grand nombre, on s'égara dans le domaine du merveilleux.

On fit du sauvage un être légendaire.

Il fallait cela, probablement, pour donner satisfaction à tout le monde.

Il y aura toujours des gens qui se passionneront pour le merveilleux. La réalité est ce qu'on a sous les yeux ; on la touche, on la sent ; c'est la vie ordinaire, commune à tous, avec ses joies et ses douleurs, ses déceptions et ses triomphes. Mais l'étrange, le fantastique, le surnaturel !... Ah ! cela, c'est autre chose !... Et voilà pourquoi on bâtit tant de châteaux en Espagne, pourquoi, emporté sur les ailes du rêve, on fait de si fréquents voyages au pays des *Mille et une nuits* ou des chimères.

Le sauvage eut son histoire. On ne l'écrivit pas, on la raconta.

A l'exception de quelques-uns, ceux qui ne sont jamais contents de rien, gens d'humeur chagrine, esprits sournois ou moqueurs, tout le monde crut à cette histoire, qui ajoutait une page nouvelle aux fastes de la légende.

Or, voici l'histoire telle qu'on la racontait, à l'époque, naïvement et avec un accent convaincu.

Jérôme Tabourin était un pauvre bûcheron, bien pauvre, en effet, puisqu'il ne possédait absolument que sa cognée ; mais il avait la santé et des bras solides. C'était le plus fort bûcheron du village de Voulvent, où il demeurait, et le meilleur ouvrier de toute la contrée.

Il ne se dérangeait jamais ; il trouvait que c'était assez d'avoir le repos du dimanche. Il arrivait le premier dans le bois et il en sortait le dernier. Intrépide à l'ouvrage, on aurait dit que son corps et ses bras ne pouvaient jamais se fatiguer. C'est à lui qu'on donnait les plus gros chênes à coucher sur le sol ; il aimait mieux cela que d'abattre des baliveaux. C'était bon pour des vieux. C'est aux jeunes à prendre plus de peine. Quand il attaquait un des géants de la forêt, on entendait de fort loin les grands coups de sa large et lourde hache, faisant dans le bois dur de profondes entailles. On la reconnaissait, entre toutes, aux coups formidables qu'elle portait.

Jérôme était marié ; il avait pris pour compagne Louise Joli, une orpheline, pauvre comme lui, mais dont le doux regard, les sourires et les caresses lui mettaient du soleil au cœur. Un an après le mariage, Louise avait mis au monde un enfant, un beau et gros garçon tout joufflu et tout rose. C'était un sang pur, du vrai sang qui coulait dans ses veines. A le voir, à quinze mois, avec ses membres nerveux, sa poitrine bien développée, ses reins carrés et sa tête d'ange bouffi se tenant raide sur ses épaules larges, on lui aurait donné plus de deux ans. On pouvait dire déjà qu'il serait un jour grand et fort comme son père, et que, quand Jérôme serait devenu vieux, sa lourde cognée passerait en des mains qui ne la laisseraient pas se couvrir de rouille.

On avait donné au petit Tabourin le nom de Jean, et cela pour deux raisons : il était né le 24 juin, fête de saint Jean-Baptiste, et son parrain, un autre bûcheron, ami de son père, s'appelait Jean.

Jérôme Tabourin adorait sa femme et son enfant : il ne trouvait pas que son cœur fût assez grand pour contenir ces deux affections qui étaient son bonheur, qui donnaient à son existence toutes les joies rêvées.

C'est pour sa femme et son enfant, pour les entourer de tout le bien-être qu'il était en son pouvoir de leur procurer, qu'il travaillait avec tant d'ardeur et de courage. Il trouvait qu'ayant à assurer le bonheur des deux êtres qui lui étaient si chers, il n'avait pas le droit d'aller, le dimanche, jouer et boire au cabaret avec les camarades. Il se reposait de son pénible travail de la semaine entre sa femme et l'enfant, faisant sauter le petit Jean sur ses genoux, pendant que Louise, en bonne ménagère, qui sait ce que vaut le temps, reprisait le linge de la maison et raccommodait les hardes.

Avoir une femme qu'on aime, un bébé qu'on adore, cela quintuple la force de l'homme, en remplissant son cœur de toutes les joies, de toutes sortes d'ivresses. Voilà pourquoi Jérôme Tabourin ne connaissait pas la fatigue, malgré son rude labeur de chaque jour.

Le matin, Louise préparait le déjeuner de son mari ; à dix heures elle prenait le chemin du bois ; elle avait souvent une lieue et plus à faire ; mais elle avait de bonnes jambes, elle marchait vite. Quand elle arrivait près du bûcheron, la soupe était encore chaude dans le chaudron d'étain.

On s'asseyait sur le tronc du dernier chêne abattu, qui servait de table ; tous deux mangeaient et toujours de bon appétit. Après le fromage, en guise de dessert, on s'embrassait ; le petit Jean passait plusieurs fois de suite des bras de l'un dans ceux de l'autre. Tout cela prenait à peine une demi-heure. Ensuite Jérôme retroussait ses manches, s'armait de nouveau de sa cognée et se remettait à l'ouvrage.

Louise ramassait du bois mort, dont elle faisait un gros fagot que le bûcheron apportait le soir à la maison. Précédemment elle liait un deuxième fagot qu'elle emportait ; mais elle ne pouvait plus faire cela, car maintenant que le petit Jean commençait à courir comme un petit lièvre, elle ne le laissait plus seul à la maison, couché dans sa corbeille d'osier. Elle aurait pu le confier à une voisine, qui n'aurait certainement pas refusé de le garder, mais elle préférait l'emmener au bois avec elle ; d'ailleurs cela faisait plaisir à Jérôme. Pourquoi aurait-elle privé son cher homme, qui travaillait avec tant de cœur, d'une de ses joies ?

Le bûcheron lui avait fabriqué une espèce de panier qu'elle portait comme une hotte avec des bretelles. Dans ce panier elle asseyait le petit Jean sur un coussin de feuilles de fougères, et c'est ainsi qu'elle voyageait, l'enfant sur son dos, ayant les bras et les mains libres pour porter les chaudrons et le havre-sac.

Le petit, douillettement assis, les jambes pendantes, pouvant appuyer son dos, jouer des mains ou entourer de ses bras le cou de sa mère, était aussi bien, aussi à l'aise dans son corbillon que dans un berceau.

Avant de se mettre à ramasser le bois mort, Louise faisait au pied d'un arbre un lit d'herbe ou de feuilles sur lequel elle couchait le bambino en lui disant:

— Reste là, ne bouge pas, sois bien sage, dors.

Il était tranquille un instant, fermant les yeux, ayant l'air de dormir; mais dès qu'il sentait sa mère un peu loin, l'espiègle levait la tête, regardait autour de lui, riait, roulait hors de son nid, se dressait tout à coup et se mettait à sauter, à gambader, à courir, cueillant par-ci par-là une fleurette, ramassant des petits cailloux, des glands ou des pommes d'yeuse.

Louise, qui pouvait craindre qu'il ne se perdît dans le bois, courait après lui, le ramenait au pied de l'arbre et le couchait de nouveau en le grondant, ce qui n'empêchait point le lutin de recommencer son manége un instant après.

— Laisse-le donc, disait le bûcheron, quand il voyait Louise grondeuse, il faut bien qu'il s'amuse ; ça lui fait du bien de courir, ça lui dégourdit les jambes et il prend de la force.

Un jour, au commencement de mars, le petit Jean, qui avait alors un peu plus de dix-huit mois, parvint à échapper à la surveillance active de sa mère et à s'éloigner beaucoup trop, en courant après un papillon aux ailes couleur de feu.

— Mon Dieu, mais je ne le vois plus, où donc est-il? s'écria Louise inquiète. Oh! le méchant enfant, peut-il me tourmenter ainsi !

Elle plongea son regard dans toutes les directions. Plus d'enfant.

— Jean, Jean ? appela-t-elle.

Rien.

Elle était devenue pâle et toute tremblante. Affolée, elle se mit à courir de tous les côtés, cherchant le petit, l'appelant de toutes ses forces.

— Jean, Jean, mon petit Jean, viens, viens vite près de maman !

Cette fois, un cri d'enfant lui répondit, mais c'était un cri d'épouvante, étranglé.

La pauvre mère sentit son sang se glacer dans ses veines. Eperdue, folle de terreur, elle s'élança vers l'endroit d'où venait le cri.

Horreur ! Une louve énorme venait de bondir hors d'un massif, s'était jetée sur l'enfant et le tenait dans sa gueule.

Un nuage de sang passa devant les yeux de Louise.

— Au loup ! au loup ! cria-t-elle d'une voix déchirante.

La bête ne lâcha point sa proie.

La pauvre mère se précipita en avant, les yeux enflammés, terrible, pour défendre son enfant. Mais la louve ne l'attendit pas. En deux bonds elle rentra sous bois et disparut, emportant le petit Jean.

Le cœur de la mère cessa de battre, ses yeux se voilèrent et son sang battit violemment ses tempes. Elle poussa un cri rauque, épouvantable et tomba raide, sans connaissance.

Jérôme avait entendu, lui aussi, le cri de l'enfant; il accourut brandissant sa hache, mais pas assez vite, hélas! pour sauver le pauvre petit. Il n'eut que le temps de voir la louve s'enfonçant dans l'épaisseur du taillis.

Cependant, guidé par les cris désespérés que l'enfant faisait entendre encore et le bruit du bois sur le passage de la bête fuyant à toute vitesse, il se mit à sa poursuite. Pendant un quart d'heure il put suivre sa trace. Après, n'entendant plus rien, ne sachant plus de quel côté se diriger, il comprit qu'il devait renoncer à tout espoir. Il revint vers sa femme, rugissant de douleur, pleurant et sanglotant.

Louise était encore à l'endroit où elle était tombée. Il y avait plusieurs personnes autour d'elle. Ayant repris connaissance, la malheureuse se tordait dans d'horribles convulsions; elle s'arrachait les cheveux, s'égratignait le visage. Le bois retentissait de ses cris, de ses plaintes, de ses gémissements.

C'était l'explosion d'une effroyable douleur, et, pour ceux qui étaient là, un spectacle navrant.

Le bûcheron prit sa femme dans ses bras, la pressa contre sa large poitrine et l'embrassa tendrement.

La crise nerveuse se calma peu à peu, puis de nombreux sanglots soulagèrent la pauvre mère.

Jérôme n'eut pas la pensée de retourner à l'ouvrage,

il ne se souvint pas même qu'il avait laissé debout un grand hêtre entaillé jusqu'au cœur. Le pauvre homme avait les bras cassés. Il avait perdu son petit Jean, il n'avait plus de force. Les grandes forêts des Vosges allaient avoir bientôt un bûcheron de moins.

Lui sombre, elle tout en larmes, en proie au plus violent désespoir, ils rentrèrent au village suivis des quelques amis accourus les premiers pour prendre part à leur peine.

Les témoignages de sympathie ne leur manquèrent point ; quand on sut, à Voulvent, ce qui s'était passé, ce fut une consternation générale ; c'était un deuil pour toute la commune, car tout le monde aimait Tabourin et sa femme.

En un instant, tous les fusils furent chargés et une petite troupe de chasseurs, sous la conduite de Jérôme, se rendit dans la forêt pour se mettre à la recherche de la louve.

Certes, on n'espérait pas sauver le petit Jean qui, sans nul doute, avait été dévoré déjà par la bête féroce. Mais il fallait venger l'innocente victime et prévenir un autre malheur semblable. A tout prix, le terrible animal devait être mis à mort.

Pendant plusieurs jours, on fouilla la forêt et successivement tous les bois des environs, dans un périmètre de deux à trois lieues. On ne trouva rien.. La louve avait disparu.

Et le petit Jean ?

Jérôme mit un large crêpe à son chapeau, Louise porta un vêtement de grand deuil.

A l'église de la paroisse, il y eut un service funèbre auquel toute la population de Voulvent et des communes voisines assista. Et l'acte de décès de l'enfant fut écrit sur le registre de la mairie.

En l'année 1845, au mois de mars, un enfant de dix-huit mois, appelé Jean, fils de Jérôme Tabourin et de Louise Joli son épouse, demeurant au village de Voulvent, à trois lieues de Mareille, avait été effectivement enlevé par une louve. Ce douloureux et terrible événement avait eu un grand retentissement dans toute la contrée. Tous les journaux des départements de l'Est l'avaient raconté avec plus ou moins de détails ; et ensuite, à Paris, on avait pu lire le fait dans toutes les gazettes, à la colonne des nouvelles diverses.

Quand l'homme sauvage fit son apparition dans la forêt de Mareille, les gens du pays se souvinrent du drame de Voulvent, que beaucoup d'entre eux n'avaient pas encore oublié.

Le sauvage, à qui l'on donnait de dix-huit à vingt ans, avait précisément l'âge qu'aurait eu, à peu près à la même époque, le fils de Jérôme Tabourin. Cette coïncidence était une bonne fortune pour les amateurs de merveilleux.

— Vous demandez qui est cet homme sauvage et d'où il vient? dirent-ils ; ehbien ! nous allons vous l'apprendre ; c'est Jean Tabourin, le fils de Jérôme Tabourin de Voulvent, qui a été enlevé par une louve à l'âge de dix-huit mois.

On se récria d'abord très-fort, puis on finit par écouter.

— Calculez : Quel âge aurait aujourd'hui Jean Tabourin? Dix-neuf ans et six mois, puisque c'est en 1845, à dix-huit mois, que la louve l'a pris et emporté dans les bois. Eh bien, après avoir vu le sauvage, tout le monde s'est accordé à dire qu'il n'avait pas vingt ans.

Sur ce point il était difficile de répliquer.

— D'ailleurs, ajoutait un des convaincus, ardent propagateur de l'opinion, j'ai parfaitement connu le bûcheron de Voulvent, je puis même me vanter de lui avoir plusieurs fois serré la main. Le sauvage est fort comme Jérôme le bûcheron et il lui ressemble comme une goutte d'eau à une autre goutte d'eau. Il n'y a pas à soulever la Bosse grise pour découvrir la vérité, ni à dire c'est ci, c'est ça et autre chose encore : l'homme sauvage est le fils de Jérôme Tabourin, le bûcheron de Voulvent.

On finissait par s'incliner devant des affirmations si éloquentes.

Ceux qui ne voulaient pas encore se laisser convaincre secouaient la tête.

— Mais cela ne peut pas être, objectaient-ils, puisque le petit Jean a été mangé par la louve.

— Qu'est-ce qui le prouve?

— Quand un loup pénètre dans la bergerie et emporte un agneau, on sait ce qu'il en veut faire.

— On a cru à Voulvent que l'enfant avait été mangé, c'est vrai; mais on n'a jamais été bien sûr de cela. On a cherché dans les bois, de tous les côtés, partout ; a-t-on trouvé seulement un des os de l'enfant?

— Ainsi, vous prétendez qu'il n'a pas été dévoré par la louve?

— Parfaitement.

— Pourquoi la bête l'a-t-elle emporté, alors?

— Ah! nous vous attendions là. La louve n'était pas aussi féroce, aussi affamée, qu'on a bien voulu le dire. Certainement elle ne s'est pas jetée sur le petit Jean et ne l'a pas emporté au fin fond de la forêt avec l'intention de le combler de caresses. Elle avait mis bas dans un fourré; elle emportait le pauvre petit dans son repaire pour le mettre en pièces et le donner en pâture à ses louveteaux.

Mais voilà: pendant qu'elle était à la recherche d'une

proie, le hasard conduisit un garde du bois dans le fourré de la louve ; il trouva la nichée et emporta les louveteaux. Combien y en avait-il ? Nous n'en savons rien ; mais qu'importe ? Autant de moins. En ne retrouvant plus ses petits, la louve désolée se mit à gémir. Elle avait mérité ce qui lui arrivait. Elle avait pris le petit Jean à sa mère, on lui avait enlevé ses louveteaux.

Dans sa douleur, n'ayant plus, d'ailleurs, à partager la proie qu'elle apportait, elle n'eut pas le courage de dévorer l'enfant auquel, heureusement, elle n'avait fait aucun mal, car elle l'avait porté, tenant seulement son vêtement entre ses dents. Elle le laissa tomber sur la couche des louveteaux disparus et s'étendit près de lui en poussant de sourds gémissements.

Sans doute, le petit Jean pleura beaucoup, appelant sa mère. Toutefois, il avait moins peur de la bête, qui, loin de chercher à lui faire du mal, le regardait au contraire tristement, avec douceur, presque avec tendresse.

Quand vint le soir, le pauvre petit eut froid. Pour se réchauffer il se serra contre la louve ; celle-ci ouvrit ses quatre pattes et permit à l'enfant de se blottir dans sa fourrure. Puis ce fut la faim qui se fit sentir. Jean avait souvent tété une chèvre, il téta la louve. La bête le laissa faire. Il lui sembla qu'elle avait retrouvé un de ses petits et elle se mit à le lécher. Elle avait perdu sa férocité, s'était attendrie ; l'enfant devenait l'objet de sa sollicitude, elle reportait sur lui son affection maternelle.

Elle ne le quitta plus. Quand elle se mettait en chasse pour saisir une proie, elle l'emmenait avec elle ; Jean, habitué à elle, maintenant, la suivait. Souvent elle le portait, suspendu à sa mâchoire, prenant les plus grandes précautions pour ne pas le blesser.

Des semaines, des mois s'écoulèrent. Jean ne pensait

plus à son père et à sa mère. Les enfants ont la mémoire courte, il avait oublié ceux qui l'avaient si tendrement aimé. Il s'était attaché à la louve, qui l'avait adopté, et c'était la louve qu'il aimait maintenant. La bête, de son côté, était pleine de tendresse pour son nourrisson : elle le chérissait, elle l'aimait autant qu'une louve bonne mère peut aimer son louveteau.

Bref, voilà comment le petit Jean Tabourin, fils de Jérôme Tabourin et de Louise Joli de Voulvent, fut élevé par la louve qui l'avait pris pour donner à manger à ses petits.

Nourri, protégé, défendu par elle, Jean grandit dans les bois, au milieu des bêtes qui ne songèrent jamais à lui faire du mal.

A tout cela, on aurait pu opposer bien des mais...

Les incrédules, les sceptiques endurcis se contentèrent finalement de hausser les épaules et de rire, et l'histoire de Jean Tabourin et de la louve, souvent racontée, fut acceptée comme vraie par le plus grand nombre.

Dès lors on cessa d'appeler l'hôte de la forêt le *Coureur des bois*, on lui donna le nom de Jean Loup.

Sans doute, la légende de l'homme sauvage fut racontée à Voulvent et même plus loin.

Comment Jérôme Tabourin et sa femme n'accoururent-ils pas dans la forêt de Marcille afin de s'assurer que Jean Loup était bien leur fils ?

Hélas ! ils n'étaient plus de ce monde. Louise n'avait pu porter le poids de son immense douleur : elle était morte quelques mois après la catastrophe ; deux ans après Jérôme l'avait suivie dans la tombe.

XI

CHEZ LA BARONNE DE SIMAISE

C'est au château de Vaucourt, à une lieue de Mareille que demeurait la baronne de Simaise.

Le domaine de Vaucourt était un des plus grands et des plus riches du département. Il se composait du vieux manoir que la baronne avait fait restaurer quelques années auparavant, lorsqu'elle était venue s'y fixer avec sa fille, bien résolue à ne plus le quitter ; d'un parc magnifique, coupé de larges avenues bordées d'arbres séculaires ; de trois belles fermes d'un excellent rapport et de plus de dix mille hectares de bois sur le territoire des communes de Vaucourt et d'Haréville.

Le domaine de Vaucourt était l'héritage que le comte de Vaucourt avait laissé en mourant à sa fille unique, indépendamment de près de deux millions représentés par un hôtel à Paris et des valeurs mobilières de premier ordre.

Cinq ans après la mort de son père, Mlle de Vaucourt avait épousé le baron de Simaise ; heureusement, grâce à son notaire, un homme dévoué, qui veillait aux intérêt de sa cliente, elle s'était mariée sous le régime dotal, de sorte que, plus tard, lorsqu'elle s'était séparée à l'amiable de son mari, elle avait pu administrer ses biens ellemême, sans que M. de Simaise pût y mettre empêchement.

Elle avait généreusement abandonné au baron son hôtel de la rue de Grenelle-Saint-Germain, qu'il avait vendu, et la somme d'argent comptant apportée par elle dans la communauté. C'était pour M. de Simaise une compensation.

Malgré cela, elle avait encore une belle fortune, car bon an mal an, ses fermes et ses coupes de bois lui assuraient un revenu de cent mille francs.

Vivant très-retirée, recevant rarement, ne voyageant jamais, n'ayant par conséquent nul besoin de ces toilettes coûteuses qu'il faut à la femme du monde, elle dépensait à peine, pour elle et sa fille, vingt-cinq mille francs par an.

Mais, très-charitable, elle faisait beaucoup de bien dans le pays. Elle avait fondé des écoles où les enfants des deux sexes étaient instruits gratuitement ; l'hiver les pauvres gens se chauffaient à ses frais ; elle soulageait, autant qu'elle le pouvait, toutes les misères ; elle prenait sous sa protection les vieillards et les orphelins ; elle faisait soigner les malades ; elle envoyait constamment du linge, des vêtements pour les enfants, des provisions de toutes sortes. Quand l'année était mauvaise, après avoir écouté les doléances de ses fermiers, elle leur faisait remise d'une partie de leur loyer. Aussi elle et sa fille étaient-elles aimées et vénérées.

Tout compté, après avoir fait autant de bien qu'elle en pouvait faire, il restait à Mme de Simaise, à la fin de chaque année, sur son revenu, une somme disponible de plus de cinquante mille francs.

Cet excédant augmentait sans cesse le capital mis en réserve.

La baronne de Simaise avait vu s'envoler une à une ses plus chères illusions : elle n'avait conservé du passé que des regrets et une blessure inguérissable faite à son cœur. En femme prévoyante, elle pensait à l'avenir, à son fils, que le baron avait voulu garder lors de leur séparation, et à sa fille, sa bien-aimée Henriette, qui était en même temps l'objet de ses plus chères espérances et de ses plus sérieuses inquiétudes.

C'est en songeant à l'avenir de ses enfants que, avec l'aide de son notaire, elle amassait un capital. Sans doute son mari possédait une immense fortune ; mais elle connaissait son inconduite, ses folles dépenses, les sommes énormes qu'il perdait au jeu. D'un moment à l'autre, on pouvait lui apprendre qu'il était ruiné. Autant que cela était en son pouvoir, elle voulait, dans le cas où ce malheur arriverait, mettre ses enfants à l'abri de la catastrophe. Et puis ne serait-elle pas forcée, alors, pour leur dignité et leur honneur à tous, de venir en aide à son mari, si indigne qu'il fût?

La baronne de Simaise avait trente-cinq ans. Elle était encore très-belle, bien que les déceptions et les chagrins l'eussent vieillie de dix ans. En peu de temps ses cheveux avaient blanchi, des rides précoces se montraient sur son pâle et noble visage, le sourire avait pour toujours disparu de ses lèvres.

Pendant les premières années de son mariage, elle avait été fort remarquée dans les salons parisiens où elle brillait comme une reine de la mode et de l'élégance. Gracieuse, aimable, spirituelle, distinguée, toujours gaie, elle était très-recherchée ; partout elle était adulée, et partout elle faisait naître l'admiration.

Tout à coup, sans que rien l'eût fait pressentir, la

baronne de Simaise avait quitté Paris, disant ainsi adieu pour toujours au monde, à ses fêtes, à ses plaisirs, et s'était retirée à Vaucourt.

Il y avait de cela douze ans. Et depuis douze ans elle n'était pas revenue une seule fois à Paris.

La soudaine disparition de la baronne de Simaise avait surpris tout le monde, sans donner lieu, toutefois, à de longs commentaires. On connaissait la conduite scandaleuse du baron, qui menait une existence de viveur éhonté, entretenait ouvertement une ballerine de sixième ordre, laquelle étalait cyniquement son luxe effronté sous les yeux même de la baronne et de ses enfants.

Évidemment Mme de Simaise devait se sentir cruellement blessée dans sa dignité d'épouse et de mère. On supposa que, lasse, à la fin, de supporter tant d'outrages, il y avait eu entre elle et son mari une scène terrible, à la suite de laquelle une rupture était devenue chose forcée.

Quelques-uns, ses amis, la regrettèrent ; les autres la plaignirent seulement, puis on l'oublia. On passa à d'autres admirations, on se tourna vers une nouvelle étoile.

Sans doute la conduite déplorable de son mari était pour quelque chose dans la grave résolution que la baronne avait prise de se séparer de lui et de s'exiler dans sa terre de Vaucourt. Il y a des injures qu'une femme, quand elle est mère surtout, ne peut point pardonner. Le mari qui a mérité le mépris de sa femme ne tarde pas à lui inspirer du dégoût.

Cependant, ce n'était pas seulement parce que le baron avait cruellement offensé et outragé sa femme, qu'elle 'avait quitté. A côté de ce motif, suffisamment sérieux, il existait une autre cause infiniment plus grave. De cela le monde ne savait rien.

C'était un secret terrible entre le mari et la femme.

Ce secret, nous le connaîtrons plus tard.

Après les dures épreuves qu'elle avait traversées, la baronne se renferma pour ainsi dire en elle-même afin de se consacrer plus entièrement à l'éducation de sa fille adorée. Elle lui donna dans son cœur toute la place occupée naguère par des affections brisées ou détruites. Certes, elle aimait aussi son fils ; mais il était éloigné d'elle, il appartenait à son mari. Elle le lui avait laissé, malgré elle et les révoltes de son cœur. Elle avait été forcée à cet abandon. C'est à ce prix, à cette dure condition qu'elle avait obtenu sa liberté complète.

— Prenez votre fille, lui dit le baron, moi je garde mon fils.

Elle aurait pu se montrer plus exigeante ; mais, pour cela, il eût fallu faire valoir ses droits, révéler le fameux secret, déchirer le voile sous lequel se cachaient la honte et le crime.

Gardienne de l'honneur de ses enfants et, pour eux, condamnée au silence, elle se résigna.

Mais elle souffrait, la pauvre mère : Raoul, devenu grand, n'était point comme elle l'aurait voulu ; elle voyait qu'il n'avait pas pour elle la déférence et l'affection qu'il lui devait ; elle devinait ses mauvais instincts. Dirigé par son père, ayant constamment des mauvais exemples sous les yeux, que deviendrait-il ? Quelle serait sa destinée ? Elle ne pouvait penser à son avenir sans être effrayée. De ce côté elle voyait de nombreux points noirs à l'horizon.

Heureusement, elle avait sa fille, l'ange de la consolation ; c'est ainsi qu'elle l'appelait. Ah ! sa fille était bien à elle, à elle seule ; nul ne pouvait lui ravir l'amour de son enfant. Elle l'avait élevée pour elle, faisant naître dans le cœur d'Henriette tous les nobles sentiments du sien.

Elles s'aimaient à l'adoration. C'était entre elles un continuel échange de baisers. Elles vivaient l'une pour l'autre. La jeune fille ne croyait jamais faire assez pour payer le dévouement, la tendre sollicitude de sa mère. Un doux regard, une caresse d'Henriette faisaient oublier à l'exilée ses douleurs d'autrefois, ses inquiétudes du moment.

Mme de Simaise se voyait revivre dans sa fille qui, d'ailleurs, lui ressemblait d'une manière frappante. Elle était ainsi quand elle avait l'âge d'Henriette. Elle auss avait eu ses jours de joie, l'espérance, les promesses de l'avenir, le front irradié, le rire argentin sur les lèvres, la jeunesse, enfin, une jeunesse pareille à celle de sa fille, ensoleillée d'illusions et de rêves aux ailes d'or et d'azur.

— Oh! oui, elle me ressemble, se disait-elle souvent, en enveloppant la jeune fille d'un long regard de tendresse : je me retrouve en elle tout entière !... Ah ! puisse-t-elle conserver toujours ses joies d'enfant et son bonheur, qui est mon ouvrage ! Qu'elle ne sache jamais pourquoi j'ai tant souffert, pourquoi j'ai versé tant de larmes amères !... Mon Dieu, préservez mon enfant, faites que sa destinée ne soit pas semblable à la mienne !

Henriette de Simaise avait la beauté idéale que le peintre et le sculpteur rêvent sans cesse. Elle était blonde comme Cérès, la déesse des moissons. Ses joues fraîches, délicatement arrondies et légèrement teintées de rose pur avaient le doux velouté de la pêche mûre. Tout, chez elle, était d'un modelé parfait : son visage aux traits fins et réguliers ; son nez et ses oreilles, des merveilles ; ses petites mains blanches, aux doigts effilés, ornés d'ongles roses, et ses pieds mignons ; sa taille svelte, souple, gracieuse dans tous ses mouvements ; sa gorge ravissante et ses épaules charmantes, dont les contours commençaient à s'accuser nettement.

Elle avait le front haut, intelligent, les sourcils un peu clairs, comme chez la plupart des blondes, mais bien plantés et formant deux arcs admirablement dessinés. De longs cils voilaient ses grands yeux bleus, lumineux, souvent un peu rêveurs et toujours d'une douceur infinie.

Sa bouche était petite, délicieuse. Derrière ses lèvres roses, toujours souriantes, se cachaient timidement, comme si elles eussent craint de laisser voir leur beauté, deux rangées de petites dents richement émaillées, qu'on aurait prises volontiers pour des perles fines serties dans du corail.

Henriette n'était pas seulement intelligente, elle était instruite ; sa mère lui avait appris tout ce qu'elle savait ; pour cela le temps ne lui avait pas manqué. Tout en mettant tous ses soins à former le cœur de sa fille, à élever son âme vers les grandes et belles choses, ne lui parlant de ce qui est le mal que pour la diriger mieux et plus sûrement vers ce qui est le bien, elle avait aussi cultivé son esprit.

Mlle de Simaise était, sous tous les rapports, une jeune fille accomplie, aussi parfaite qu'il est possible, en ce monde, d'arriver à la perfection.

Elle n'était pas seulement jolie, instruite, spirituelle, distinguée : elle avait la grâce enchanteresse, la douceur angélique, la bonté adorable, la modestie, la candeur, la naïveté charmantes. Elle avait la fraîcheur, la suavité de la fleur odorante qui s'épanouit le matin, humide de rosée, sous les caresses amoureuses des rayons du soleil. Sans le vouloir, sans le savoir, comme si elle l'eût désiré, elle charmait tous ceux qui l'approchaient. Sa douce et franche gaieté, jamais contenue et jamais bruyante, répandait autour d'elle comme un parfum de bonheur. Il y avait dans son sourire, qu'on aimait à voir, quelque chose d'irrésistible, qui attirait comme une attraction, et dans l'expression de son regard radieux quelque chose de tendre, de caressant, de poétique qui donnait à toutes les grâces de sa personne un charme indéfinissable.

Le jour où nous introduisons le lecteur chez madame la baronne de Simaise, il y avait, — c'était par exception, — à l'occasion de l'anniversaire de la naissance d'Henriette, qui entrait ce jour-là dans sa dix-septième année, une assez nombreuse réunion au château.

C'était d'abord Raoul de Simaise, qui était venu passer huit jours à Vaucourt, plutôt pour se distraire et prendre le vert, comme il le disait, que pour donner à sa mère et à sa sœur la joie de le voir et de l'embrasser ; puis la comtesse de Maurienne, une amie de pension de la baronne. Ces dames ne s'étaient pas vues depuis plusieurs années. Avant de se rendre à Ems, où elle devait rejoindre son mari, la comtesse s'était détournée de son chemin pour passer une semaine à Vaucourt avec son ancienne amie. Elle était accompagnée de son fils, un jeune garçon de quatorze ans, et de ses deux filles, l'une de quinze ans, l'autre de l'âge d'Henriette.

Les invités étaient M. Roubaud d'Epinal, notaire de Mme de Simaise ; l'inspecteur des forêts, M. Monginot et sa femme, qui demeuraient aussi à Epinal ; puis M. de Violaine et sa fille Suzanne, son unique héritière. M. de Violaine était le voisin de la baronne ; son domaine touchait à celui de Vaucourt. Mlle Suzanne avait dix-huit ans, elle n'était ni laide ni jolie, mais elle avait beaucoup de cœur ; elle était ce qu'on appelle une bonne fille. Nature un peu fantasque, énergique, indomptable, il semblait que tout devait plier sous sa volonté ; elle avait les allures cavalières d'une femme du pays des Amazones et était hardie et audacieuse comme un page de comédie. Rien ne l'arrêtait, rien ne l'effrayait ; elle se lançait à travers les obstacles, elle jouait avec les dangers. C'était un vrai diable à quatre. Ce qui faisait dire à son père, heureux, d'ailleurs, de la voir ainsi :

— Ma fille est un garçon manqué.

Après le dîner, la baronne et sa société descendirent dans les jardins pour faire un tour de promenade dans une large allée ombragée de superbes platanes.

La soirée était magnifique, l'air tiède était imprégné du parfum des fleurs du parterre ; la brise, dans le feuillage, avait de doux chuchotements. Après la chaleur lourde, accablante de l'après-midi, on se sentait renaître.

Le soleil, encore chaud, descendait vers l'horizon, qu'il illuminait de ses rayons, prêt à se coucher dans un lit de pourpre frangé d'or.

— Toute la journée, il y a eu menace d'orage, dit M. de Violaine ; mais le vent du sud-ouest l'a chassé plus loin ; le ciel s'est éclairci, nous aurons demain encore une belle journée.

— Je le crois, répondit la baronne ; mais dans un instant nous allons avoir un splendide coucher de soleil ; si nous voulons jouir de ce spectacle, nous ferons bien d'aller nous asseoir sur la terrasse.

— Certainement, madame la baronne, répondit l'inspecteur des forêts, un beau coucher de soleil n'est pas un spectacle si commun qu'on ne soit toujours disposé à l'admirer.

— Allons sur la terrasse, dirent ensemble les jeunes filles.

Un instant après on s'asseyait sous le dôme d'un gigantesque marronnier, qui ombrageait, à lui seul, les deux tiers de la terrasse du château.

On se mit à causer, les yeux tournés vers l'occident embrasé, sillonné de lueurs colorées pareilles à des feux de bengale, ce qui donnait à cette partie du ciel l'aspect d'un immense incendie.

— Quelle est donc cette masse sombre, éclairée d'un côté par les feux du couchant et ayant la forme d'une pyramide, qui se dresse un peu à droite en face de nous ? demanda tout à coup la comtesse de Maurienne.

— C'est un mamelon de la montagne, répondit la baronne, un énorme rocher que les habitants du pays appellent la Bosse grise. Comme vous le voyez, ce pic est très-élevé ; il n'a point l'aspect grandiose et imposant du ballon des Vosges ; mais, comme lui, il se voit de très-loin. La Bosse grise est notre Mont-Blanc.

— C'est là, paraît-il, au fond d'une large crevasse du rocher, que demeure Jean Loup, l'homme sauvage.

— Un sauvage ! exclama la comtesse.

— Oui, madame, un vrai sauvage.

— Je comprends, un pauvre fou !

— Nullement. D'après ce qu'on dit de lui, ce malheureux a toute sa raison et est même doué d'une certaine intelligence.

— En vérité ! Mais d'où vient-il ?

— Nul ne le sait.

— Ah !

— Lui seul pourrait le dire. Malheureusement, il ne parle pas.

— Il est muet ?

— Non. N'ayant jamais vécu avec ses semblables, il n'a pu apprendre à parler.

— Ah ! tout cela est bien étrange.

— Etrange, en effet, madame la comtesse. Evidemment, il y a là un mystère.

— Qu'on parviendra peut-être à pénétrer un jour, dit Mme de Simaise.

— Pourquoi laisse-t-on ce malheureux vivre ainsi ? reprit la comtesse.

— Parce qu'il préfère à tout son existence au milieu des bois.

— Soit ; mais il me semble qu'on aurait dû tenter de le civiliser, essayer de l'instruire ou tout au moins de lui apprendre à parler.

— Il y a quelques années on s'est emparé de lui ; on voulait faire pour le pauvre sauvage, précisément ce que madame la comtesse s'étonne qu'on n'ait pas fait. Mais il parvint à s'échapper et il est retourné dans la forêt où, dans la crainte d'être repris, il est resté caché, invisible, pendant plus d'un an. On n'a plus cherché depuis à troubler sa tranquillité ; il aime les bois, sa liberté, on le laisse vivre comme il l'entend.

— Coupable indifférence !

— Peut-être.

— Mais ce malheureux est un homme, monsieur, et on ne fait pas pour lui ce qu'on ferait pour une bête !

— Sans doute il y a des indifférents, des gens à qui il importe peu que le sauvage ait telle ou telle destinée, répliqua M. de Violaine ; mais il y a aussi des personnes qui s'intéressent à lui. Demandez à votre amie...

— C'est vrai, dit la baronne, et moi-même je souhaite ardemment qu'il renonce à sa vie errante et malheureuse au milieu des bois.

— Cela arrivera certainement.

— Quel âge a-t-il ! demanda la comtesse.

— On pense qu'il a maintenant vingt-deux ou vingt-quatre ans.

— Son âge le rend plus encore digne de pitié, et je comprends que ma chère Clémentine, dont le cœur ne reste jamais insensible au malheur des autres, s'intéresse si vivement au sort de ce pauvre jeune homme.

— Je vous assure, madame la comtesse, que Jean Loup a de nombreux amis ; s'il le voulait, il trouverait facilement un asile : je ne crois pas qu'à Marcille, à Vaucourt et à Blignycourt une seule maison lui soit fermée. Mais ce que souhaite madame la baronne se réalisera un jour ou l'autre : Jean Loup renoncera à sa misérable existence. Déjà il est moins farouche, moins sauvage ; les charbonniers de la forêt sont parvenus à l'apprivoiser un peu ; ils le font travailler avec eux et lui donnent à manger.

— J'ai vu le sauvage avec les charbonniers, dit l'inspecteur, et j'ai eu du plaisir à le voir travailler ; il n'était pas le moins courageux à l'ouvrage. Très-adroit, fort comme un hercule, solide comme un roc, il faisait vite et bien, à lui seul, le travail de deux hommes.

— Comment est-il de figure ? demanda curieusement la comtesse.

— Autant que j'ai pu en juger, madame, j'ai trouvé que, sous tous les rapports, c'était un beau garçon.

— Vraiment ?

Il est grand et sa taille élancée ne manque pas d'élégance. Sa figure est un peu rude, mais les traits sont beaux et l'expression sympathique ; il y a dans l'ensemble de la fierté, et je dirai même quelque chose de distingué, de noble qui surprend. Son regard est plutôt timide et craintif que farouche ; ses grands yeux noirs, pleins de clarté, et son large front révèlent l'intelligence. J'ai aussi remarqué qu'il avait de fort belles dents.

— Monsieur, le portrait que vous venez de nous faire de ce malheureux augmente ma pitié, dit la comtesse.

— M. Monginot n'a rien exagéré, dit la fille de M. de Violaine ; le sauvage est réellement un beau garçon.

— Est-ce que vous aussi vous l'avez vu, mademoiselle Suzanne ? demanda Emma de Maurienne.

— Comme je vous vois en ce moment. Un jour, l'année dernière, faisant seule une promenade à cheval, je me suis trouvée face à face avec lui dans un chemin de la forêt...

— Oh ! comme vous avez dû avoir peur ! s'écria Blanche en frissonnant.

— Peur ! moi ? Rien ne m'épouvante, répondit crânement Suzanne. C'est Jean Loup, au contraire, qui a eu peur de moi ou de mon cheval ; car, après s'être arrêté un instant pour me regarder, me donnant ainsi tout le temps nécessaire pour bien l'examiner, il s'est sauvé tout à coup à travers le bois comme s'il avait eu à ses trousses une douzaine de chiens enragés.

— C'est égal, dit Blanche, si j'avais été à votre place, mademoiselle Suzanne, j'aurais eu une peur affreuse.

— Pourquoi ? fit Henriette ; il n'est pas méchant, il est bon, au contraire. Depuis quelque temps, surtout, on parle beaucoup de lui, de l'enfant de Blignycourt, qui se noyait dans la rivière et qu'il a sauvé, du loup énorme qu'il a tué pour lui arracher des dents un agneau qu'il venait de prendre dans un troupeau de brebis de Mareille. Tout ce qu'on raconte de Jean Loup a excité ma curiosité ; je voudrais bien le voir.

— Autrefois, dit M. de Violaine, il eût été difficile de donner satisfaction à votre curiosité : pour voir Jean Loup, il fallait que le hasard vous le fît rencontrer ; maintenant qu'il cesse de se cacher, qu'il ne craint plus autant de se montrer, il est rare qu'on traverse la forêt sans le voir ; on le rencontre fréquemment, soit du côté des huttes des charbonniers, soit aux alentours de la Bosse grise.

— Demain, si vous le voulez, Henriette, proposa Suzanne, nous irons à la Bosse grise.

Mlle de Simaise regarda sa mère, l'interrogeant du regard.

— C'est un but de promenade, répondit la baronne.

— Nous irons! crièrent les jeunes filles.

— Et je vous promets une vue superbe, reprit Suzanne, car nous grimperons sur le rocher, pas jusqu'au dessus par exemple, c'est impossible ; mais à peu près à la moitié de sa hauteur. Trois ou quatre fois déjà j'ai fait cette ascension ; ce n'est pas du tout difficile ; le rocher est garni de saillies formant des marches ; cela ressemble à un escalier de labyrinthe. Et puis, Henriette, nous aurons peut-être, comme vous le désirez, la chance de voir Jean Loup. Tenez, quelque chose me dit que le sauvage se montrera pour vous être agréable.

— Eh bien, nous le verrons, dit bravement Blanche de Maurienne ; tant pis pour moi si j'ai peur.

La façon dont la jeune fille prononça ces paroles fit rire tout le monde.

Après un moment de silence, la comtesse, qui s'intéressait de plus en plus au sauvage, reprit la parole.

— Tout à l'heure, dit-elle, Mlle de Simaise a parlé d'un enfant qui se noyait, tiré de la rivière, et d'un loup ; le sauvage a-t-il réellement fait cela ?

— Parfaitement, madame la comtesse, répondit M. de Violaine.

— Mais, monsieur, ce sont là des actes humains, d'un homme civilisé et non d'un sauvage !

— Assurément, madame la comtesse ; aussi tout le monde dans le pays est-il convaincu qu'il y a dans le cœur de Jean Loup le germe de tous les bons sentiments. S'il est aujourd'hui un sujet d'étonnement, que sera-ce plus tard quand on aura complétement vaincu sa sauvagerie, quand il ne refusera plus de vivre avec les hommes et qu'il parlera suffisamment pour se faire comprendre ? Je ne crois pas me tromper en disant qu'il fera d'étranges révélations. Jusqu'à présent on ne sait rien ; autour de lui tout est mystère ; mais le jour viendra, et je crois qu'il est proche, où la lumière éclairera ces ténèbres.

— Il faut l'espérer, monsieur.

— J'ai appris, il y a quelque temps, qu'il commençait à prononcer quelques mots, c'est-à-dire à parler ; cela promet, c'est de bon augure. Ce qui me fait croire qu'il cessera bientôt de vivre à l'état sauvage, c'est qu'il devient de jour en jour plus hardi et surtout moins défiant. Depuis quelque temps il sort de la forêt ; il ne s'en éloigne pas beaucoup, il est vrai, mais enfin il en sort ; on le voit se promener gravement sur les sentiers au milieu de la prairie et à travers les moissons, ayant l'air d'admirer toutes les choses que donne la terre cultivée, l'œuvre magnifique de la nature.

Il y a à Mareille un jeune homme, un garçon de ferme, appelé Jacques Grandin, que notre sauvage a pris en affection. Dès qu'il l'aperçoit dans les champs, il accourt près de lui, lui serre la main, puis s'en va, après lui avoir fait toutes sortes de démonstrations d'amitié.

C'est précisément dans un troupeau de brebis appartenant au maître de Jacques Grandin que le loup, dont Mlle Henriette a parlé, était venu prendre sa proie. Ce jour-là Jacques Grandin, en l'absence du berger, gardait le troupeau, qui parquait dans un champ de trèfle. Jean Loup n'était pas loin. Tout à coup il entendit les aboiements furieux du chien de son ami et celui-ci crier : « Au loup !... » D'un coup d'œil rapide il vit ce qui se passait. Prompt comme l'éclair, il casse une branche d'arbre et, ainsi armé, se précipite à la rencontre de la bête, qui allait rentrer sous bois, emportant le pauvre agneau. Un combat terrible s'engagea entre l'homme et le loup. Mais le sauvage asséna un coup formidable sur la tête de l'animal et l'étendit raide à ses pieds.

— C'est superbe ! exclama la comtesse.

— Et, acheva M. de Violaine, l'agneau délivré, qui avait seulement les dents du loup marquées sur son dos, courut rejoindre sa mère en bêlant.

— Et l'enfant, monsieur de Violaine, l'enfant également sauvé par Jean Loup ? demanda avidement Mme de Maurienne.

— Voici, madame la comtesse : Au mois de juin dernier, sept ou huit petits garçons de Blignycourt, âgés de dix à quatorze ans, se baignaient dans un endroit peu profond de la rivière. L'un deux, un gamin de douze ans, faisant le vaillant, raillant les autres qu'il appelait peureux, s'éloigna malencontreusement de ses camarades et tomba dans une fosse, dans une sorte de puits de plusieurs mètres de profondeur. Pris aussitôt dans un tourbillon, comme il y en a tant dans le Frou, il allait infailliblement périr, car, aucun de ses camarades ne sachant nager, ils ne pouvaient lui porter secours.

Ayant vu l'imprudent s'enfoncer sous l'eau et ne le voyant plus reparaître, ils comprirent qu'il était perdu. Alors ils jetèrent des cris perçants, appelant au secours. Mais ils se trouvaient à une certaine distance du village et ils ne voyaient personne aux alentours qui pût arriver à temps pour sauver le malheureux.

Heureusement, Jean Loup était en promenade de ce côté : les cris désespérés des enfants frappèrent ses oreilles et il devina probablement qu'un être humain était en danger de mort.

Quoi qu'il en soit, il s'élança hors de la forêt et en quelques bonds, il arriva au bord de la rivière.

Les enfants, criant toujours, lui montrèrent l'endroit où leur camarade avait disparu. Il comprit. Il se débarrassa lestement de ses peaux de loup, se jeta à l'eau, plongea, — car il faut bien vous dire, mesdames, que Jean Loup nage comme un poisson. Il reparut tenant le noyé entre ses bras, gagna la rive et sortit de l'eau avec son précieux fardeau.

L'enfant était sauvé. Il rendit de l'eau par la bouche, le nez et les oreilles, et au bout d'un instant, quand il ouvrit les yeux, il vit devant lui son sauveur et sa mère, accourue aux cris, qui pleuraient de joie tous les deux.

Voilà, mesdames et mesdemoiselles, la dernière prouesse connue de Jean Loup.

— Tout cela est très-beau, monsieur de Violaine, s'écria la comtesse avec enthousiasme ; votre sauvage est tout simplement un héros !

— Oh ! pas encore, madame, répliqua-t-il en souriant ; mais il cherche à le devenir.

— Il a en vous un ami précieux, monsieur ; sans le connaître, sans l'avoir vu, seulement à vous entendre, on l'aime, ce sauvage.

— Mon Dieu, madame, comme on n'a aucune raison de le détester, on a le droit de l'aimer, dans une certaine mesure, cependant. Jean Loup a trouvé le moyen de conquérir, d'un seul coup, le cœur de toutes les mères. Les femmes lui tresseraient volontiers des couronnes. Il y a bien encore à Vaucourt et à Mareille des enfants qui ont peur de lui et qui, de loin, lui jettent des pierres ; mais ceux de Blignvecurt ont pour Jean Loup, maintenant, un grand respect.

— C'est bien : ils savent qu'il a sauvé la vie à l'un d'eux ; ils sont reconnaissants.

— Oui, madame.

Le soleil était couché, l'air se rafraîchissait. On quitta la terrasse et on entra dans le salon où l'on passa le reste de la soirée à feuilleter dans les albums et à faire de la musique.

XII

LA BOSSE GRISE

Le lendemain matin, à onze heures, il ne restait plus au château de Vaucourt que la comtesse de Maurienne et ses enfants. Le notaire, l'inspecteur des forêts et sa femme avaient repris la route d'Epinal, immédiatement après le déjeuner, qu'on avait servi, exceptionnellement, à cause de leur départ, à neuf heures et demie.

Raoul avait aussi quitté sa mère et sa sœur, malgré leurs instances et leurs caresses pour le garder quelques jours encore. Mais il était à Vaucourt depuis huit jours : c'était donner beaucoup à un devoir, qui lui pesait et lui semblait un sacrifice. A peine arrivé, il s'ennuyait et avait hâte de retourner à Paris pour se retrouver au milieu de ses amis de plaisirs.

Pourquoi venait-il, alors? Pourquoi? Ah! ce n'était pas son affection pour sa mère, sa tendresse pour sa sœur qui l'attiraient. Malgré sa jeunesse il était profondément dépravé et avait déjà tous les vices de son père qui, s'occupant d'ailleurs fort peu de lui; ne mettait pas toujours à sa disposition tout l'argent qu'il aurait voulu pour satisfaire ses caprices et se livrer à toutes les folies d'une vie désordonnée.

Il venait voir sa sœur et sa mère, quand il était complétement décavé, afin de remplir sa bourse plate et de lester son portefeuille de quelques billets de mille. Dupe de son hypocrisie, croyant à ses mensonges, à ses semblants d'affection, faible, comme le sont en général toutes les mères, et trop bonne, Mme de Simaise finissait toujours par ouvrir ses tiroirs et elle donnait sans compter.

Raoul s'emparait aussi, sans le moindre scrupule, des petites sommes économisées par sa sœur, mises en réserve pour lui dans sa bourse de jeune fille.

On attendait M. de Violaine et Suzanne. Les jeunes filles étaient impatientes de les voir arriver. A chaque instant on les voyait au bord de la terrasse, plongeant au loin leurs regards sur la route blanche.

N'avait-il pas été convenu, la veille, qu'on irait à la Bosse grise et qu'on grimperait sur le gigantesque rocher ?

Ces demoiselles se faisaient une fête de cette promenade, qui promettait d'être charmante. Et puis, qui sait ? comme l'avait dit Mlle de Violaine, on aurait peut-être la chance de voir l'homme sauvage, dont ces jeunes têtes avaient rêvé toute la nuit, ce fameux Jean Loup, qu'elles voulaient absolument considérer comme un héros.

Le temps était superbe, le soleil brillait de tout son éclat dans un ciel sans tache. Pas de vent, seulement une brise embaumée, fraîche comme un souffle d'éventail, ce qu'il fallait pour qu'on ne soit pas incommodé par la chaleur. D'ailleurs, on était légèrement vêtu, comme il convient, dans la saison d'été, et puis on aurait des ombrelles.

C'était décidé, on irait à pied ; cela serait plus gai, plus amusant. La distance n'était pas si grande... Les chemins étaient bien un peu poudreux, mais qu'importe ! A la campagne on ne craint point la poussière sur ses bottines et les volants de sa robe.

Un peu après midi M. de Violaine et sa fille arrivèrent à cheval. Ils avaient déjeuné avant de venir. En vue de la promenade projetée, Suzanne n'avait pas revêtu son élégant et gracieux costume d'amazone ; elle s'était habillée pour la circonstance : une robe de taffetas rose à raies blanches, à jupe courte, serrant sa taille cambrée.

— C'est drôle, n'est-ce pas ! dit-elle en sautant à terre, de monter à cheval mise comme je le suis, avec cette robe courte, qui laisse voir mes jambes presque jusqu'aux genoux ; mais, vous savez, cela m'est parfaitement égal.

— Vous êtes charmante, toujours charmante, mademoiselle Suzanne, répondirent les jeunes filles.

Et l'une après l'autre lui sautèrent au cou.

— Oh ! les flatteuses ! dit-elle en riant.

Puis, faisant siffler sa cravache, elle reprit, leur montrant la Bosse grise :

— C'est là que nous allons ; il y a au flanc de cet énorme bloc de pierre, dans des fentes où les vents de tempête, sans doute, ont jeté de la terre végétale, de magnifiques fleurs pourprées, très-rares, car je crois bien qu'elles ne poussent qu'à cet endroit ; nous les cueillerons et en apporterons un bouquet.

— Oui, un énorme bouquet, dit Henriette.

— Une gerbe, ajouta Blanche, en sautant comme une petite folle.

La baronne fit servir des rafraîchissements ; puis,

tout le monde étant prêt, on descendit la pente douce de la grande avenue du château.

M. de Violaine donnait le bras à la baronne ; la comtessse avait pris celui de son fils ; les quatre jeunes filles allaient en avant, selon leur caprice, à la débandade.

Bientôt de joyeux éclats de rire retentirent dans la vallée. De très-loin, dans les champs, les paysans se dressaient et saluaient en ôtant leurs chapeaux de paille. Les folâtres jeunes filles bondissaient sur le chemin comme de jeunes chevreaux, cueillant tantôt un bluet ou un coquelicot, ou courant toutes ensemble après un papillon qu'elles ne parvenaient jamais à attraper. Ah ! comme elles se moquaient de la poussière dont elles soulevaient des flots autour d'elles !

Enfin on quitta la route pour prendre un sentier qui montait presque en ligne droite vers la Bosse grise. Au bout d'un instant on atteignit le plateau. Maintenant, de ce côté, plus de terres cultivées ; un sol rocailleux, stérile, presque nu. De distance en distance un genévrier rabougri, ayant la moitié de ses aiguilles brûlées par le soleil, quelques touffes de bruyères et de ronces rampant sur le sol pierreux ; mais partout des roches noires, les unes montrant leur tête à fleur de terre, les autres plus élevées.

On ne riait plus, on était silencieux, on se recueillait en se rapprochant de la Bosse grise. On fut bientôt assez près pour pouvoir, des yeux, mesurer sa hauteur. Mais une large ceinture de ronces et d'épines à sa base semblait dire : on n'approche pas.

— Par ici, par ici, dit Suzanne, qui marchait la première, tenant à s'acquitter consciencieusement de ses fonctions de guide.

On tourna un instant autour du rocher et l'on se trouva à l'entrée d'un passage étroit, ouvert entre les broussailles par des quartiers de roches, sur lesquels Suzanne s'élança résolûment.

— S'il y avait des vipères ! s'écria Blanche tout à coup.

— Rassurez-vous, répondit vivement Mlle de Violaine, il n'y a pas de serpents dans ces parages. Venez, venez, suivez-moi, ajouta-t-elle.

— Me voici, dit le jeune de Maurienne, sautant à son tour sur les roches.

Après un moment d'hésitation, ne voulant pas avoir l'air d'être moins braves que leur ami, les trois jeunes filles franchirent la faible distance qui les séparait du rocher.

— Regardez, dit Suzanne, voilà l'escalier dont je vous ai parlé ; ne dirait-on pas que la main de l'homme a fait saillir ces marches en creusant le rocher ?

— C'est vrai, répondit Henriette, et je vois maintenant qu'on peut monter facilement.

— Et sans se fatiguer beaucoup. Plus haut, mais de l'autre côté, il y a un grand creux, ou plutôt une large entaille, formant une terrasse, sur laquelle on peut se promener ; on y pourrait même, avec un peu de bonne volonté, danser un quadrille. De là, déjà, on a une vue superbe. Voyons, êtes-vous bien décidées ?

— Oui ! oui ! oui !

— Eh bien, en avant !

L'ascension commença.

— Prenez garde, mes enfants, pas d'imprudence ! cria Mme de Simaise.

— Soyez tranquille, madame, répondit Suzanne, il n'y a pas l'ombre d'un danger.

— Au fait, dit la comtesse, pourquoi restons-nous ici au lieu de les accompagner ?

— Quoi, vous aussi, chère amie, vous voulez ?...

— Jouir du magnifique coup d'œil tant vanté par Mlle de Violaine. Et puis, ajouta-t-elle en souriant, nous serons près de nos enfants.

— Allons, dit la baronne.

— Nous vous laissons, monsieur de Violaine.

— Mais non, mais non, mesdames, je vous suis. Avec votre permission je passerai le premier pour vous tendre les mains, si c'est nécessaire. Je suis un vieux montagnard, moi, les escalades me sont familières.

Les jeunes filles étaient déjà à plus de dix mètres de hauteur.

— Tenez, dit Suzanne, voici déjà quelques-unes des fleurs dont je vous ai parlé ; mais celles-ci sont étiolées ; montons, nous en trouverons tout à l'heure de plus belles.

— Ces fleurs sont, en effet, fort jolies, dit Henriette en en cueillant une, qu'elle mit à son corsage.

On avait commencé l'escalade au nord et on tournait vers l'ouest en suivant l'espèce d'escalier circulaire.

— Voici ma terrasse, s'écria tout à coup Suzanne, en bondissant sur la plate-forme. Voyez, continua-t-elle, quand ses compagnes furent près d'elle, soit qu'il pleuve, qu'il neige ou qu'il vente, on serait parfaitement à l'abri au fond de cette cavité ; c'est une véritable grotte, œuvre de la nature.

M. de Violaine et les deux dames arrivaient à leur tour sur la plate-forme.

La comtesse, émerveillée, en présence des magnifiques tableaux qui se déroulaient sous ses yeux comme un panorama, laissa échapper un cri d'admiration.

Les jeunes filles et le jeune garçon battaient des mains.

— C'est beau, n'est-ce pas ? dit M. de Violaine.

— Grandiose ! immense ! répondit Mme de Maurienne ; c'est un enchantement !

— C'est l'admirable nature, œuvre puissante du créateur, toujours grande, riche et belle, dit Mme de Simaise.

Sur leurs têtes le vaste firmament ; autour d'eux des horizons sans fin, les vallées se creusant profondes, ensoleillées dans les coupures des montagnes ; des villages sur les pentes, les égayant ; le Frou serpentant pareil à un long ruban d'argent ; partout les hauteurs couronnées de verdure : la ligne brisée de la chaîne des Vosges, bleuissant et disparaissant au loin, enfoncée, perdue dans l'azur du ciel.

Et sur tout cela le soleil rayonnant, allumant ses feux dans les gorges, faisant ruisseler partout sa lumière, qui tombait éblouissante comme une pluie d'étincelles.

— Mes enfants, dit la comtesse, il est inutile de monter plus haut : vous ne pouvez rien voir de plus que ce que nous pouvons admirer d'ici.

— Et mes fleurs à cueillir ! fit Suzanne. Qui vient avec moi ?

— Je ne vais pas plus loin, dit Emma : il me semble que déjà j'ai le vertige.

— Moi, j'ai les jambes lasses, dit Blanche.

— Et vous, Henriette ?

— Je ne veux pas être moins intrépide que vous, répondit la jeune fille, allons faire notre bouquet.

Mme de Simaise, ne voyant pas que sa fille et Suzanne pussent courir un danger, ne les retint pas.

Les jeunes filles s'éloignèrent et ne tardèrent pas à se trouver sur une nouvelle plate-forme. Là, les fleurs rouges étaient, en effet, plus belles et aussi plus nombreuses qu'en bas. Henriette et Suzanne se mirent gaiement à faire leur moisson.

Tout à coup un cri perçant, un cri d'épouvante retentit et glaça le sang dans toutes les veines.

— Ma fille, ma fille ! exclama Mme de Simaise, blême de terreur.

C'était Henriette, en effet, qui venait de pousser ce cri terrible.

Son ombrelle s'était échappée de sa main, accrochée à une ronce et restait suspendue au bord de la plateforme. Elle s'avança pour la saisir ; sous ses pieds la pierre calcinée céda en s'émiettant. Heureusement, elle eut le temps de faire un mouvement en arrière, car elle pouvait être précipitée la tête en avant, et se fracasser le crâne sur une des aspérités dont la pente du rocher est hérissée. Elle tomba sur le dos et descendit de deux mètres environ, en glissant, jusqu'à une saillie, où elle s'arrêta. Alors on la vit se dresser sur ses jambes et se cramponner énergiquement à la pierre avec ses mains.

Si M. de Violaine ne l'eût retenue, en la saisissant à bras-le-corps, la baronne se serait élancée au secours de sa fille, au risque de se briser dans une chute effroyable.

Tous criaient, appelaient au secours, affolés, perdant la tête. Suzanne, seule, quoique très-effrayée, conservait toute sa présence d'esprit.

Henriette était dans une situation extrêmement périlleuse : un faux mouvement, un rien pouvait lui faire perdre l'équilibre, la lancer dans la vide ou la précipiter dans une large crevasse, un abîme, dont l'horrible gueule s'ouvrait béante presque à ses pieds. Cependant, Suzanne s'était couchée à plat ventre et tendait ses mains à son amie pour l'aider à remonter. Sans doute le sauvetage aurait pu s'opérer ainsi ; mais le bloc saillant sur lequel Henriette se tenait debout fit entendre un craquement sinistre, se détacha tout à coup de la masse et dégringola sur la pente avec un bruit semblable à celui du tonnerre.

La pauvre Henriette se soutint un instant avec ses mains crispées sur la pierre brûlante ; puis le poids de son corps lui fit lâcher prise, et en poussant un second cri, plus effrayant encore que le premier, elle roula de côté et tomba, comme dans un hamac, sur des branches de lierre entrelacées, suspendues à l'orifice de la crevasse, comme pour cacher la sombre profondeur de l'abîme, et attachées à la pierre de chaque côté.

Cette fois, Suzanne ne pouvait plus rien ; elle laissa échapper un cri d'angoisse suprême auquel répondirent d'autres cris de douleur et de désespoir.

Mme de Simaise tomba évanouie, comme morte, dans les bras de la comtesse.

Que faire ? Hélas ! on ne voyait pas le moyen de sauver la malheureuse enfant, menacée d'une mort horrible. L'air retentissait de cris déchirants, de plaintes, de gémissements.

Henriette étourdie, toute frémissante de terreur, leva les yeux et aperçut Suzanne, le corps penché au-dessus d'elle, qui se tordait convulsivement les mains. Elle ne pouvait voir les autres ; mais, à l'attitude désespérée de Suzanne, elle comprit qu'elle ne devait compter sur aucun secours, qu'il fallait renoncer à tout espoir. Elle était perdue, elle allait mourir !

Le poids de son corps arrachait le lierre, malgré ses innombrables petites racines incrustées dans le rocher ; constamment elle sentait qu'elle enfonçait ; chaque fois qu'un des flexibles rameaux se détachait, elle entendait comme le bruit sec d'une déchirure d'étoffe.

Etendue sur cette espèce de pont aérien, elle n'osait

faire un mouvement ; elle ne pouvait crier, l'épouvante avait paralysé sa langue.

Au dessous d'elle, entre les parois de la large fente, elle voyait se dresser, se croiser, pointues ou tranchantes, lames menaçantes, dents monstrueuses, les pierres saillantes sur lesquelles, dans un instant, elle allait tomber et être écharpée ; puis, plus avant, un trou noir !

Elle sentait dans sa tête comme un brasier, le sang battait ses tempes, il se faisait dans ses oreilles un tintement lugubre, son cœur avait cessé de battre ; il lui sembla que tout tournait, se renversait autour d'elle. C'était le vertige.

— Maman ! maman ! appela-t-elle d'une voix étranglée, mourante.

Elle ferma les yeux.

Soudain un bruit sourd, étrange, une sorte de grognement rauque monta jusqu'à elle.

Son cœur se remit à battre, elle rouvrit les yeux. Une tête émergeait du trou noir. Elle vit cette tête, couverte d'une longue crinière, et elle lui parut énorme. Etait-ce un monstre inconnu qui sortait des entrailles de la terre et s'élançait vers elle pour la dévorer ? Saisie d'une autre terreur ses yeux se fermèrent de nouveau.

Cependant il y eut dans sa pensée flottante, prête à l'abandonner, une clarté soudaine. Si c'était Jean Loup ? Mais elle avait l'esprit troublé et se trouvait dans cet état d'engourdissement, de torpeur physique et morale qui précède la syncope ; elle crut n'avoir rien vu, rien entendu. Ce n'était qu'une vision, l'hallucination du vertige !

Non, non, elle ne s'était pas trompée. C'était bien Jean Loup, le seul être au monde, peut-être, ayant assez de courage, de force et d'adresse pour pouvoir la sauver. Les cris poussés d'en haut l'avaient fait sortir de sa grotte ; et avec la souplesse et l'agilité d'un chat-tigre ou d'un singe, se servant des pierres en saillie comme d'échelons, il montait, il grimpait dans la crevasse du rocher, au risque de se livrer lui-même à la mort à laquelle il voulait arracher la pauvre jeune fille.

— Jean Loup, mon ami, mon brave Jean Loup, lui cria Suzanne, sauve mon amie, sauve Henriette de Simaise. Sauve-la, sauve-la !

Jean Loup n'eut pas l'air d'avoir entendu. D'ailleurs il n'avait nullement besoin d'être encouragé.

Tout à coup, les dernières lianes qui soutenaient la jeune fille se rompirent.

Jean Loup, solidement campé sur ses jambes, le dos appuyé au roc, les bras tendus, attendait, guettant ce moment terrible. Il reçut Henriette dans ses bras.

Elle ne sentit point qu'il la serrait contre sa large poitrine ; elle avait perdu connaissance.

Suzanne et son père, qui était venu la rejoindre, poussèrent un cri de joie. Mais, aussitôt, ils se regardèrent avec une angoisse inexprimable.

Qu'allait faire Jean Loup ? Monter plus haut lui était impossible, et il ne pouvait plus reprendre avec Henriette, n'ayant pas les bras libres, le chemin périlleux par lequel il était venu.

Suzanne était haletante, de grosses gouttes de sueur froides ruisselaient sur son front, coulaient sur ses joues ; un frisson de fièvre courait dans tous ses membres.

— Les malheureux, les malheureux ! gémit-elle, ils sont perdus tous les deux !

A peine avait-elle prononcé ces paroles que Jean Loup et Henriette disparurent.

Le père et la fille poussèrent un nouveau cri, de surprise, cette fois.

Jean Loup venait de s'enfoncer dans un passage, une sorte de tunnel, ouvrage de la nature, dont il connaissait évidemment l'existence.

Cinq minutes s'écoulèrent, cinq minutes d'anxiété horrible, longues comme des heures, et Jean Loup, tenant toujours Henriette dans ses bras, reparut, sortant d'un trou, juste au-dessous de la première plate-forme. Il poussa un cri de triomphe pour avertir, sans doute, ceux qui étaient au-dessus, et on le vit descendre rapidement, en prenant, toutefois, les plus grandes précautions.

— Sauvée, elle est sauvée !

Ces mots d'allégresse frappèrent les oreilles de Mme de Simaise, qui revenait à elle.

— Sauvée, sauvée ! répéta-t-elle.

— Oui, oui.

— Où donc est-elle ?

— En bas, répondit la comtesse : venez, ma chère Clémentine, venez, nous allons la retrouver.

Mme de Simaise se dressa sur ses jambes, et, elle s'appuyant sur le bras de M. de Violaine, on s'empressa de descendre.

Henriette était couchée sur un moelleux tapis de mousse.

Jean Loup, à genoux près d'elle, les mains jointes et les yeux irradiés, la contemplait comme en extase.

La jeune fille se ranima bientôt sous la chaleur des baisers de sa mère. Tout en ouvrant les yeux, son regard tomba sur le visage rayonnant de son sauveur, qui avait rejeté en arrière sa longue chevelure. Ce fut comme le choc de deux éclairs.

— Jean Loup ! Jean Loup ! exclama la jeune fille.

Le sauvage, qui avait senti pénétrer en lui quelque chose d'inconnu pareil à une flamme brûlante, se dressa brusquement, comme mû par un ressort, troublé dans tout son être.

— Oui, ma chérie, disait Mme de Simaise, c'est Jean Loup, et c'est lui, le brave garçon, qui t'a sauvée !

— Oui, oui, je me souviens, je me souviens, fit Henriette, les yeux toujours fixés sur ceux de son sauveur.

La rose était subitement revenu à ses joues.

Les autres jeunes filles examinaient le sauvage curieusement et avec un vif intérêt.

La comtesse lui adressait de chaleureuses félicitations, auxquelles il ne paraissait pas complétement insensible, bien que ne comprenant pas.

— Jean Loup, dit M. de Violaine, en lui prenant la main, il faut renoncer enfin à votre malheureuse existence dans les bois ; votre belle action d'aujourd'hui mérite une récompense digne de vous : elle sera ce qu'elle doit être. Tous, ici, nous nous intéressons à vous ; nous voulons votre bien, votre bonheur... Jean Loup vous allez venir avec nous.

Aux inflexions de la voix de M. de Violaine, à l'expression éloquente de sa physionomie, Jean Loup devina le sens de ses paroles. Il s'éloigna de quelques pas, brusquement, secoua la tête, appuya ses deux mains sur son cœur, laissa échapper un long soupir, puis s'élança en bondissant à travers les roches et disparut.

— Oh ! maman, maman, dit Mlle de Simaise d'un ton douloureux, il ne veut même pas qu'on le remercie !

XIII

L'AMOUR D'UN SAUVAGE

La rencontre de Jean Loup avec Mlle de Simaise, à qui il avait eu le bonheur de sauver la vie, avait été un grand événement dans son existence, quelque chose comme une révolution.

En effet, il était bien changé, une transformation presque instantanée s'était opérée en lui ; il n'était plus le même, il le sentait. Il avait toutes sortes de sensations jusqu'alors inconnues et dont il lui était impossible de se rendre compte. Une grande tristesse, une noire mélancolie s'était emparée de lui, et quoi qu'il fasse il ne pouvait l'éloigner ou lui échapper. Evidemment il commençait à avoir conscience de la triste situation dans laquelle il se trouvait.

Chaque fois qu'il voyait son image réfléchie dans l'eau limpide, son miroir, il ne pouvait s'empêcher de tressaillir ; il y avait dans l'émotion qu'il éprouvait quelque chose comme un sentiment de honte. Oui le malheureux était honteux de lui-même. Il dédaignait sa force et ses autres avantages physiques pour ne voir que son abaissement, sa dégradation, ses infirmités morales.

Il s'absorbait dans ses sombres pensées. Plus que jamais il se berçait et s'endormait dans ses rêves, qui n'étaient plus ceux d'autrefois ; ils avaient changé d'objet : quand il était éveillé, ses rêves avaient des ailes noires, étaient tristes comme ses pensées ; mais quand il dormait, — il passait souvent, sans transition, de l'état de veille au sommeil, — les rêves revenaient voltiger autour de lui avec des ailes blanches, gracieux, souriants, enchanteurs.

Une voix mélodieuse résonnait à ses oreilles comme une harmonie céleste ; c'était une douce voix de jeune fille, la voix d'Henriette de Simaise. Il entendait ces mots jetés dans une exclamation : Jean Loup ! Jean Loup !... C'était son nom, le nom qu'on lui avait donné ; Jean Loup, c'était lui.

La belle jeune fille le regardait avec ses grands yeux bleus pleins de lumière, et, comme au bas du rocher, il sentait pénétrer en lui la flamme de ce regard reconnaissant, qui lui avait causé une si étrange impression.

Son rêve ne le trompait point, c'était bien Henriette et non une autre jeune fille qu'il lui montrait. Il ne l'avait vue qu'une fois ; mais il aurait pu la reconnaître entre mille, car son image était profondément gravée dans son cœur.

Oui, cette jeune fille qui s'approchait de lui doucement, pour ne pas le réveiller, qui se penchait sur sa couche, dont la douce voix chantait à son oreille, dont les boucles blondes caressaient son visage, cette jeune fille était bien celle qu'il avait sauvée, qu'il avait tenue dans ses bras, serrée contre sa poitrine, dont le cœur avait battu à côté du sien.

Il croyait sentir encore sa jolie tête appuyée sur son cou, ses lèvres touchant sa joue... Et, depuis ce jour, ne lui semblait-il pas qu'il respirait sans cesse le doux parfum de violettes dont les cheveux et le vêtement d'Henriette étaient imprégnés ?

Voilà pourquoi le pauvre Jean Loup était si changé qu'il ne se reconnaissait plus lui-même.

Le jour, la nuit, éveillé ou dormant, constamment il pensait à Mlle de Simaise. Quand il ne dormait pas, nous l'avons dit, toutes ses pensées étaient tristes, douloureuses même ; dans le sommeil, ne sentant plus son néant, cessant de se voir tel qu'il était, le rêve le caressait, lui rendait le calme, le consolait en faisant passer devant ses yeux le brillant mirage des illusions.

Si extraordinaire que cela puisse paraître, le pauvre Jean Loup était amoureux. Il avait suffi d'un regard pour faire naître l'amour dans son cœur. Et le malheureux ne se doutait pas de la puissance de cette chose inconnue qui le tourmentait et éveillait en lui, en même temps, une infinité d'idées, encore confuses, tumultueuses, mais qui se disposaient à prendre leur essor pour s'échapper des ténèbres de son esprit.

Tout ce qu'il voyait lui paraissait maintenant changé comme lui-même. Le ciel, le soleil, les étoiles, la verdure et jusqu'aux roches tristes et silencieuses avaient un autre aspect. Toutes les choses de la nature, les plus petites comme les plus grandes, étaient autant de livres ouverts, dans lesquels il épelait. Avant, il ne s'était jamais amusé à regarder les étoiles, ces mondes inconnus, semés par Dieu dans l'infini ; maintenant il les contemplait, songeur, recueilli, troublé...

Il lui semblait que des voix intérieures lui parlaient. Le bruit du vent dans les feuilles, le gazouillement du ruisseau, le chant de l'oiseau, le bourdonnement de l'insecte étaient d'autres voix mystérieuses qui parlaient aussi à sa pensée et à son âme.

Il s'arrêtait devant certains objets, les contemplait curieusement comme s'il les voyait pour la première fois. Un beau clair de lune, un effet de soleil, une étoile filante, l'embrasement de l'horizon ou l'éclair déchirant la nue, lui causaient des surprises d'enfant, comme si ce spectacle eût été nouveau pour lui.

Un rien l'impressionnait, lui faisait éprouver une commotion dans tout son être.

Il s'intéressait à une fourmi, traînant la charpente qui allait lui servir à construire son habitation souterraine. Il s'oubliait des heures entières à regarder une araignée tissant sa toile. Il admirait la goutte de rosée sur le brin d'herbe. Arrêté devant une fleur, il la contemplait, immobile, rêveur. Cherchait-il à établir un contraste ou se livrait-il à un travail de comparaison ?

Souvent, accroupi, la tête enfoncée dans les mains, il pleurait à chaudes larmes.

Lui, qui n'avait jamais eu peur de rien, si ce n'est de l'homme, qui était habitué à toutes les rumeurs du bois, le moindre bruit insolite autour de lui le faisait tressaillir, le mettait en émoi. On aurait dit qu'il était redevenu défiant et craintif.

Il se replongeait dans sa solitude, trouvait dans son isolement une ivresse amère. Jamais il ne s'était tenu enfermé ainsi dans sa demeure obscure, même au temps où il fuyait les hommes, redoutant qu'ils ne lui tendissent quelque piège. Il en arrivait à rechercher les ténèbres, à ne plus aimer que la nuit. Il semblait que la lumière du jour lui faisait mal ou qu'il la prenait en horreur.

Hélas! Jean Loup redevenait plus sauvage que jamais !

Il n'allait plus travailler, se distraire avec ses amis les charbonniers et moins encore s'asseoir à leur table.

Il mangeait à peine, seulement pour ne pas mourir

de faim. Il maigrissait, ce qui lui donnait avec son air triste une apparence maladive.

Il ne sortait plus de la forêt ; il oubliait son ami Jacques Grandin qui, maintenant, l'attendait vainement dans le champ où il travaillait.

Cependant, à force de penser à la belle jeune fille blonde qu'il avait sauvée et dont le souvenir remplissait toute sa vie, un jour vint où il eut l'ardent désir de la revoir ; bientôt ce fut son idée fixe. La revoir ! la revoir !

Sans doute, elle continuait à lui apparaître dans son sommeil, au milieu du rêve ; mais cela ne lui suffisait plus.

Une nuit, il s'élança hors de ses roches, et sous le ciel étincelant d'étoiles, par un magnifique clair de lune, il prit sa course dans la direction de Vaucourt. Nul ne lui avait dit qu'elle demeurait là. Comment le savait-il ? Il l'avait deviné. L'instinct du cœur, la double vue de l'amour !

Arrivé devant le château, que la douce lumière de la lune éclairait, il s'arrêta. Les battements de son cœur lui disaient qu'il n'avait pas à aller plus loin, à chercher ailleurs. C'est là qu'elle était, là qu'elle dormait en ce moment.

Tout était silencieux dans la superbe habitation. Pas un filet de lumière ne filtrait à travers les persiennes fermées des grandes fenêtres.

Il s'approcha de la grille, se haussa et regarda. Il ne vit rien que d'épais massifs d'arbustes faiblement éclairés, une corbeille de roses et une autre plus grande plantée de géraniums.

A gauche une ligne sombre indiquait le commencement du parc ; les jardins étaient à droite, puis, au fond, encore la ligne sombre du parc. Il suivit de ce côté le mur d'enceinte. Escalader ce mur n'eût pas été difficile pour lui ; il ne le fit point, il n'y songea même pas.

Quand il jugea qu'il était allé assez loin, il revint à la grille, devant laquelle il resta assez longtemps.

Il y avait tout près un petit bosquet, avec un bouquet de grands ormes au milieu. De là on voyait toute la façade du château. Il y entra et s'y blottit, s'y cacha comme un malfaiteur qui se prépare à faire un mauvais coup. Il resta à la même place jusqu'à l'aube ; alors, ayant peur d'être vu, il regagna la forêt.

Trois nuits de suite, il revint pour s'en aller toujours aux premières lueurs de l'aurore.

Il resta tranquille pendant une semaine, puis obsédé de nouveau par son désir, il quitta sa retraite pour revenir près du château. Comme avant, il passa le reste de la nuit dans le bosquet ; mais quand vint le jour, il ne s'éloigna point. Cette fois il avait pris de la hardiesse. Il grimpa dans un des ormes, s'installa sur une branche et attendit, bien caché dans le feuillage.

Il vit le jardinier et ses aides prendre leurs outils et se mettre au travail, puis ouvrir les portes et les fenêtres du rez-de-chaussée du château. Les serviteurs allaient et venaient affairés ; ils rangeaient, époussetaient, nettoyaient, secouaient les tapis.

Le soleil était levé depuis longtemps déjà quand une femme de chambre ouvrit deux fenêtres du premier étage, puis deux autres ensuite.

Au bout d'un instant une jeune fille, vêtue d'un peignoir de cachemire bleu clair, parut à l'une de ces fenêtres. C'était elle. Le cœur de Jean Loup se mit à bondir et il fut ébloui comme s'il eût été frappé en plein visage par les rayons du soleil.

Henriette s'était appuyée sur le balcon. Ses jolies boucles blondes jouaient sur ses épaules. Elle restait immobile, songeuse, le regard fixe, perdu dans le lointain. Elle pensait à Jean Loup et regardait, comme cela lui arrivait souvent depuis le terrible danger qu'elle avait couru, le sommet de la Bosse grise.

Au bout de quelques minutes, elle laissa échapper un soupir et quitta la fenêtre.

Jean Loup, lui aussi, poussa un soupir, non point parce qu'il avait entendu soupirer la jeune fille, il était à une trop grande distance, mais parce qu'il n'avait plus sous les yeux la suave apparition. Mais comme il resta toute la journée perché dans l'arbre, il eut le bonheur de revoir Henriette plusieurs fois, dans sa chambre, sur la terrasse, dans les allées du jardin.

A partir de ce jour mémorable, il revint souvent, bien souvent à son observatoire. Il avait pris l'orme en affection. Il pouvait s'asseoir ou s'étendre sur les branches à sa volonté ; il ne se trouvait pas plus mal là que sur son lit de fougère et de feuilles sèches. D'ailleurs que pouvait être la fatigue de son corps à côté du ravissement de son âme?

Il était satisfait. Ce qu'il avait tant désiré, il l'avait : il voyait son idole.

Mais l'automne arriva ; les premières gelées blanches firent tomber toutes les feuilles : il ne put plus monter se cacher dans l'arbre. Pendant quelques jours il fut vraiment désolé.

Alors, on aurait pu le voir, aussi bien le jour que la nuit, n'importe par quel temps, passer, glisser comme une ombre le long des murs du parc. Il allait, les cheveux au vent, tantôt sous la pluie battante, tantôt les pieds nus dans la neige. Quand il trouvait un endroit pour se mettre à l'abri, non par crainte des rafales, mais parce qu'il pouvait dissimuler sa présence, il y faisait de longues stations.

Il ne parvenait pas toujours à voir la gracieuse enfant, objet de ses rêves, de son culte ; mais lorsqu'il réussissait à l'apercevoir seulement, quel transport, quel délire! Comme il se sentait récompensé de toutes ses peines!

Heureux, il retournait à sa sombre demeure, ayant emmagasiné, pour plusieurs jours, de la joie plein son cœur.

XIV

LES COUPS DE CRAVACHE

Henriette de Simaise, avons-nous besoin de le dire, s'intéressait vivement, peut-être un peu plus que de raison, à celui qui lui avait sauvé la vie. Cela n'étonnait ni n'effrayait sa mère : la baronne était elle-même trop reconnaissante envers Jean Loup pour ne pas approuver le sentiment de profonde gratitude de sa fille.

Henriette pensait constamment à son sauveur et parlait de lui souvent, quelquefois avec beaucoup de tristesse.

Par les domestiques qu'elle ne craignait pas de questionner, et par M. de Violaine et Suzanne qu'elle ne manquait jamais d'interroger, lorsqu'ils venaient faire une visite au château, elle savait qu'on ne rencontrait plus Jean Loup nulle part, que les charbonniers eux-mêmes ne le voyaient plus.

Cela la rendait très-inquiète. Pourquoi ne le voyait-on plus ? Aurait-il été victime de quelque grave accident ? Elle s'imaginait une infinité de choses qui la tourmentaient sans cesse. Elle se le représentait malade ou blessé, appelant vainement à son secours, poussant des plaintes, des gémissements que nul ne pouvait entendre. Elle pensait aussi, non sans frissonner, que peut-être il était mort dans un endroit sauvage, inconnu de la forêt.

M. de Violaine la rassurait en lui disant :

— Jean Loup est un être bizarre et excessivement capricieux; il lui arrive souvent de disparaître ainsi pendant des semaines et même des mois; puis, quand il se sent las de son isolement, il quitte sa retraite inconnue et reparaît tout à coup. Alors, il revient vers ses amis comme au retour d'un long voyage.

Mais Henriette restait triste, était souvent songeuse. Il lui arrivait parfois d'avoir le cœur oppressé. Pourquoi? Elle n'aurait certainement pas su le dire. Sans doute elle ne pouvait oublier ce qu'elle devait à Jean Loup; mais pourquoi donc sa pensée était-elle si constamment et si singulièrement occupée du pauvre sauvage?

— Je voudrais le voir une fois, une fois seulement disait-elle, afin de lui témoigner, comme je le sens toute ma gratitude !

Il lui semblait qu'après cela elle n'aurait plus eu à désirer aucune autre satisfaction.

Il lui semblait aussi que si on lui eût dit : « On a vu Jean Loup tel jour, il a rendu visite aux charbonniers, il est venu serrer la main de son ami Jacques Grandin, » elle aurait été pour toujours délivrée de toutes ses inquiétudes.

Ah! quand elle voyait la neige tomber à gros flocons, si elle avait su que Jean Loup était caché quelque part près du château, attendant qu'elle se montrât, céleste apparition, à une porte ou à une fenêtre!

Mais Jean Loup était prudent; Jean Loup regardait et ne se laissait point voir. Les yeux fixés sur la façade du château, il guettait l'instant délicieux où la joie qu'il attendait tomberait d'une fenêtre dans son cœur.

L'hiver s'écoula. Les beaux jours revinrent. Les bourgeons poussèrent aux branches, puis les arbres se couvrirent de feuilles.

Pourtant Jean Loup ne monta plus dans l'orme. Il avait trouvé mieux que cela. Sans doute c'était un grand bonheur pour lui d'apercevoir la jeune fille de loin, mais la voir de plus près !... Pouvoir, joie ineffable, la contempler, l'admirer longuement; entendre le timbre harmonieux de sa voix; voir la brise lutiner dans ses cheveux, caresser son front pur; voir sa poitrine se soulever doucement et s'échapper d'entre ses lèvres roses le souffle de son haleine !... Oh ! cela, ce n'était pas seulement de la joie, du bonheur, c'était le plus doux des enchantements, une ivresse sans pareille !

A l'entrée du parc du château, derrière un premier rideau de verdure, il y avait une grande charmille carrée, sorte de chambre verte, avec des bancs et des chaises rustiques. De la charmille on passait de plain-pied sur un balcon construit en saillie du mur de clôture et faisant corps avec lui.

Henriette se plaisait dans cet endroit bien ombragé, d'où elle avait vue sur une belle prairie, qu'un ruisseau à l'eau murmurante arrosait, et sur toute la campagne environnante; elle aimait à s'asseoir dans la charmille, autour de laquelle chantaient le rouge-gorge et la fauvette.

Elle venait là presque tous les jours, dans l'après-midi, quelquefois accompagnée de sa mère, mais seule le plus souvent, et y restait des heures entières. Comme elle était rarement oisive, tantôt elle travaillait à une broderie, ou à un ouvrage au crochet; un autre jour, elle apportait son carton, ses fusains, ses crayons et dessinait un coin de paysage ou bien encore elle ouvrait un livre et lisait.

Un jour, qu'elle était seule dans la charmille, le jardinier passa tout près ; voyant sa jeune maîtresse, il s'arrêta pour la saluer ; elle lui répondit par un mouvement de tête gracieux. L'homme ne s'éloigna point. Après avoir hésité un instant, il entra dans la charmille, sa casquette à la main.

— Est-ce que vous avez quelque chose à me demander, François ? dit la jeune fille un peu étonnée, mais nullement offensée de la hardiesse du serviteur.

— Je prie mademoiselle de m'excuser ; mais depuis longtemps déjà...

— Eh bien ?

— Je voulais dire à mademoiselle...

— Que vouliez-vous me dire, François ?

— Mademoiselle a souvent demandé si l'on savait ce qu'était devenu l'homme sauvage de la forêt de Mareille.

— Jean Loup ? fit la jeune fille en tressaillant.

— Oui, mademoiselle, Jean Loup.

— Est-ce que vous avez appris quelque chose ? demanda-t-elle vivement et d'une voix singulièrement émue.

Le jardinier prit un air mystérieux, se rapprocha, et, baissant la voix :

— Je l'ai vu, dit-il.

— Vous l'avez vu ! exclama Henriette.

— Plusieurs fois.

— Où cela ?

— Dans le parc.

— Hein, dans le parc ?

— Oui, mademoiselle ; et je crois bien que depuis quelque temps il vient s'y promener toutes les nuits.

La jeune fille était en proie à une émotion extraordinaire. Elle regardait fixement le jardinier, se demandant si elle devait ajouter foi à ses paroles.

Celui-ci prit de nouveau son air mystérieux :

— Et je suis certain, ajouta-t-il, baissant encore sa voix d'un ton, qu'il y reste souvent caché dans le jour.

— François, dit Henriette de plus en plus troublée, vous vous êtes peut-être trompé.

Il secoua la tête en souriant.

— Ainsi vous êtes sûr?

— Sûr, mademoiselle.

Il y eut un moment de silence.

— Si mademoiselle le désirait, reprit le jardinier, elle n'aurait qu'un mot à dire et je m'emparerais facilement du sauvage.

— Comment?

— Je sais à quel endroit il grimpe sur le mur et saute dans le parc ; il n'y aurait qu'à placer sur son passage un piège à loup.

La jeune fille pâlit affreusement et un double éclair jaillit de ses yeux.

— Si vous faisiez cela, s'écria-t-elle d'une voix vibrante, indignée, ce serait une noire méchanceté, une chose infâme ! et ma mère et moi nous vous chasserions d'ici comme un misérable... Ce malheureux, vous le savez bien, m'a sauvé la vie ; lui faire du mal serait m'en faire à moi-même ; je ne pardonnerais jamais, vous entendez, François, je ne pardonnerais jamais à celui qui se permettrait seulement de le menacer.

— Oh ! ne vous fâchez pas, mademoiselle, fit le jardinier d'un ton piteux ; si j'ai dit cela, ce n'est point par méchanceté... une idée qui me venait... non pour vous déplaire, mais pour vous être agréable, au contraire... J'ai plusieurs fois entendu dire à mademoiselle qu'elle voudrait voir Jean Loup au château. Je ne lui veux pas de mal, moi, à ce pauvre garçon, et la preuve, c'est que je ne crie jamais après lui quand je le vois dans le parc.

D'ailleurs, il ne brise rien, il ne toucherait pas à une pâquerette ; et puis il a sauvé la vie à mademoiselle... Je sens qu'à cause de cela je n'ai pas le droit de l'empêcher d'escalader le mur et de venir se promener dans les allées du parc.

— Continuez à ne lui rien dire, François ; quand vous le verrez d'un côté, allez d'un autre.

— C'est ce que je fais, mademoiselle.

— Je veux qu'il soit tranquille et libre dans le parc comme il l'est dans les bois de Mareille.

— Mademoiselle sera obéie.

— François, avez-vous parlé de cela à ma mère ?

— Pas encore, mademoiselle.

— Eh bien, François, jusqu'à nouvel ordre, si vous voulez m'être agréable, vous ne direz rien à Mme de Simaise, ni à mon frère que nous attendons et qui arrivera demain à Vaucourt.

— Mademoiselle peut être sûre de ma discrétion.

— Merci, vous n'avez pas autre chose à me dire ?

— Si, mademoiselle.

— Dites, François, je vous écoute.

— Quand Jean Loup reste dans le parc, le jour, je connais l'endroit où il se cache.

— Ah ! Et où se cache-t-il ?

— Pas loin d'ici, mademoiselle.

— Dites-moi où.

— Là, dans cet if, près de la charmille.

Le front de la jeune fille se couvrit d'une rougeur subite et il y eut un tressaillement dans tout son être.

— Mais c'est impossible, cela ne se peut pas! s'écria-t-elle, laissant voir son émotion et son trouble.

— Mademoiselle doit bien penser que je n'oserais point lui dire une chose qui n'est pas. Il y a trois jours j'ai vu Jean Loup descendre de l'arbre vert.

— Et il était caché dans l'if pendant que j'étais ici ?

— Oui, mademoiselle.

— Si près de moi! murmura-t-elle.

— C'est un instant après que vous avez eu quitté la charmille, que j'ai vu Jean Loup sortir de sa cachette.

— C'était probablement la première fois qu'il venait là.

— C'est possible, mademoiselle. Pourtant, en examinant l'arbre, j'ai fait certaines remarques qui m'ont fait supposer que Jean Loup avait dû venir souvent se cacher à cet endroit.

La jeune fille se leva, et, à travers les petites feuilles de la charmille, elle plongea avidement son regard dans l'arbre vert.

— Il n'y est pas aujourd'hui, dit le jardinier.

— Est-ce que vous pensez qu'il y reviendra, François ?

— Je le parierais, mademoiselle.

— Il n'osera plus.

— Il n'oserait plus, peut-être, s'il savait que je l'ai vu, mais il ne s'en doute point.

— Selon vous, François, pourquoi vient-il se cacher dans cet arbre?

— Dame, mademoiselle, pour vous voir ; il ne faut pas être bien malin pour deviner ça.

La jeune fille rougit de nouveau et baissa les yeux.

— François, reprit-elle, c'est convenu, rien de tout ceci ni à ma mère, ni à mon frère, ni à personne.

— J'ai dit à mademoiselle que je garderais le silence. J'ai instruit mademoiselle ; maintenant, moi, je n'ai plus rien à dire.

Sur ces mots, le jardinier s'inclina respectueusement devant sa jeune maîtresse et se retira.

La jeune fille laissa échapper un long soupir, et deux belles larmes roulèrent dans ses yeux.

Pourquoi ce soupir ? pourquoi ces larmes ?

Elle aurait été bien embarrassée de le dire.

— Là, là, murmura-t-elle, il vient se cacher dans cet arbre, tout près de moi, pour me voir !

Le lendemain, vers trois heures de l'après-midi, un peu plus tôt que d'habitude, Henriette vint avec un livre s'asseoir dans la charmille. Elle avait ouvert son livre, mais ses yeux restaient fixés sur la page qu'elle ne tournait point. Le livre était sous ses yeux, sur ses genoux pour se donner une contenance. Elle ne songeait guère à lire : d'ailleurs, préoccupée comme elle l'était, elle aurait lu sans comprendre.

— S'il était là ! pensait-elle.

Son cœur battait avec violence. Elle avait des mouvements nerveux, de l'irritation dans les membres.

Elle aurait bien voulu regarder. Elle hésitait. Elle n'osait pas. Mais elle ne pouvait rester toujours ainsi, dans l'incertitude. Elle se leva. Elle était décidée.

Elle s'approcha de la cloison de verdure, écarta doucement le feuillage et son regard impatient chercha dans l'if.

Aussitôt elle sentit comme un coup dans son cœur. Elle voyait Jean Loup. Le regard montant se croisait avec le regard descendant. Elle s'était si bien attendue à voir Jean Loup dans l'arbre qu'elle n'éprouva pas une émotion trop vive. Elle se remit promptement.

— Jean Loup, Jean Loup, dit-elle de sa plus douce

voix, il est inutile d'essayer de vous cacher, je sais que vous êtes là, je vous vois... Descendez, venez, venez près de moi!

Et de la tête et de la main elle l'appelait.

Jean Loup était découvert; il n'avait plus aucune raison de se cacher; il comprit qu'il ne pouvait plus rester dans l'arbre. Et puis le regard de la jeune fille le fascinait et sa douce voix l'attirait plus encore que les signes qu'elle lui faisait.

Il se laissa glisser entre les branches et tomba sur le sol, debout. Il bondit à l'entrée de la charmille. Là il s'arrêta, tremblant, embarrassé. Il était en présence de son idole; qu'allait-il faire?

Jean Loup n'avait pas la moindre idée des convenances, de ce qui est trop familier, trivial ou grossier, choquant, malséant, respectueux ou irrespectueux.

Mais combien d'hommes qui se croient civilisés, sont, sur ce point, aussi ignorants que notre sauvage. La gloire de la comtesse de Bassanville n'est pas encore complète.

Jean Loup était, avant tout, l'enfant de la nature Que lui importaient nos conventions sociales?

Qu'allait-il faire?

Tout simplement obéir à l'impulsion de son cœur.

Henriette fit deux pas vers lui, gracieuse, souriante, les mains tendues.

Il se sentit transporté dans un de ces mondes inconnus qu'il avait tant de fois rêvés, et, pour le moment, tout ce qui restait en lui de sauvagerie l'abandonna. Il oublia qu'il n'était qu'un malheureux, un être infortuné, un pauvre atome; il ne vit point combien la jeune fille était au-dessus de lui par son éducation, son intelligence, sa position, combien entre elle et lui la distance était grande... Elle était femme, il était homme, il était son égal

Henriette avait fait un pas en avant, il fit le reste du chemin, le regard illuminé, le front radieux. Il prit la jeune fille dans ses bras, la serra contre lui avec passion et couvrit son front, ses joues et ses yeux de baisers brûlants.

Tout étourdie, Henriette ne songea même pas à se dégager, à le repousser ; chose singulière, elle ne se sentit ni effrayée, ni offensée... Mais la surprise et peut-être une autre sensation lui firent pousser un cri.

Au même instant un jeune homme, en costume de cavalier, redingote courte, boutonnée, des éperons aux talons de ses bottes et une cravache à la main, s'élança de derrière un massif et fit irruption dans la charmille.

C'était Raoul de Simaise, pâle et tremblant de colère.

Il n'avait vu que la fin de la scène : Jean Loup pénétrer dans la charmille, prendre sa sœur dans ses bras et l'embrasser.

Il ne demanda aucune explication. La cravache siffla dans l'air et il cingla avec fureur les épaules, les reins et la figure du sauvage.

Celui-ci, qui s'était un peu écarté d'Henriette, reçut les coups sans faire un mouvement, les yeux fixés sur la jeune fille, qui, elle aussi, restait immobile, sans voix, comme pétrifiée.

Mais, subitement, Jean Loup changea d'attitude. Son corps frémit, il devint livide, ses traits se contractèrent affreusement et des lueurs sombres, des éclairs terribles sillonnèrent son regard. Il poussa un rugissement de fauve, bondit sur Raoul, le saisit à la gorge, le ploya comme un roseau, le renversa et, le serrant toujours à la gorge, lui mit un genou sur la poitrine.

Tout cela s'était passé si rapidement que la jeune fille n'avait pas eu le temps de se jeter entre eux. Revenue de sa stupéfaction, voyant le danger que courait son frère, elle jeta un cri d'épouvante et s'élança à son secours.

Il était temps, Raoul perdait la respiration, il râlait.

— Jean Loup ! Jean Loup ! s'écria-t-elle d'une voix suppliante, c'est mon frère, c'est mon frère !

Elle était tout en larmes. Elle tomba sur ses genoux et ses petites mains délicates essayèrent de desserrer les grosses mains de Jean Loup dans lesquelles le cou de Raoul était pris comme dans un étau.

Jean Loup lâcha prise, se dressa debout et recula lentement jusqu'au fond de la charmille.

Raoul avait presque perdu connaissance. Si sa sœur n'était pas vite intervenue, Jean Loup allait certainement l'étrangler ou lui broyer la poitrine sous son genou puissant.

Cependant le bruit de la lutte et le cri de la jeune fille avaient été entendus. Le jardinier, un de ses aides et deux domestiques accouraient.

La fureur de Jean Loup s'était calmée; des larmes jaillirent de ses yeux et un sanglot s'échappa de sa poitrine. Il enveloppa la jeune fille d'un long regard, triste et doux, puis il s'élança sur le balcon et sauta hors du parc.

Quand les serviteurs du château se précipitèrent dans la charmille, Jean Loup avait diparu.

XV

UN VOYAGE FATAL

C'est deux mois avant la conduite faite à Jacques Grandin, qui partait comme jeune soldat, qu'avait eu lieu la scène de la charmille.

Nous savons, maintenant, pourquoi, debout sur une roche, lui montrant les poings, Jean Loup avait menacé Raoul de Simaise, qui passait sur la route, à cheval, en compagnie d'un de ses amis de Paris.

L'agression brutale dont il avait été l'objet, avait rendu Jean Loup plus prudent, et surtout moins démonstratif. Il revenait bien de temps à autre rôder aux alentours du château, mais il n'osait plus s'introduire dans le parc.

Sans doute, il ne voyait pas Henriette aussi souvent qu'il l'aurait voulu ; mais enfin il la voyait de près ou de loin. Pour cela il employait mille moyens qu'il s'ingéniait à trouver. Et il savait si bien se cacher, que, dans l'espace d'une année, la jeune fille l'aperçut trois fois seulement. Mais elle savait que, maintenant, Jean

Loup était plus souvent dans les bois de Vaucourt que dans la forêt de Mareille.

Nous avons un peu abandonné Jacques Vaillant et Jeanne, sa fille adoptive, la belle fiancée de Jacques Grandin. Mais il nous fallait dire au sujet de l'homme sauvage, le principal personnage de notre histoire, tout ce qu'il était indispensable de faire connaître à nos lecteurs.

Maintenant, nous reprenons la suite de notre récit.

Les jours s'écoulaient un peu monotones, mais tranquilles dans la maison de Mareille.

Jeanne était bien un peu chagrine de l'éloignement de son ami; mais elle se savait aimée; son père les avait fiancés et, avec l'espérance au cœur, elle s'était armée de courage afin d'attendre, sans trop souffrir, jusqu'au retour du soldat.

D'ailleurs, Jacques écrivait souvent. Ses lettres toujours impatiemment attendues, étaient lues une fois, deux fois, trois fois, puis encore. Jeanne les savait par cœur.

Grâce aux recommandations de son parrain, le jeune militaire avait été très-bien accueilli au régiment. Du reste, il avait su mériter de suite l'estime et l'amitié de ses chefs. Au bout de six mois, il était nommé brigadier et déjà on lui faisait espérer les galons de maréchal des logis.

Jacques Vaillant était content.

— Il est capable de revenir avec le grade de sous-lieutenant, disait-il à Jeanne.

— Et avec la croix d'honneur, ajoutait la jeune fille en riant.

— Oh! oh! ma mignonne, la croix, la croix de la Légion d'honneur! Comme tu y vas! on ne l'obtient pas si facilement que ça. Il faut la gagner comme j'ai gagné la mienne, sur le champ de bataille.

— D'ailleurs, reprenait la jeune fille plus sérieuse, Jacques n'a pas plus besoin de gagner la croix que de revenir à Mareille avec l'épaulette d'officier. N'est-il pas convenu que nous nous marierons aussitôt après son retour et qu'il prendra l'exploitation d'une ferme ? Officier, mon père ! Mais s'il le devenait, lancé dans une autre carrière, Jacques ne voudrait peut-être plus de moi !

— Là-dessus, ma chérie, sois tranquille ; Jacques t'adore. Ah ! ça, où diable voudrais-tu que Jacques trouvât une autre femme qui vaille seulement le quart, le demi-quart de ta mignonne petite personne ? Nous disons des bêtises ; Jacques reviendra paysan et brave garçon comme il est parti ; je vous marierai et il prendra une ferme. Voilà ; ma Jeanne sera fermière !

Catherine n'était pas oubliée ; on pensait souvent, au contraire, à la chère défunte. Mais, avec le temps, la douleur de Jacques Vaillant s'était calmée ; et puis Jeanne, sa Jeanne, qui était maintenant tout pour lui, avait été aussi pour beaucoup dans sa consolation.

S'il arrivait encore au vieux militaire d'avoir des regrets, ils étaient sans amertume ; le souvenir de la bonne Catherine était seulement doux à son cœur.

Une fois par semaine, le dimanche matin, Jeanne cueillait les plus belles fleurs du jardin ; elle en faisait deux couronnes, et le tantôt, donnant le bras à son père, ils s'en allaient au cimetière. Les deux couronnes du jour remplaçaient celles du dimanche précédent, dont les fleurs étaient fanées.

Ils ne manquaient jamais à ce pieux devoir, hommage rendu à la mémoire d'une femme qui avait été pour Jeanne la meilleure des mères, pour Jacques

Vaillant la plus affectueuse, la plus dévouée des épouses.

Le vieux capitaine venait d'être nommé une seconde fois maire de Marcille. Sur les instances du préfet, il n'avait pu refuser ces fonctions ; du reste, il avait encore la force de les remplir, et son dévouement à la commune ne lui faisait pas trouver cette charge trop lourde pour son âge.

Tout à coup, une mauvaise nouvelle circula dans l'Est comme dans toute la France.

La guerre venait d'éclater. Le temps de porter les corps d'armée sur les frontières du côté de l'Allemagne, les Français et les Prussiens seraient aux prises. On entendrait la fusillade, tonner les canons.

D'abord les populations furent atterrées ; puis, peu à peu, chacun se rassura. On disait :

— Nous avons de nouveaux fusils, à longue portée, des mitrailleuses ; nous avons des maréchaux de France, des généraux qui ont fait leurs preuves pour conduire au feu nos enfants, les enfants de la France, qui sont toujours les premiers soldats du monde !

On se rappelait les grandes guerres, les grandes batailles d'autrefois : Valmy, Marengo, Iéna ; les grands généraux de la République et Napoléon, l'homme à la capote grise, toujours vainqueurs.

Les Français d'aujourd'hui n'étaient pas dégénérés, ils seraient dignes de leurs anciens. On n'avait rien à craindre.

On ne savait pas tout. Que dis-je ? on ne savait rien. On ignorait les gaspillages, les désordres, les folies, l'incurie de l'administration impériale.

Jeanne était très-tourmentée, très-inquiète. La guerre ! La guerre ! Jacques allait marcher avec les autres. Jacques allait se battre, courir d'effroyables dangers !... Il le fallait, c'était le devoir ! C'est le soldat qui doit se ranger autour du drapeau national et défendre son pays !

Mais Jeanne était forte et vaillante ; elle renferma en elle ses inquiétudes et ne laissa rien voir de ses anxiétés.

Les hostilités commencèrent.

Un matin, on apprit que, la veille, un combat meurtrier avait eu lieu à Wissembourg ; que le général de division Douay avait été tué, les Français repoussés par des forces dix fois supérieures, et que les Prussiens étaient entrés en France.

On fut repris par la peur ; mais on voulut encore espérer. Nos armées faisaient face à l'ennemi, depuis Metz, la citadelle imprenable, le rempart de la France, jusqu'au bord du Rhin ; elles arrêteraient les Prussiens, les hordes allemandes ne passeraient pas !

Vinrent ensuite les journées de Reichshoffen et de Spicheren, Mac-Mahon écrasé à droite, Frossard refoulé à gauche.

Cette fois il n'y avait plus à se faire aucune illusion, la France était envahie ; les Allemands allaient se répandre comme une tache d'huile sur le territoire de la patrie. Tout était perdu ! Excepté l'honneur, cependant, pour rappeler le mot de François Ier.

Il y eut des plaintes, des gémissements, des larmes du côté des femmes ; des cris de colère, des vociférations, des grincements de dents du côté des hommes.

L'armée de Mac-Mahon battait en retraite sur Châlons, où elle allait se reformer tant bien que mal, pendant que les autres corps, poussés par la masse des Allemands dont le nombre augmentait sans cesse, venaient se placer sous la protection des forts de Metz.

On s'attendait à chaque instant à voir les Prussiens au cœur de la Lorraine.

Dans les villes, les villages, les hameaux, on se préparait à se défendre contre les envahisseurs. Le paysan faisait sa provision de poudre, fondait des balles, chargeait son fusil.

On connaît l'humeur guerrière de nos populations de l'Est ; si l'on eût fait appel, alors, à leur patriotisme, tous les hommes se seraient levés aussitôt pour courir sus à l'ennemi.

Ils se réunissaient en petites troupes armées, cinq d'un village, dix d'un autre. Ce sont ces braves patriotes qui devinrent plus tard des mobilisés ou qui formèrent des compagnies de francs-tireurs. Les francs-tireurs ! La terrrible guerre franco-allemande en a vu sur tous les points de la France. Mais depuis des années il existait dans les Vosges une société de tireurs, sous le nom de Francs-Tireurs des Vosges, et dont le siège était à Epinal.

Les membres de cette société ne furent pas les derniers à songer à la défense de leurs foyers.

Un matin, Jacques Vaillant reçut une lettre pressante l'invitant à assister à une assemblée générale extraordinaire de la société des Francs-Tireurs des Vosges, dont il était membre honoraire et un des présidents d'honneur.

— Demain, j'irai à Epinal, dit-il à Jeanne.

— A Epinal, cher père, pourquoi ?

— Tiens, lis.

La jeune fille parcourut rapidement la lettre de convocation.

— Est-ce que votre présence à cette réunion est absolument nécessaire ? demanda-t-elle.

— Non.

— Pourquoi, alors, faire ce voyage à un moment de trouble comme celui-ci ?

— Parce que ce voyage aura un double but : j'assisterai à la réunion des francs-tireurs, ce qui sera leur donner une marque de déférence, et je verrai le préfet avec qui j'ai à traiter certaines questions relatives aux intérêts de la commune. Il y a plus d'un mois déjà que je voulais aller à Epinal exprès pour cela.

— En ce cas, cher père, je n'ai plus rien à objecter.

— Soit. Mais je vois à ton air triste que tu es contrariée que je fasse ce voyage.

— Contrariée, non.

— Alors pourquoi es-tu triste ?

— Je ne sais pas. Il se passe en moi quelque chose que je ne puis définir ; c'est comme un pressentiment de malheur.

— Enfant, grande enfant !

— Vous avez raison, cher père. Mais on a aujourd'hui tant de motifs d'avoir l'humeur chagrine ; nos soldats tués sur les champs de bataille, les souffrances des autres, les désastres, les malheurs de notre chère patrie !

— C'est vrai, dit le vieux capitaine, en hochant tristement la tête.

Jeanne soupira et essuya furtivement deux larmes. Elle pensait à son fiancé.

Le lendemain matin, après avoir embrassé Jeanne et lui avoir promis qu'il ne serait pas absent plus de quarante-huit heures, Jacques Vaillant partit pour Epinal.

Gertrude arriva à son heure habituelle. Jeanne, comme cela lui arrivait souvent, l'aida à faire le ménage et le grand nettoyage de toute la maison. Gertrude la grondait.

— Vous vous fatiguez, mademoiselle.

— Faire cela me plaît beaucoup ; c'est une distraction. Je m'aperçois moins que mon père n'est pas là.

Le tantôt elle prit son ouvrage, du linge à repriser, et elle alla s'asseoir au fond du jardin, sous le berceau. C'était un jour à chercher l'ombre et la fraîcheur. La chaleur était étouffante, le temps lourd, à l'orage ; il y avait au sud-ouest, à l'horizon, de gros nuages noirs : à chaque instant, le tonnerre grondait au loin ; les nuages orageux tournèrent derrière les montagnes allant du sud à l'ouest et au nord ; mais le temps ne se rafraîchit point, l'atmosphère resta chargée d'électricité.

Gertrude s'en allait régulièrement à sept heures. Ce jour-là elle n'était pas encore partie à huit heures.

— Gertrude, lui dit Jeanne, vous avez fait votre travail ; pourquoi restez-vous si tard ?

— Je vous tiens compagnie, mademoiselle.

— Ma bonne Gertrude, je vous remercie de cette attention, mais je sais que votre temps est précieux.

— Oh ! une fois n'est pas coutume. Si vous le désirez, mademoiselle, je coucherai ici cette nuit.

— Vous pensez donc que je puis avoir peur, Gertrude ? Rassurez-vous, ma chère, je ne suis pas si peureuse que ça. Il n'y a pas de méchantes gens dans le pays et je ne crois ni aux revenants ni aux fantômes... D'ailleurs, ajouta-t-elle en souriant, j'ai là mon brave Fidèle pour me garder. Non, ma chère Gertrude, je ne désire pas que vous passiez la nuit ici ; vous avez votre mari et vos enfants qui vous attendent. Allez vite les retrouver, ma bonne, allez vite.

— En ce cas, mademoiselle, je vous quitte.

— Bonsoir, Gertrude !

— Bonne nuit, mademoiselle !

— Merci.

— Je viendrai demain de bonne heure.

— A sept heures, comme toujours.

La femme de ménage s'en alla.

La jeune fille ferma les portes, poussa les verrous, et s'assura que les volets des fenêtres étaient bien accrochés ; on faisait cela tous les soirs, aussi bien l'été que l'hiver, c'était une habitude.

Jeanne resta encore une heure dans la salle basse ; puis elle monta dans sa chambre dont la fenêtre donnait sur le jardin. Fidèle la suivit.

Il faisait tellement chaud que la jeune fille put croire qu'elle entrait dans une étuve ; cependant la fenêtre était grande ouverte. Elle s'en approcha et s'y appuya pour respirer à pleins poumons.

Des nuages montaient dans le ciel, se répandant partout ; de tous les côtés de larges éclairs se croisaient, se heurtaient, sillonnaient les nues ; l'horizon était en feu.

Jeanne regardait cela distraitement, faisant un mouvement en arrière chaque fois qu'une lueur trop vive l'éblouissait. Elle pensait à Jacques Grandin et à tous ceux qui, comme lui, étaient en face du danger, en face de la mort. Depuis la mobilisation de l'armée, on n'avait pas reçu de lettre du jeune soldat. Jeanne ne savait pas où il était, aussi sentait-elle augmenter chaque jour ses cruelles inquiétudes.

L'horloge de la paroisse sonna. Elle compta les coups de marteau sur la cloche.

— Seulement dix heures, murmura-t-elle ; et pourtant je tombe de sommeil.

Depuis un instant, en effet, ses yeux se fermaient malgré elle. Elle sentait sa tête lourde et une grande lassitude dans tous ses membres.

— C'est la chaleur, l'électricité, pensa-t-elle.

Un grand silence régnait autour d'elle, troublé seulement par deux ou trois grillons qui chantaient dans l'herbe. Il n'y avait pas un souffle de vent dans les feuilles des arbres. Ce calme était le précurseur de l'orage, qui éclaterait certainement dans la nuit.

Elle fit descendre la jalousie de la fenêtre; mais elle ne ferma point les croisées. Presque toutes les nuits, à l'époque des grandes chaleurs, elle les laissait ouvertes ou seulement à demi-fermées.

Elle se déshabilla, se mit au lit et souffla sa bougie. Fidèle sauta sur la couverture et se coucha à ses pieds.

Un quart d'heure après, Jeanne dormait d'un sommeil de plomb.

Caché dans la haie du jardin, en face de la fenêtre, un jeune homme avait suivi tous les mouvements de Jeanne, la guettant comme le tigre guette sa proie, prêt à s'élancer sur elle. Quand il ne vit plus son ombre se mouvoir à travers les lames de la jalousie baissée et que la lumière de la chambre se fût éteinte, un affreux sourire crispa ses lèvres. Pendant une demi-heure encore il resta caché dans l'ombre. Sans aucun doute, il attendait que la jeune fille fût bien endormie.

Ce rôdeur nocturne était Raoul de Simaise.

Quel projet sinistre méditait-il?

XVI

L'ATTENTAT

Depuis plus d'un an, alors qu'il n'avait encore vu Jeanne que deux ou trois fois, Raoul de Simaise, digne fils de son père, avait conçu l'odieux projet de séduire la belle fiancée de Jacques Grandin et d'en faire sa maîtresse. Il s'était dit :

— Je l'enlèverai et la conduirai à Paris où, tant que cela voudra durer, nous filerons ensemble le parfait amour.

Oh! comme sa vanité de jeune débauché serait alors satisfaite? Il jouissait de la surprise de ses amis qui, sans nul doute, seraient tous jaloux et envieux de sa bonne fortune, car il n'y aurait pas dans tout Paris, qu'on la cherche dans les salons du vrai monde ou du demi-monde, au théâtre, parmi la fine fleur des Circé et des Dalila à la mode, une femme comparable à la jolie fille de Mareille. A lui, à lui seul appartiendrait cette perle rare, unique, cette merveille digne d'un empereur.

Mais, bien qu'il ne manquât pas d'audace, Raoul vit

se dresser devant lui d'insurmontables difficultés et il comprit que séduire Jeanne n'était pas une chose aussi facile qu'il l'avait cru d'abord.

La jeune fille ne sortait jamais seule que pour aller à la messe, le dimanche, et elle était bien gardée. Et puis son air modeste, réservé, sérieux, fier, sa dignité, son innocence, sa sagesse, proclamée par tout le monde, étaient autant de choses qui lui imposaient et le tenaient à distance.

Il dut se contenter de voir Jeanne et de la dévorer du regard à l'église et, quand il réussissait, à se trouver sur son passage. Il eut beau chercher maintes fois l'occasion de lui parler, elle lui échappa constamment.

Assurément, Jeanne n'avait pas été sans le voir plusieurs fois à Mareille ; mais elle ne l'avait pas autrement remarqué.

On lui avait dit : « C'est le fils de la baronne de Simaise. » C'était tout ce qu'elle savait de lui ; que lui importait d'ailleurs ce jeune homme qu'elle ne connaissait pas? Il ne lui vint jamais à l'idée que Raoul pût s'occuper d'elle. Elle ne se doutait donc pas le moins du monde des intentions du fils de la baronne.

Celui-ci sentait constamment augmenter sa passion et ses désirs sensuels, en raison même des difficultés qu'il rencontrait et de l'impossibilité de les satisfaire. Voyant qu'il devait renoncer à tout espoir de séduction, il se résigna ; mais il se fit à lui-même le serment que, quand même, la jeune fille serait à lui. Dès lors, il songea au moyen de surprendre la malheureuse enfant, objet de ses brutales et honteuses convoitises.

Il devait être parfaitement renseigné lorsque, la nuit venue, il s'était approché avec précaution de la maison du capitaine Vaillant et caché dans la haie du jardin. Evidemment, il savait que Jacques Vaillant était absent pour deux jours au moins, que Jeanne était seule dans l'habitation et que, la chaleur étant suffocante, la jeune fille laisserait ouverte la fenêtre de sa chambre ainsi qu'elle en avait l'imprudente habitude.

Raoul de Simaise était prêt à mettre à exécution ce qu'il avait prémédité depuis longtemps déjà ; il allait s'introduire dans la chambre de Jeanne comme un voleur, — un larron d'honneur n'est pas autre chose !

Il ne pensait même pas, le jeune misérable, que tenter seulement l'escalade était un crime, et qu'aller plus avant dans ses projets était une infamie.

Non, il ne pensait pas à cela, car tous les sentiments honnêtes étaient éteints dans son cœur.

Il ne voyait pas non plus ce qu'il avait à craindre. D'ailleurs la nuit était noire, Jeanne ne le reconnaîtrait pas, et le lendemain, à la première heure, il filerait vers Paris. Il avait aussi prévu le cas où il pourrait juger nécessaire de se faire connaître ; c'est qu'alors la jeune fille serait disposée à accepter ses propositions.

Enfin, pour moins risquer d'être reconnu, pour éloigner les soupçons de Jeanne et égarer ses doutes, il s'était déguisé. Il avait endossé un gilet de laine de palefrenier, attaché solidement sur sa tête une vieille perruque, trouvée dans un bahut du château, et mis ses pieds dans des chaussons de lisière.

Quand il jugea le moment venu, il se leva, jeta autour de lui un coup d'œil rapide et alla prendre une échelle que Jacques Vaillant avait laissée à un prunier sur lequel il y avait encore des prunes. Avec sa charge il marcha vers la maison et, sans bruit, il appuya l'échelle contre le mur, sous la fenêtre de Jeanne.

Une seconde fois il regarda autour de lui, allongeant le cou, tendant l'oreille. Il ne vit rien, n'entendit rien que le cri monotone des grillons. Certain, d'ailleurs, que tout le monde à Mareille était couché, qu'il était bien seul, que personne ne pouvait le voir, il n'hésita plus, il monta.

Quand sa tête arriva à la hauteur de la fenêtre, il écarta doucement la jalousie, puis il continua à monter; au fur et à mesure la jalousie glissait sur son dos.

Un grognement sourd se fit entendre. Fidèle venait de se réveiller.

Un molosse aurait peut-être fait reculer Raoul; un tout petit roquet ne pouvait pas faire beaucoup, malgré son dévouement à sa maîtresse et ses dents bien aiguisées. Cependant il s'était dressé sur ses quatre pattes : voyant ce corps dans l'encadrement de la fenêtre, il se mit à aboyer furieusement, sans doute pour réveiller Jeanne. Mais elle dormait trop profondément. Et puis, au même instant, le tonnerre se mit à gronder et couvrit la voix du vigilant animal.

Raoul profita du bruit pour enjamber la barre d'appui de la fenêtre et sauter dans la chambre.

Fidèle bondit sur lui et resta suspendu, les dents accrochées au gilet de laine, qu'il avait seulement saisi. Ce faible ennemi n'était pas bien redoutable, mais Raoul ne tenait nullement à être mordu. Il fallait donc commencer par se débarrasser de l'animal. Lestement il lui prit le cou entre ses mains et serra de toutes ses forces. Le pauvre Fidèle n'eut que le temps de pousser une plainte ; les sons ne purent plus sortir de sa gorge ; il se mit à jouer des pattes, à se ployer, à se tortiller, faisant des efforts désespérés pour échapper à l'étranglement. Hélas ! tout fut inutile, son ennemi le tenait bien et serrait toujours plus fort. Le pauvre Fidèle eut une dernière convulsion et ne bougea plus. Il était mort ! Son meurtrier le jeta de côté.

La jeune fille venait enfin de sortir de son lourd sommeil et d'ouvrir les yeux.

A la lueur livide d'un éclair elle vit un homme dans sa chambre. Elle ne le reconnut pas ; elle remarqua seulement qu'il avait une tête énorme, de longs cheveux qui pendaient autour de son cou et cachaient la moitié de son visage, et il lui parut avoir une taille de géant.

Elle poussa un cri rauque, étranglé. Folle d'épouvante, elle sauta à bas du lit et se précipita vers la porte en criant :

— Au voleur !... A l'assassin !... Au secours !...

Raoul s'élança sur elle et la saisit à bras-le-corps.

Il y eut un moment de lutte horrible.

Jeanne se défendait contre le misérable avec l'énergie du désespoir. En vain elle voulait crier, appeler encore, elle ne le pouvait plus. Son sang se glaçait dans ses veines, la respiration lui manquait. A la fin elle resta inerte entre les bras de son ennemi ; elle avait perdu connaissance.

Le lâche laissa échapper une exclamation de triomphe. La malheureuse Jeanne, ne pouvant plus se défendre maintenant, était en son pouvoir ! Il la souleva et la porta sur le lit.

A ce moment, un grognement rauque, effrayant, qui n'était plus celui d'un chien, cette fois, retentit au dehors, se mêlant aux éclats de la foudre et les dominant. La jalousie fut violemment arrachée, et un nouveau personnage bondit au milieu de la chambre.

C'était Jean Loup !

Comment se trouvait-il là, à cet instant suprême, pour défendre, pour sauver la fiancée de son ami Jacques Grandin ?

Jean Loup, avec son instinct de sauvage, avait deviné les mauvaises intentions de Raoul de Simaise, et depuis, sans qu'elle pût s'en douter, il avait veillé sur Jeanne. Le soir, il avait vu Raoul sortir furtivement du parc de Vaucourt, déguisé ainsi que nous l'avons dit. Cela le surprit et l'amena à penser que le jeune homme avait en tête quelque mauvais dessein. Il voulut savoir. Il le suivit. Et pendant que Raoul se tenait caché dans la haie du jardin, il était caché lui-même au milieu d'un champ des arrazin.

Voyant à la clarté des éclairs la jeune fille étendue sans mouvement sur son lit, il la crut morte. Il poussa un cri terrible et se rua sur Raoul qui, lâche et peureux comme le sont tous les misérables en face d'un danger réel, avait reculé pâle et tremblant jusqu'au fond de la chambre.

Le lâche n'eut pas même le courage de se défendre contre son terrible adversaire qui, d'un seul coup, l'avait étendu à ses pieds. Il se sentit perdu. Jean Loup n'avait pas oublié les coups de cravache, Jean Loup allait le tuer !

Oui, tenant enfin son ennemi, celui qui l'avait frappé dans la charmille, Jean Loup pensait à se venger ; il se disposait à l'écraser sous ses pieds comme un reptile, quand, soudain, la douce image d'Henriette passa devant ses yeux.

Cet ennemi, qui était à ses pieds, terrassé, dont il tenait la vie entre ses mains, était le frère de celle qu'il adorait. Une fois déjà Henriette, en larmes, l'avait imploré pour lui et elle lui apparaissait à cet instant pour lui crier encore :

— « Grâce, grâce, Jean Loup, c'est mon frère ! »

Alors il tressaillit et toute sa colère disparut.

Au lieu de frapper le misérable, il recula à son tour et croisa ses bras sur sa poitrine.

Raoul comprit que Jean Loup l'épargnait, lui faisait

grâce ; mais il ne devina point à quel sentiment le sauvage venait d'obéir. Il se remit lentement sur ses jambes. A la clarté d'un brillant éclair, qui pendant une seconde éclaira toute la chambre, il vit Jean Loup, le bras tendu, lui montrant la fenêtre.

Il ne demandait pas mieux que de déguerpir, et c'est ce qu'il fit avec une précipitation qui indiquait combien il lui était agréable de ne plus sentir peser sur lui le poids du regard terrible du sauvage.

Dès que Raoul eut disparu, Jean Loup s'approcha de Jeanne ; il lui prit la main, elle était moite : il se pencha et appuya légèrement son oreille à l'endroit du cœur de la jeune fille ; un léger battement lui révéla que Jeanne n'était pas morte comme il l'avait d'abord supposé. Il respira. C'était un évanouissement. Il connaissait cela : il avait vu Henriette dans le même état le jour où il l'avait sauvée.

Complètement rassuré, il fut sur le point de s'en aller ; mais il pensa que Raoul pourrait revenir. Il resta.

Il vit sur la table de nuit une bougie et une boîte d'allumettes ; il pouvait éclairer la chambre ; il préféra attendre dans l'obscurité. Il trouva une chaise, s'assit, et, les coudes sur ses genoux, la tête dans ses mains, il resta immobile.

Deux longues heures s'écoulèrent.

L'orage s'en était allé au loin ; on n'entendait plus le tonnerre ; on ne voyait plus que de rares éclairs. Du côté du levant l'horizon commençait à blanchir, c'était la naissance de l'aurore, le jour allait bientôt dissiper les dernières ombres de la nuit.

Jeanne s'agita, ouvrit les yeux, poussa un long soupir, puis un cri, puis une plainte sourde. Elle se souvenait. Elle se souleva et, les yeux hagards, elle regarda autour d'elle. Elle ne vit rien que sa fenêtre ouverte et la jalousie brisée.

Sans doute pour ne pas l'effrayer par son apparition trop brusque, Jean Loup s'était dissimulé dans un large pli des rideaux du lit.

Elle poussa un nouveau cri, laissa échapper une nouvelle plainte. Elle se jeta en bas du lit et alluma la bougie. Alors elle put voir dans quel désordre était sa chambre : ses vêtements sur le parquet froissés, souillés de poussière, deux chaises renversées, une cuvette en porcelaine brisée en morceaux, la couverture et les draps du lit arrachés, tombant, sa chemise et sa camisole déchirées, laissant sa poitrine découverte, sur un de ses bras nus une longue ligne rouge tracée par un ongle ; puis au fond de la chambre, sous un guéridon, Fidèle, sans mouvement, les pattes allongées, la langue pendante hors de la gueule, raide.

Elle prit la pauvre bête, l'embrassa, puis la laissa tomber en même temps que ses bras.

Des larmes jaillirent de ses yeux ; elle sanglota.

— Mon Dieu, mon Dieu ! mais que s'est-il donc passé ? s'écria-t-elle tout à coup.

Elle pressa fièvreusement sa tête dans ses mains.

— L'homme ! l'homme ! prononça-t-elle d'une voix gutturale.

Une idée épouvantable, horrible, traversa son cerveau. Elle poussa un cri effrayant.

— Perdue ! perdue ! je suis perdue !... exclama-t-elle.

Elle chancela comme si elle allait tomber ; il lui sembla qu'elle allait devenir folle. De fait, son regard luisant, aux pupilles dilatées, était celui d'une insensée.

Soudain, derrière elle, elle entendit un gémissement.

Elle sursauta et se retourna vivement.

Jean Loup était devant elle.

Elle bondit en arrière, en jetant un cri d'épouvante et d'horreur.

Jean Loup la regarda tristement, avec compassion.

— Monstre, monstre ! exclama-t-elle d'une voix étranglée, avec une explosion de fureur, pourquoi es-tu encore ici ? Est-ce pour voir ma douleur, mes larmes, pour te repaître des souffrances de ta victime ?... Pourquoi, après ton crime infâme, n'as-tu pas regagné la forêt pour te cacher dans ta tanière ? Dis, dis, misérable sauvage !... Arrière, infâme, arrière ! Va-t'en, sauve-toi !... Ah ! tu m'épouvantes, tu me fais horreur, tu me dégoûtes !

Jean Loup ne comprenait pas, mais il voyait bien que ce n'était pas des remerciements que lui adressait la jeune fille. C'était la colère qui étincelait dans les yeux de Jeanne, et chacune de ses paroles avait eu un retentissement douloureux dans son cœur.

Ah ! s'il avait pu parler !

Il fit la seule chose qu'il pouvait faire : des larmes plein les yeux, il s'agenouilla devant la jeune fille, joignit les mains, et son doux regard sembla la supplier.

Hélas ! Jeanne ne sortit point de sa funeste erreur ; elle interpréta tout autrement l'humble et douloureuse attitude de Jean Loup ; elle crut qu'il se repentait et qu'il implorait son pardon.

Elle le repoussa du pied avec horreur, détourna la tête avec dégoût et se jeta de nouveau en arrière, comme si elle eût redouté une morsure venimeuse.

Le pauvre Jean Loup laissa échapper un soupir, se releva et alla essuyer ses larmes dans le coin le moins éclairé de la chambre.

XVII

OU IL ARRIVE A JEAN LOUP UN SECOURS INATTENDU

Jeanne resta un instant immobile, absorbée dans les sinistres pensées d'un sombre désespoir.

Toutes ses espérances étaient détruites; en un moment tout s'était effondré autour d'elle, tout avait été anéanti!... Elle n'avait plus d'avenir, elle était perdue! La malheureuse enfant ne raisonnait plus; il y avait dans sa tête brûlante, prête à éclater et trop pleine de pensées tumultueuses, un commencement de folie.

Elle se redressa brusquement. Elle était affreusement pâle; elle avait la figure décomposée. Ses yeux secs brillaient d'un éclat fiévreux. Il y avait dans l'expression de son regard quelque chose d'étrange qui indiquait une résolution désespérée. Tordant ses mains, elle leva ses yeux vers le ciel, invocation muette, qui répondait à une de ses pensées secrètes.

Elle ne s'occupait plus de Jean Loup; peut-être croyait-elle qu'il n'était plus là.

Elle s'habilla rapidement, avec des mouvements convulsifs; elle ramassa sa belle chevelure noire, l'enroula sur le haut de sa tête et l'emprisonna dans un bonnet de linge.

Cela fait, elle ouvrit une porte et entra dans la chambre de Jacques Vaillant. Elle s'assit devant le bureau ouvert, et sur une feuille de papier, elle écrivit :

« Je suis souillée, déshonorée. L'homme sauvage, le
» misérable Jean Loup est le coupable. Je ne peux plus
» vivre, je vais mourir !... On retrouvera mon cadavre
» dans la rivière.
» Mon père, plaignez-moi !
» Consolez Jacques !
» Adieu, mon père, adieu !

» JEANNE VAILLANT. »

Elle plia le papier et le mit dans une enveloppe, qu'elle cacheta et sur laquelle elle traça ces trois mots : A mon père.

Jean Loup l'épiait, très-inquiet; il sentait vaguement qu'elle avait pris une résolution grave. L'agitation de Jeanne, son effarement, quelque chose de farouche dans son regard, tout cela lui faisait peur.

La jeune fille rentra dans sa chambre, s'arrêta devant les portraits de Jacques Vaillant et de Catherine, joignit les mains et resta un instant immobile, comme en prière. Puis elle promena tristement son regard sur les objets qu'elle allait quitter pour toujours et se dirigea vers la porte.

Jean Loup bondit et se trouva devant elle, lui barrant le passage.

Jeanne eut un frisson dans tout son corps, ses yeux s'enflammèrent de colère. Elle le repoussa avec violence. Il la saisit par le bras. Elle le frappa au visage et lui lança un regard terrible, foudroyant, qui le fit reculer. Elle ouvrit la porte et se précipita dans l'escalier.

Jean Loup resta un instant comme étourdi, hébété, les yeux humides fixés sur le parquet. Il vit quelque chose de brillant et, à côté, un autre objet qui brillait aussi. Il se baissa et ramassa un anneau dit chevalière, qu'il reconnut pour l'avoir vu au doigt de Raoul de Simaise, et un petit portefeuille sur lequel il y avait deux lettres gravées R. S.

Il allait rejeter les deux objets, il se ravisa. Son pantalon usé, déchiré, troué, avait une poche en bon état, d'autant plus solide qu'il ne s'en servait jamais. Il y glissa le portefeuille et l'anneau, puis il s'élança sur les traces de la jeune fille. Quand il eut tourné l'angle de la maison, il aperçut Jeanne qui courait sur le sentier de la prairie, se dirigeant vers la rivière.

Bien qu'elle fût déjà à une assez grande distance, il aurait pu facilement la rattraper ; il n'osa pas le faire : il se borna à la suivre, mais d'assez près, toutefois, pour qu'elle n'échappât point à sa vue.

Bien qu'il ne fît pas encore jour, la campagne était déjà suffisamment éclairée ; mais on ne voyait personne encore dans les champs. Les paysans se hâtaient pourtant d'achever les moissons : mais, cette année-là, les blés et les avoines se trouvaient de l'autre côté de Mareille.

Tout à coup la jeune fille disparut au milieu des touffes d'osiers verts qui bordent la rivière.

Jean Loup sentit une sueur froide sur son front et comme un étouffement.

Etait-ce possible ? Jeanne allait-elle réellement se jeter dans le Frou ?

En proie à une anxiété horrible, il prit sa course et

en moins de deux minutes il arriva au bord de la rivière.

Il était déjà trop tard pour arrêter Jeanne. Il entendit le bruit de sa chute dans l'eau et il vit l'eau bouillonner à l'endroit où elle était tombée. Il le connaissait, cet endroit, un des plus redoutables du Frou ; c'est là qu'il avait sauvé le petit garçon de Blignycourt, qui se noyait.

Sans perdre une seconde il se précipita dans la rivière et plongea. Il revint à la surface les bras vides ; il plongea une seconde fois ; rien encore.

Il avait dû tomber la veille, plus haut, du côté de Blaincourt, de fortes averses, car le Frou montait et le courant devenait excessivement rapide. Jean Loup comprit que Jeanne avait déjà été entraînée. Il s'enfonça sous l'eau une troisième fois. Il reparut, tenant la jeune fille, et se mit à nager vigoureusement vers la rive.

On entendait sur la route qui longe la rivière le roulement d'une voiture et le galop pressé d'un cheval.

Un peu avant d'arriver en face du lieu où Jean Loup luttait contre le courant pour aborder, une montée rapide commençait. Le cheval dut aller au pas.

La voiture, à quatre roues, assez légère, tenait le milieu entre la calèche et le carrosse ou la vieille berline. Elle contenait un seul voyageur.

C'était un homme de belle taille, qui paraissait avoir entre cinquante et cinquante-cinq ans. Il était vêtu très-simplement, mais sa chemise de fine toile d'Ecosse et d'une blancheur de neige indiquait qu'il devait avoir une certaine fortune. Il portait toute sa barbe qui commençait à blanchir, quand, déjà, ses cheveux étaient blancs. Il avait une figure expressive et belle, quoique fatiguée, et, — on pouvait le supposer, — ravagée par les chagrins.

L'œil restait ardent et fier ; mais, quand on l'examinait avec un peu d'attention, on découvrait dans son regard et le pli amer de ses lèvres quelque chose de triste, de découragé, qui révélait une pensée très-tourmentée.

Evidemment, cet homme avait souffert, beaucoup souffert, et il devait avoir dans le cœur une blessure profonde, une grande douleur que le temps n'était pas parvenu à apaiser.

Le mouvement singulier qui se faisait dans l'eau attira l'attention de l'homme qui conduisait la voiture, lequel était certainement un cocher, mais un cocher de grande maison, car sa mise le faisait deviner, quoiqu'il ne portât point, en ce moment, le costume de ses fonctions.

Il se tourna sur son siège, et se penchant vers la portière :

— Monsieur, dit-il, regardez, regardez, là, en face de nous, dans la rivière.

Le voyageur avança la tête et regarda.

— Voyez-vous, monsieur ?

— Je vois.

— Ce doit être une bête, un loup, qui traverse la rivière, ou bien un sanglier, car il paraît qu'il y en a beaucoup dans ce pays.

— Arrêtez, Landry, arrêtez ! ordonna le voyageur : ce que nous voyons n'est ni un loup, ni un sanglier ; c'est un homme qui se débat désespérément contre le flot qui l'entraîne.

Le cheval s'arrêta, le voyageur ouvrit vivement la portière et mit pied à terre, tandis que, de son côté, le cocher sautait à bas de son siège.

— Mais ils sont deux, monsieur, ils sont deux ! s'écria Landry.

— Oui, ils sont deux, répondit le maître, c'est un homme qui en sauve un autre !

Ils franchirent vite la distance qui les séparait de la rivière.

Jean Loup, étant enfin parvenu à s'approcher de la rive, venait de saisir une branche de saule qui pendait dans l'eau. Toutefois, comme il n'avait pas pied et qu'il était obligé de maintenir la tête de Jeanne au-dessus du niveau de l'eau, il lui était difficile, nous pouvons même dire impossible, de sortir de la rivière. En effet, n'ayant de libre que sa main droite, qui tenait la branche, il ne pouvait agir. S'il lâchait la branche, le courant qui devenait de plus en plus fort, l'entraînait de nouveau. Quant à abandonner la jeune fille, il n'y songea même pas ; il aurait préféré cent fois mourir avec elle, en supposant qu'elle vécût encore.

— Courage, courage! lui cria-t-on soudain.

Il poussa un cri de joie en voyant arriver les deux hommes au bord de la rivière.

— C'est une femme, une jeune fille! exclama le voyageur. Vite, vite, Landry, sauvons ces malheureux! Vous voyez, il tient cette branche ; tirez-la à vous lentement, prenez garde qu'elle ne se casse ; faites bien attention... C'est cela, c'est bien cela ; ils approchent... Encore un peu, Landry.

Et le voyageur, à genoux au bord de l'eau, tenait ses bras en avant prêts à saisir la jeune fille.

— Ils sont sauvés! s'écria-t-il ; bravo, Landry, mon brave Landry!

Il tenait Jeanne par les épaules solidement ; sans trop de peine il la tira de l'eau et la coucha sur un lit de roseaux secs.

Pendant ce temps, sans le secours de Landry, qui lui tendait la main, Jean Loup sortit à son tour de la rivière, puis se secoua comme un caniche.

Le voyageur jeta un regard de surprise sur ce robuste

gaillard, dont les cheveux, extraordinairement longs chez un homme, les jambes et les bras velus étaient bien faits pour exciter la curiosité du plus indifférent.

Landry, lui, contemplait Jean Loup avec une stupéfaction peinte sur son visage.

Cependant l'inconnu s'empressait de donner des soins à la jeune fille.

Est-elle morte? Est-elle vivante? Il s'adressait anxieusement ces deux questions.

Au bout d'un instant il s'écria :

— Elle vit !

Jeanne venait de remuer, Jeanne respirait.

Jean Loup avait vu. Il tomba à genoux et se mit à pleurer de joie.

Il y avait dans les larmes de cet homme, si étrange d'aspect, quelque chose de superbe et de navrant tout à la fois.

L'étranger et son serviteur se sentirent profondément émus.

Mais c'était Jeanne, surtout, qui occupait le voyageur. Frappé, d'abord, par sa merveilleuse beauté, qui la rendait plus intéressante encore, il se mit à l'examiner avec une attention qui aurait pu, dans un autre moment, paraître choquante ou inconvenante. En effet, la fixité de son regard sur le visage de la jeune fille n'était pas chose naturelle.

Tout à coup il tressaillit et ses yeux s'ouvrirent démesurément. Une exclamation s'échappa de sa poitrine haletante.

Il continuait à regarder la jeune fille avec une attention dévorante, détaillant tous les traits du visage.

— Oh! quelle ressemblance! murmura-t-il. C'est elle, absolument elle!... Mais cette enfant n'a pas plus de dix-sept ou dix-huit ans! Oui, mais si j'ai été exactement renseigné à Londres, il y a dix-sept ans environ que Charl-- Chevry et Zélima ont disparu. Dix-sept ans, dix-sept ans... et Zélima était enceinte.

Mon Dieu, mon Dieu ! si c'était... Pourquoi non ? Cette ressemblance frappante... Allons, soyons calme, soyons fort... Ah! Providence, Providence! voudrais-tu, enfin, faire quelque chose pour moi !

Il se dressa debout d'un seul mouvement et, posant sa main sur l'épaule de Jean Loup :

— Mon garçon, lui dit-il, réponds-moi : Quelle est cette jeune fille ? Où demeure-t-elle ? Tu viens de la sauver ; elle s'était jetée dans la rivière ; pourquoi ? Parle, mon ami, parle !

Jean Loup arrêta ses yeux sur celui qui l'interrogeait, secoua tristement la tête et prononça ces mots :

— Monsieur, d'abord, et Jeanne, Jeanne, en montrant la jeune fille.

Le voyageur eut beau l'interroger encore, Jean Loup, qui ne comprenait pas, ne répondit plus qu'en secouant la tête et en poussant de gros soupirs.

— Il ne me comprend pas, il ne sait pas parler, dit le voyageur ; je m'en doutais, c'est un pauvre idiot.

— Ce qui ne l'empêche pas d'avoir du courage, de la bravoure et du cœur autant que cent hommes qui ont beaucoup d'esprit, répliqua le domestique qui, décidément, avait un faible pour Jean Loup.

— Landry, reprit l'inconnu d'un ton bref, nous ne pouvons pas laisser cette jeune fille ici.

— C'est vrai, monsieur.

— Nous l'emmenons.

— Où cela, monsieur ?

— Où nous allons.

Le domestique regarda son maître avec surprise.

— Ne serait-il pas plus simple, crut-il devoir faire

observer, de la confier à de braves gens dans le premier village que nous rencontrerons ?

— Non, je l'emmène, je la garde, vous dis-je.

— Dans cet état, mouillée comme elle l'est ?

— Qu'importe !

— Monsieur ne craint pas qu'elle ait froid ?

— Le soleil se lève ; dans une heure il fera très-chaud. D'ailleurs, je la soignerai : nous avons des couvertures, des liqueurs, du sucre, du vin de Bordeaux, tout ce qu'il nous faut.

— Monsieur sait mieux que moi ce qu'il doit faire, dit Landry, comprenant, enfin, que son maître avait ses raisons pour prendre une détermination aussi singulière.

— Partons, Landry, partons !... Ah ! donne une pièce d'or à ce pauvre diable !

Jeanne venait d'ouvrir les yeux, ses lèvres commençaient à se colorer.

L'inconnu la prit dans ses bras et marcha rapidement vers la voiture.

Landry mit une pièce de vingt francs dans la main de Jean Loup.

Celui-ci regarda la pièce et la rendit au domestique en secouant la tête.

— Délicat et fier comme un grand seigneur ! murmura Landry, tout en glissant le louis dans la poche du sauvage sans qu'il s'en aperçût.

Et il s'éloigna en courant pour reprendre vite sa place sur son siège.

Jean Loup vit enlever Jeanne sans faire un mouvement. Il était ébahi, stupéfié. Il restait à la même place, debout, immobile, comme si ses pieds eussent été rivés au sol.

En face d'autres personnes, rendu furieux, il se serait

jeté sur elles pour défendre la fiancée de son ami ; mais le voyageur inconnu avec son grand air, la douce expression de son regard, lui imposait.

Ce qu'il éprouvait n'était pas de la crainte, pourtant ; c'était comme un sentiment d'admiration et de profond respect.

Le cheval monta lentement la côte. Arrivé au plateau, il prit un galop rapide, et bientôt le bruit de la voiture s'éteignit.

Alors Jean Loup passa à plusieurs reprises ses deux mains sur son front, comme s'il eût voulu chasser une pensée absorbante, puis il s'élança comme un trait et s'enfonça dans la forêt, où il disparut.

XVIII

LA LETTRE DE JEANNE

A sept heures, quand Gertrude arriva, elle fut étonnée de trouver la porte de la cour ouverte. Avant d'entrer, elle regarda aux alentours, pensant que Jeanne était sortie pour causer avec quelque voisine, probablement effrayée des coups de tonnerre de la nuit.

Ne l'apercevant point, elle pénétra dans la cour, laissant la porte entr'ouverte, puis dans la maison où elle se mit immédiatement à nettoyer au rez-de-chaussée, tout en préparant le premier déjeuner, qui se composait invariablement d'une tasse de chocolat et d'une rôtie beurrée. Elle-même apportait le lait tous les matins.

Quand le chocolat fut fait, le pain grillé à point, elle appela Jeanne, persuadée que la jeune fille était remontée dans sa chambre. Ne recevant pas de réponse, elle se dit :

— Elle est au jardin.

Elle sortit de la maison et fit le tour du jardin, regardant partout et appelant :

— Mademoiselle Jeanne ! mademoiselle Jeanne !

Toujours pas de réponse.

— C'est drôle, murmura-t-elle, en jetant les yeux sur la fenêtre de la chambre de la jeune fille.

Voyant la jalousie pendante, à moitié détachée, et l'échelle contre la muraille, elle sentit comme un coup violent dans la poitrine.

— Mon Dieu, qu'est-ce que cela signifie ? pensa-t-elle.

Elle sentait le malheur.

Fort troublée, elle rentra vite dans la maison et grimpa quatre à quatre l'escalier conduisant à l'étage. La porte de la chambre de Jeanne était grande ouverte, elle entra Aussitôt elle poussa un grand cri.

Elle voyait le pauvre Fidèle étendu sur le parquet, mort, et la chambre, sauf les vêtements de Jeanne, qui n'étaient plus là, dans le désordre que l'on sait, ce qui indiquait suffisamment qu'une lutte terrible avait eu lieu entre la jeune fille et un ou plusieurs individus.

Eperdue, folle d'épouvante, Gertrude descendit l'escalier aussi rapidement qu'elle l'avait monté, s'élança hors de la maison et, pâle, échevelée, se mit à courir dans la rue, en criant :

— Au secours ! au voleur !

Quelques femmes, des enfants accoururent et formèrent un groupe.

Le village était presque désert, car, maintenant, on était dans les champs, occupé à faucher le blé, à lier les gerbes.

Gertrude courait toujours. Elle allait chez l'adjoint où elle entra comme une bombe. Celui-ci était là, buvant le petit verre de kirsch avec le garde champêtre et un autre individu.

— Monsieur l'adjoint, cria Gertrude, venez, venez vite ! Mon Dieu ! quel malheur, quelle chose épouvantable ! Venez, venez vite !

— Calmez-vous, Gertrude ; voyons, qu'est-ce qu'il y a ? De quoi s'agit-il ?

— Mais je ne sais pas bien encore. Ah ! mon Dieu, mon Dieu ! Que va dire le capitaine à son retour d'Epinal ? Mademoiselle Jeanne...

— Eh bien ? fit vivement l'adjoint.

— A disparu !

— Oh !

— La jalousie de sa fenêtre brisée, tout sens dessus dessous dans sa chambre, Fidèle, le pauvre petit Fidèle, raide mort !... On est entré dans la chambre par la fenêtre, avec l'échelle du jardin qu'on a mise contre le mur... Ah ! mon Dieu, quel malheur ! quel malheur !

L'adjoint était devenu affreusement pâle.

— Courons, messieurs, dit-il, courons !

On ne pensa pas à vider les verres.

Devant la maison de Jacques Vaillant il y avait une douzaine de femmes, autant d'enfants et trois hommes ; mais personne n'avait osé entrer dans le jardin. Ceux-ci ne savaient rien encore ; ils s'interrogeaient.

— Gertrude est allée chez l'adjoint. Elle appelait au secours, elle criait au voleur !

— Les voici, les voici !

Gertrude et les trois hommes arrivaient.

La femme de ménage marchant devant, ils entrèrent dans la maison. Les autres voulurent suivre, mais le garde champêtre sur le seuil de la porte, dit :

— On n'entre pas.

La défense était formelle, on la respecta. Toutefois, comme elle n'interdisait point de circuler dans le jardin, on y resta, tournant autour de la maison.

L'adjoint et ceux qui l'accompagnaient virent dans la chambre de Jeanne ce que Gertrude avait vu ; il n'y avait pas à en douter, un ou plusieurs malfaiteurs s'étaient introduits dans la chambre. Jeanne s'était défendue contre eux. Pour l'empêcher de crier ou de mordre, Fidèle avait été assommé ou étranglé.

Mais l'adjoint, ayant ouvert les tiroirs de la commode de Jeanne, remarqua qu'ils n'avaient pas été fouillés. Tout y était rangé avec ordre. Dans une petite boîte, bien en vue, il y avait une vingtaine de pièces d'or et d'argent. D'ailleurs, la montre et la chaîne d'or de la jeune fille étaient là, accrochées au clou où elle les plaçait d'habitude, le soir, avant de se coucher.

Il n'était plus permis de supposer que Jeanne avait eu affaire à des voleurs.

— Mademoiselle Jeanne a été enlevée, opina le garde champêtre.

— Rapt avec violence et préméditation, ajouta l'adjoint ; cela ne paraît laisser aucun doute.

Fidèle mort, l'état dans lequel se trouvait la chambre prouvaient que Jeanne avait résisté à ses ravisseurs. Du reste, ne s'étaient-ils pas introduits par la fenêtre ?

Quand l'adjoint parut à ladite fenêtre, et dit, en se penchant en dehors :

— Voilà la jalousie brisée, voilà l'échelle... Ceux qui étaient en bas commencèrent à comprendre un peu.

Cependant, après avoir fait minutieusement l'inspection de la chambre de Jeanne, l'adjoint pénétra dans celle de Jacques Vaillant. Là, tout était dans l'ordre accoutumé.

Il allait se retirer lorsque ses yeux tombèrent sur la lettre écrite par Jeanne et laissée sur la tablette du bureau ouvert. Il lut :

... A mon père.

Il reconnut l'écriture de la jeune fille.

— Voilà qui est singulier, murmura-t-il.

Il prit la lettre et la tourna entre ses doigts, rêveur, cherchant à comprendre.

L'enveloppe était cachetée, il n'osa point la déchirer. Pourquoi Jeanne avait-elle écrit? On lui en avait donc laissé le temps? Mais que pouvait-elle dire à Jacques Vaillant?

L'adjoint se perdait dans toutes sortes de suppositions, il ne comprenait plus.

On avait pénétré dans la chambre de Jeanne par escalade, probablement pendant son sommeil ; elle s'était énergiquement défendue, tout le prouvait ; mais après, que s'était-il passé? L'adjoint s'arrêtait là, n'osant s'avancer dans l'obscurité. Il s'adressait cependant cette double question :

— A-t-elle été réellement enlevée avec violence ou bien, vaincue dans la lutte, a-t-elle consenti de bonne grâce à suivre son ravisseur?

Mais il ne pouvait se décider à accepter l'une ou l'autre de ces hypothèses.

Il conclut en mettant tout simplement la lettre dans sa poche.

Au retour de Jacques Vaillant le mystère serait éclairci.

Il n'avait plus rien à faire dans la maison ; il se retira en en confiant la garde à Gertrude, qui aurait peut-être bien voulu que cette mission fût donnée à un autre.

Avant de quitter les lieux, le garde champêtre crut devoir faire évacuer le jardin. Ensuite il rejoignit l'adjoint.

— Grave affaire, dit-il au second magistrat municipal.

— Tellement grave, père Mercier, que je crois indispensable d'en informer immédiatement la justice.

— Oui, il le faut. Si seulement nous avions des gendarmes au chef-lieu de canton ; mais tous ceux de l'arrondissement viennent d'être appelés à l'armée.

— A mon avis, père Mercier, les gendarmes ne sont pas utiles dans cette affaire. Du reste, que pouvons-nous faire, nous ? Rien. Il faut qu'un homme de loi, un homme du métier, s'occupe de cela. En l'absence du maire, que la chose intéresse doublement, il est de mon devoir d'avertir le juge de paix.

— C'est vrai.

— Vous allez donc partir immédiatement pour Haréville et, si vous le trouvez, vous reviendrez avec lui.

— Quand le capitaine sera-t-il de retour ?

— Demain matin au plus tard.

— Je pars.

— Allez, et revenez le plus vite possible.

Le garde champêtre trouva le juge de paix chez M. de Violaine où il déjeunait.

M. de Violaine et Suzanne connaissaient Jacques Vaillant et sa fille ; aussi ne furent-ils pas moins douloureusement émus que le juge de paix en apprenant le terrible événement.

On se leva de table avec précipitation.

— Je vais faire atteler, dit M. de Violaine ; nous partirons tous ensemble ; vous nous laisserez, ma fille et moi, à la grille du château de Mme de Simaise et la voiture vous mènera à Mareille. Vous la garderez, et quand vous aurez vu à Mareille ce que vous devez voir et fait ce que vous devez faire, vous viendrez nous retrouver à Vaucourt, chez la baronne.

Suzanne fut prête en un rien de temps. On trouva place pour quatre dans le phaéton et on se mit en route.

Le juge de paix, assisté de l'adjoint et du garde champêtre, fit, dans la maison de Jacques Vaillant, les constatations déjà faites par ceux-ci.

L'adjoint lui remit la lettre trouvée par lui sur le bureau du maire.

— Diable, diable ! fit le juge de paix devenu aussitôt plus soucieux et plus perplexe encore.

Il eut les mêmes scrupules que l'adjoint, il ne décacheta point la lettre.

Après avoir visité la maison, ces messieurs descendirent dans le jardin. Le juge de paix examina le sol avec attention ; malheureusement, ceux qu'on avait laissés entrer le matin dans le jardin avaient piétiné partout. Toutefois, on parvint à découvrir, à demi-effacées, des empreintes de pieds nus; là, le talon s'était incrusté dans la terre amollie par la pluie ; ici les cinq doigts étaient encore parfaitement marqués.

— Diable, diable ! fit encore le juge de paix.

Et par une distraction habituelle chez lui, sans doute, il se pinça fortement le bout du nez, essayant de l'allonger, comme pour lui dire : Tu n'es pas assez long pour que je puisse bien voir clair dans ce qui s'est passé ici la nuit dernière.

Tout à coup la voix de Gertrude cria :

— Voilà le capitaine !

Jacques Vaillant, qui avait annoncé une absence de quarante-huit heures, arrivait, en effet, beaucoup plus tôt qu'il ne l'avait prévu.

Il avait assisté à la réunion des francs-tireurs, mais il n'avait pu voir le préfet, très-occupé, très-affairé. On était à un moment critique qui ne donnait guère de loisirs aux fonctionnaires de tout ordre dans la région de l'Est. Peut-être M. le préfet était-il en train de faire ses malles pour battre en retraite à l'approche des Allemands. En faisant prier le maire de Mareille de l'excuser, s'il ne le recevait point, il remettait à plus tard, après les graves événements de l'instant, la conversation qu'ils devaient avoir ensemble au sujet des intérêts de la commune de Mareille.

Jacques Vaillant s'était donc empressé de quitter Épinal pour se retrouver plus tôt près de sa bien-aimée Jeanne.

Hélas! il ne se doutait guère de ce qui l'attendait au retour.

Le pauvre brave homme fut frappé comme d'un coup de foudre. Ce fut une explosion de douleur épouvantable impossible à décrire. Ce coup effroyable pouvait l'abattre comme l'épi sous la faux, le tuer. Il resta debout, les yeux secs, les membres tremblants, pâle à faire frémir, ayant en lui une rage sourde, insensée, qui grondait.

Pendant un assez long temps on resta silencieux et respectueux devant cette immense douleur; puis, jugeant le moment venu, le juge de paix lui mit dans la main la lettre de sa fille.

Il brisa l'enveloppe rapidement avec des mouvements fiévreux et il lut.

Aussitôt ses yeux s'agrandirent et ses prunelles se gonflèrent comme si elles allaient sortir des orbites; il jeta un cri rauque et s'affaissa sur un siége, écrasé!

La lettre était tombée à ses pieds. Le juge de paix la ramassa.

— Pouvons-nous lire? demanda-t-il.

Jacques Vaillant fit signe que oui.

Le juge de paix lut à haute voix.

Une exclamation de surprise, cri de douleur en même temps, s'échappa de toutes les poitrines.

Pour Jacques Vaillant, le juge de paix et les autres, tout était enfin expliqué.

— Le misérable, l'infâme! exclama Jacques, voilà sa reconnaissance pour les bienfaits!... Il a causé la mort de ma chère Catherine, et aujourd'hui c'est Jeanne, c'est ma fille !... Ma pauvre enfant, ma pauvre enfant ! Le jour où Catherine lui a rendu la liberté, je lui ai dit : « Pourvu que nous n'ayons pas à nous en repentir ! » C'était le pressentiment de ce qui devait arriver. Oh ! le monstre, le monstre !

Il laissa tomber sa tête dans ses mains et sanglota.

Les autres, les yeux mouillés de larmes, le regardaient avec une profonde compassion.

Il y eut un long silence.

— Il faut absolument qu'on s'empare de cet homme, dit le juge de paix.

— Ce sera difficile, répliqua l'adjoint.

— Qui s'en chargera ? fit le garde champêtre ; on nous a pris nos gendarmes.

— D'ailleurs, dit Jacques Vaillant, sortant de sa torpeur, il échappera au châtiment qu'il a mérité ; on ne verra en lui que ce qu'il est, un misérable sauvage, une brute, et on le déclarera irresponsable.

— C'est à prévoir, répondit le juge de paix ; cependant, monsieur le maire, on ne peut lui laisser plus longtemps sa liberté. Il faut absolument que nous délivrions la contrée d'un être aussi dangereux. Son crime de la nuit dernière nous impose le devoir de l'empêcher d'en commettre d'autres.

— Mais je ne m'oppose pas à ce qu'on le prenne ; qu'on l'enchaîne comme un loup enragé et qu'on le traîne dans un cachot ! s'écria le maire avec fureur.

Il ajouta avec plus de calme :

— Je suis tout entier à ma douleur, monsieur le juge de paix, j'ai la fièvre au cerveau. A vous de voir ce qu'il est urgent et utile de faire. Agissez, je ne m'oppose à rien, j'approuve tout.

Hélas ! continua-t-il d'un ton navrant, maintenant je

ne suis plus rien ; oui, je suis un homme perdu ; il me semble que, déjà, je ne suis plus qu'un cadavre.

— Jacques, mon ami, dit le juge de paix d'une voix émue, en saisissant la main du vieillard, pourquoi n'espéreriez-vous pas ? Jeanne n'a peut-être pas mis à exécution son fatal projet.

Jacques Vaillant secoua lentement la tête.

— Je la connais, répliqua-t-il, Jeanne est morte !

XIX

COMMENT JEAN LOUP, AVEC QUATRE MOTS, FAIT UN LONG RÉCIT

Ces lugubres paroles de Jacques Vaillant furent suivies d'un nouveau et morne silence.

— Mais, reprit le juge de paix, on a perdu beaucoup de temps ; on aurait dû, déjà, se mettre à la recherche de Mlle Jeanne. Vivante ou morte, il faut qu'on la trouve !

Ces paroles semblèrent ranimer le vieux capitaine.

— Oui, dit-il en se tournant vers son adjoint, qu'on la cherche, qu'on la cherche partout dans la rivière !

Ce dernier mot le fit tressaillir.

— Oh ! la destinée, la destinée ! murmura-t-il. Le père, la fille...

On ne comprit pas ce qu'il voulait dire.

Il ajouta, se parlant à lui-même :

— Jeanne est l'enfant du malheur !

— Bien que la journée soit déjà avancée, dit l'adjoint, nous allons commencer les recherches dès ce soir.

— Avec tous les hommes de bonne volonté que je vais pouvoir trouver, ajouta le garde champêtre.

L'adjoint et lui se retirèrent.

Alors, entre Jacques Vaillant et le juge de paix, il fut décidé que ce dernier instruirait le parquet de l'événement qui frappait si cruellement le maire de Mareille, et qu'on lui laisserait prendre l'initiative de telle ou telle mesure qu'il jugerait nécessaire.

Après cela, ayant serré les mains du malheureux vieillard avec une émotion visible, le juge de paix se sépara de lui et remonta dans le phaéton de M. de Violaine qui l'eut bientôt transporté au château de Vaucourt.

On l'attendait avec une impatience facile à concevoir.

La baronne avait une grande estime pour Jacques Vaillant, qui, à ses yeux, était la plus haute personnification de la loyauté, de la droiture, de l'honnêteté sous toutes ses formes. Comme Suzanne, Henriette connaissait Jeanne, qui était venue deux ou trois fois au château, accompagnant son père.

Dès que le juge de paix parut, les regards ardents se fixèrent sur lui, l'interrogeant.

— C'est épouvantable ! dit-il.

Et tout de suite, après ce préambule, il raconta ce que savent nos lecteurs.

— C'est impossible ! exclama la baronne.

— Je pense absolument comme madame la baronne, déclara M. de Violaine ; il y a erreur, les apparences trompent souvent ; Jean Loup n'a pas fait cela, n'a pas pu faire cela !

Suzanne, la main sur son front, avait l'air de réfléchir ; il lui semblait qu'elle faisait un rêve affreux.

Henriette, la tête baissée, de grosses larmes dans les yeux, était secouée par un tremblement nerveux.

Par égard pour les jeunes filles et pour ne point blesser leurs oreilles, le juge de paix avait été très-sobre de paroles touchant le crime supposé, n'ayant pas à mettre les points sur les i pour M. de Violaine et la baronne. Malgré cela les deux jeunes filles avaient compris.

— Monsieur le juge de paix, reprit Mme de Simaise avec un accent convaincu, celui qui a sauvé ma fille, qui allait tomber au fond du précipice de la Bosse grise, celui qui a sauvé l'enfant qui se noyait dans le Frou, ne peut pas être un misérable, un infâme !

— Malheureusement, madame, le doute n'est pas possible. J'ai omis de vous parler des empreintes, des larges empreintes de pieds nus que j'ai découvertes sur le sol près de la maison, au bas de l'écuelle. D'ailleurs, la lettre de la malheureuse jeune fille n'est que trop explicite. Mais cette lettre, je l'ai sur moi. La voici : tenez, madame la baronne, monsieur de Violaine, lisez, lisez !

La baronne lut la première, puis tendit silencieusement le papier à M. de Violaine.

Elle n'osait plus protester en faveur de Jean Loup.

M. de Violaine lut à son tour, puis rendit la lettre accusatrice au juge de paix.

— Je ne sais plus que dire, fit-il.

Suzanne se dressa sur ses jambes, la tête haute, les yeux étincelants.

— Eh bien, moi, s'écria-t-elle avec feu et l'emportement de sa nature ardente et généreuse, quand toute la terre accuserait Jean Loup, je ne cesserais pas de protester ; contre tous je soutiendrais qu'il est innocent !

Et vous, Henriette, vous à qui il a sauvé la vie, continua-t-elle, est-ce que vous ne le défendez pas comme moi?

Interpellée ainsi, Mlle de Simaise releva la tête. Elle avait la pâleur de la cire ; des larmes qu'elle ne put retenir jaillirent de ses yeux.

— Non, Suzanne, répondit-elle d'une voix troublée, je ne puis le défendre. Quand M. le juge de paix, M. de Violaine et ma mère le condamnent, il ne m'est plus possible de croire qu'il n'est point coupable.

Sur ces mots, sentant ses sanglots prêts à éclater, elle sortit précipitamment du salon pour aller s'enfermer dans sa chambre et y pleurer sans témoins.

Un instant après, le juge de paix, M. de Violaine et sa fille prirent congé de la baronne.

Celle-ci s'empressa de rejoindre sa fille ; elle la trouva en larmes. C'était une douleur qui approchait du désespoir. Mme de Simaise, qui ignorait absolument les allées et venues de Jean Loup aux alentours du château, et à qui on avait également caché la scène de la charmille, mit le chagrin de sa fille, tout en le trouvant un peu excessif, sur le compte de sa grande sensibilité nerveuse.

Mais Henriette savait-elle bien elle-même pourquoi elle pleurait?

De quoi ses larmes étaient-elles la manifestation?

Venait-elle de voir s'envoler, oiseau chassé du nid, sa première illusion de jeune fille!

Sa mère parvint, sinon à la consoler entièrement, du moins à sécher ses larmes.

La nuit, Henriette ne dormit pas. Bien plus qu'autrefois elle pensa à Jean Loup ; mais ses pensées n'étaient plus les mêmes. Maintenant elle voyait celui qui l'avait sauvée dépouillé de son prestige, n'ayant plus l'auréole sur le front. Le héros était tombé de son piédestal, il gisait dans la boue.

Oh ! comme elle se rappelait tout ce qui s'était passé dans la charmille !... Il s'était jeté sur elle comme une bête fauve, l'avait entourée de ses bras... C'était d'une brutalité semblable, mais hélas ! bien plus grande encore, dont Jeanne, la pauvre Jeanne Vaillant, avait été victime.

Avant, elle donnait tort à son frère qui avait eu l'audace, la méchanceté de frapper à coups de cravache son sauveur, son ami ; maintenant Raoul avait eu raison, il n'avait fait que son devoir en protégeant sa sœur, en la délivrant d'un horrible embrassement.

Ah ! comme elle regrettait, comme elle se repentait de s'être tant inquiétée, de s'être si vivement intéressée à ce misérable Jean Loup, à cette bête fauve, à ce monstre !

Elle aurait voulu pouvoir oublier qu'elle lui devait la vie.

Et même, par instant, il lui semblait, tant il y avait en elle de choses amères, qu'il eût mieux valu qu'elle tombât au fond du précipice que d'être sauvée par lui.

Le surlendemain matin, on apprit au château qu'on avait vainement fouillé le lit de la rivière pour retrouver le corps de la malheureuse Jeanne.

De guerre lasse on s'était résigné à cesser les recherches. Avant de les commencer, d'ailleurs, on était à peu près certain de leur inutilité.

Le Frou avait débordé et s'était transformé en torrent ; tous les bâtardeaux des écluses ayant été ouverts, on était convaincu que le cadavre avait été entraîné probablement jusque dans la Saône.

Le même jour, à deux heures de l'après-midi, Mme de Simaise sortit en voiture.

Henriette, indisposée, n'accompagnait pas sa mère. Après deux nuits d'insomnie, elle se sentait très-fatiguée ; elle avait le corps brisé, un peu de migraine.

La baronne se rendait chez M. de Violaine qui avait dû recevoir, dans la matinée, des renseignements précis sur la marche en avant des Prussiens ; on espérait encore qu'ils ne parviendraient pas à franchir les défilés des Vosges.

Il s'agissait de savoir si le département serait oui ou non envahi, si Mme de Simaise et sa fille devaient quitter Vaucourt pendant que M. de Violaine et Suzanne s'éloigneraient également d'Haréville ; ceux-ci pour se rendre en Bretagne, la baronne pour répondre au désir de la famille de Maurienne. Depuis huit jours Mme de Simaise et Henriette avaient reçu plusieurs lettres dans lesquelles le comte, la comtesse et les jeunes filles insistaient pour que la baronne et sa fille s'éloignassent du théâtre de la guerre et vinssent les rejoindre dans une de leurs propriétés au pied des Pyrénées.

Il allait être décidé, chez M. de Violaine, si l'on partirait ou si l'on resterait. Cela dépendait des renseignements donnés au châtelain d'Haréville.

Henriette était seule au château, dans le salon, affaissée sur un fauteuil, sa tête endolorie renversée sur le dossier. Les yeux à demi-fermés, elle songeait.

Tout à coup, un bruit qu'elle entendit dans le large corridor attira son attention. Une porte venait d'être ouverte et refermée. Qui donc pouvait être là ?

Mme de Simaise avait emmené la femme de chambre ; le valet de chambre était absent, en congé pour quelques jours ; la cuisinière était allée faire une commission et ne pouvait être encore de retour ; le jardinier n'entrait jamais dans le château sans y être appelé.

La jeune fille allait se lever pour voir qui était là, lorsque la porte du salon, s'ouvrant brusquement, elle vit Jean Loup se dresser devant elle.

Henriette bondit sur ses jambes en poussant un cri d'effroi, qu'elle ne put retenir. Elle voulut s'élancer vers une fenêtre pour appeler à son secours ; mais Jean Loup, devinant son intention, l'en empêcha en se jetant entre elle et la fenêtre.

Henriette recula terrifiée ; vainement elle essaya de crier, l'émotion, l'épouvante arrêtèrent les sons dans sa gorge.

Le sauvage était déjà triste en entrant, mais, en voyant l'effroi qu'il causait à la jeune fille, son visage prit une expression douloureuse.

Henriette s'attendait à le voir se jeter sur elle et se préparait à se défendre énergiquement, lorsque Jean Loup s'avança lentement, la tête baissée, et tomba sur ses genoux.

A demi-rassurée, la jeune fille le regarda avec surprise.

Il sortit de sa poche le portefeuille et l'anneau trouvés dans la chambre de Jeanne.

Reconnaissant ces deux objets, la surprise de la jeune fille se changea en stupéfaction. Comment le sauvage pouvait-il avoir en sa possession ce portefeuille et cet anneau ?

Jean Loup redressa sa tête intelligente et lentement, avec un accent de tristesse profonde, il prononça ces quatre mots : « Frère, Jeanne, Jean Loup, eau. » Ses yeux fixés sur ceux d'Henriette, il attendit un moment. Voyant qu'elle ne comprenait pas, il se releva, et avec des gestes parlants, une expression de physionomie d'une éloquence extraordinaire, en y mêlant les quatre mots : « Frère, Jeanne, Jean Loup, eau, » il joua sous les yeux de Mlle de Simaise une scène de pantomime qui la fit assister, pour ainsi dire, à ce qui s'était passé dans la chambre de Jeanne.

D'abord, avec sa main, il traça un espace imaginaire dans le salon, puis donna à sa tête la pose d'une personne endormie. Ensuite il figura une échelle et, montrant la fenêtre en disant : « Frère, » il eut l'air de monter, puis de franchir un balcon en faisant un saut. Après cela, il simula une lutte entre deux personnes à la suite de laquelle l'une des personnes, la plus faible, fut jetée sur quelque chose qu'il indiqua être un lit. Et il dit : « Jeanne. »

Aussitôt, il eut de nouveau l'air de monter à l'échelle et il fit le même saut que précédemment, en prononçant d'une voix vibrante : « Jean Loup. » Alors, il représenta une nouvelle lutte, et, indiquant qu'il avait terrassé son adversaire, il le montra étendu à ses pieds, en disant : « Frère, » et se désigna lui-même, en se frappant la poitrine, et en répétant deux fois : « Jean Loup! Jean Loup! »

Il rapprocha ses deux mains aux doigts crispés l'une de l'autre, et fit voir qu'il allait étrangler son ennemi ; mais soudain il se frappa le front, secoua la tête et recula avec une sorte de terreur en criant : « Frère ! frère ! » Puis il représenta son adversaire se relevant, franchissant le balcon de la fenêtre et se sauvant en descendant sur l'échelle.

Cela fait, il resta un instant immobile, les yeux baissés, puis il murmura : « Jeanne, Jeanne. »

Il montra la jeune fille reprenant connaissance, regardant autour d'elle avec effarement, poussant un cri rauque et se tordant les bras avec désespoir ; puis le repoussant, lui, Jean Loup, avec fureur, puis ouvrant une porte et s'élançant au dehors.

Henriette, haletante, les yeux écarquillés, ne perdait

pas un geste, pas un mouvement du sauvage et lisait pour ainsi dire le drame terrible dans ce que sa physionomie mobile exprimait successivement.

Elle était si vivement intéressée, si étrangement captivée, qu'elle oubliait dans quelle situation elle se trouvait, seule avec Jean Loup.

Jusque-là elle n'avait pas encore bien compris ; mais la clarté allait se faire et chasser toutes les obscurités.

Jean Loup posa sur le tapis, à l'endroit où il avait montré son adversaire terrassé, l'anneau et le portefeuille. Puis, il fit deux pas en arrière et resta un instant immobile, la tête inclinée sur sa poitrine, les bras ballants.

Soudain, il ouvrit démesurément les yeux, qui se fixèrent sur les deux objets ; il s'en rapprocha vivement, les ramassa et les tourna dans ses mains en criant : « Frère, frère ! » Ensuite il remit le portefeuille et l'anneau dans sa poche et indiqua qu'il s'était à son tour élancé hors de la chambre pour se mettre à la poursuite de Jeanne.

Il revint au milieu du salon et, simulant l'épouvante, il cria : « Eau ! eau ! »

Deux fois de suite il fit le simulacre de se précipiter, la première en disant : « Jeanne », la seconde en disant : « Jean Loup » ; puis, un pied en avant, un autre en arrière, le corps penché, il représenta un homme qui nage, écartant et ramenant successivement ses bras.

Enfin, il fit encore plusieurs gestes, voulant dire : Jeanne a été sauvée par moi avec l'aide de deux hommes ; et ces deux hommes, qui avaient une voiture, ont emmené Jeanne avec eux.

Ceci, Henriette ne le comprit pas ; elle crut, au contraire, que Jean Loup voulait lui apprendre qu'après avoir fait des efforts désespérés pour sauver la malheureuse Jeanne, il n'avait pu y réussir, le courant l'ayant rapidement entraînée.

Et ce qui lui fit croire qu'elle avait bien interprété la dernière pantomime, c'est que, ayant fini, Jean Loup poussa un long soupir et laissa tomber de ses yeux deux grosses larmes.

Henriette avait de la peine à contenir sa cruelle émotion, à empêcher ses sanglots d'éclater.

Jean Loup avait facilement reconquis son estime, son amitié et plus encore, son admiration.

Celui-ci reprit dans sa poche le portefeuille et l'anneau et les mit dans la main de la jeune fille. Après cela, il se dirigea vers la porte, en reculant. Il s'en allait triste comme il était venu.

Henriette oublia toute réserve. Elle s'élança vers lui, les yeux mouillés de larmes et, lui saisissant les deux mains, elle s'écria :

— Ah ! Jean Loup, Jean Loup, mon brave Jean Loup !

Le sauvage comprit la signification de ces paroles, qui remuèrent délicieusement toutes les fibres de son cœur. Ses yeux s'irradièrent, son front s'illumina.

Henriette le remerciait-elle de lui avoir rapporté les deux objets appartenant à son frère ? Non. Elle lui demandait pardon de l'avoir cru coupable, de l'avoir accusé !

Cependant, comme honteuse d'avoir obéi trop facilement à l'impulsion de son cœur, la jeune fille fit quelques pas en arrière.

Mais elle avait donné à Jean Loup plus de bonheur qu'il n'en demandait, plus qu'il n'avait osé en espérer. Il gagna la porte. Sur le seuil, avant de s'éloigner, il se souvint de la façon dont Jeanne avait adressé ses derniers adieux à Jacques Grandin, sur la route, le jour de son départ. Il posa l'extrémité de ses doigts sur ses lèvres et envoya à Henriette plusieurs baisers.

La jeune fille éprouva une sensation étrange, qui lui fit fermer les yeux. Quand elle les rouvrit, la porte était close, Jean Loup n'était plus là. Elle courut à la fenêtre et regarda. Jean Loup avait disparu.

Elle revint lentement près du fauteuil où elle était assise quand Jean Loup avait ouvert la porte du salon, et sur lequel elle avait jeté l'anneau et le portefeuille. Ces deux objets, frappant de nouveau sa vue, elle tressaillit et sentit un frisson dans toutes les parties de son corps, sa main fiévreuse s'empara des deux objets accusateurs et vite, comme si elle eût craint d'être surprise, elle les cacha dans son corsage.

— Si maman savait... murmura-t-elle. Oh! elle en mourrait!... Mais elle ne saura rien. Ce secret épouvantable restera caché là, dans mon cœur, tant que je ne serai pas forcée de le révéler!

XX

AFFREUSE DÉCOUVERTE

Henriette se laissa tomber dans le fauteuil, ses larmes jaillirent et elle pleura, la tête cachée dans ses mains.

Ainsi, Jean Loup, que la lettre de Jeanne désignait comme le criminel, que tout le monde accusait, qu'elle-même avait cru coupable, Jean Loup était innocent ! Le coupable, c'était son frère ! Son frère était le misérable auteur de cette infamie ! Il avait poussé Jeanne, son innocente victime, au suicide ! Et elle ne pouvait pas l'accuser hautement, elle était condamnée à se taire... C'était son frère !...

Ah ! le maudit ! c'était donc pour cela que, quelques heures après le crime, il les avait quittées, sa mère et elle avec tant de hâte, pour retourner à Paris? La peur lui avait fait prendre la fuite. Et il ignorait encore ce qui avait été la conséquence de son crime.

Maintenant, elle s'expliquait pourquoi, quand il venait à Vaucourt, il allait si souvent se promener du côté de Mareille.

Au moment de partir, quand il était venu lui dire à

revoir, il était pâle et avait de l'égarement dans le regard ; elle s'expliquait aussi pourquoi.

Elle avait remarqué une écorchure sur son visage ; elle lui avait demandé d'où cela lui venait et elle se souvenait de sa réponse :

« Hier soir, dans le parc, en passant, une branche a éraflé ma joue. »

C'était faux. La pauvre Jeanne, en se défendant contre lui, croyant, dans l'obscurité, avoir affaire à Jean Loup, Jeanne l'avait égratigné.

Chose singulière, il y avait dans le cœur d'Henriette, à côté de sa grande douleur, un vif sentiment de joie. Elle s'en aperçut et, après n'avoir été d'abord qu'étonnée, elle commença à s'effrayer.

— Mais que se passe-t-il donc en moi? s'écria-t-elle avec angoisse.

Pourquoi donc était-elle ainsi ? Pourquoi donc, quand elle devait être tout entière à sa douleur, plongée dans l'horreur causée par l'action de son frère, ressentait-elle cette joie, joie timide, il est vrai, qui n'osait encore se manifester, mais ayant déjà tant de puissance, qu'elle semblait enlever à sa douleur toute son amertume.

Elle voulut se rendre compte exactement de ce qu'elle éprouvait, et, longuement, elle regarda en elle-même, analysant l'une après l'autre toutes ses impressions.

A chaque question qu'elle s'adressait, une voix mystérieuse, dans son cœur, répondait : Jean Loup!

La lumière se fit, jaillissant comme une flamme d'incendie au milieu d'une nuit sombre.

— Oh! oh! fit-elle.

Puis elle se dressa comme sous l'action d'une pile électrique, et s'écria :

— Je l'aime! je l'aime!

Elle resta un instant frémissante, la tête inclinée, un nuage devant les yeux.

— Mon Dieu, protégez-moi ! dit-elle d'une voix presque éteinte, en s'agenouillant.

Mais quel démon s'est donc emparé de moi ? reprit-elle avec violence, après un court silence. Est-ce que je suis folle ? Est-ce que je ne sais plus ce que je dois à ma mère ? Est-ce que je n'ai plus le respect de moi-même ? Ah ! malheureuse, malheureuse !

J'aime Jean Loup, moi, moi ! C'est épouvantable ! Je l'aime, pourquoi ? Parce qu'il m'a sauvé la vie ? Mais c'est insensé, c'est de la folie !

Oh ! continua-t-elle avec une ironie amère, la fille de la baronne de Simaise aime Jean Loup, un sauvage, un être infime, qui n'a jamais vécu qu'avec les bêtes, un malheureux, un misérable que la plus pauvre fille du village repousserait avec mépris, avec horreur, avec dégoût !

Henriette de Simaise, qu'as-tu fait de ta dignité ? Qu'as-tu fait de ta fierté ?

Je l'aime !

Destinée maudite ! Fatalité implacable !

Je l'aime !

Où fuir, mon Dieu, où fuir ?

Où puis-je aller cacher ma honte ?

Je l'aime, je l'aime !

A ce moment elle entendit le bruit d'une voiture, sa mère revenait. Elle n'eut que le temps de se relever, de passer son mouchoir sur son visage et de calmer son agitation. La baronne entra dans le salon.

— Comme tu le vois, Henriette, dit-elle, je n'ai pas été bien longtemps ; j'ai tenu ma promesse en ne restant qu'un instant chez M. de Violaine.

— C'est vrai, chère mère. Comment va Suzanne ?

— Toujours la même. Oh ! celle-là a une nature à part, rien ne l'émeut, rien ne la tourmente.

Henriette étouffa un soupir qui semblait dire : Que ne suis-je comme Suzanne !

— Pourtant, ma mère, répondit-elle, Suzanne a beaucoup de cœur.

— Sans doute ; aussi ai-je voulu faire allusion seulement à la force de son caractère, à la puissance de sa volonté. Mais comme tu es pâle, Henriette ; tes yeux sont battus, rouges ; Henriette, tu as pleuré !

— Un peu, tout à l'heure, en pensant à la pauvre Jeanne Vaillant.

— Sans doute, ma fille, il y a lieu de s'apitoyer sur ce qui a été la destinée de cette malheureuse enfant et aussi de plaindre l'honnête homme qui avait donné à Jeanne son nom et toute sa tendresse ; cependant, il ne faut pas pousser cela à l'extrême et te rendre malade en pensant trop à ce malheur irréparable. Depuis deux jours je te trouve bien changée ; allons, aie un peu la force de ton amie Suzanne et chasse de ta pensée ces choses douloureuses. Après tout, nous connaissions à peine cette jeune fille.

Henriette ébaucha un pâle sourire, sans doute pour essayer de rassurer sa mère.

— Parlons d'autre chose, reprit la baronne ; ce soir nous allons préparer nos malles ; nous quittons Vaucourt demain matin ; c'est décidé.

— Oh ! oui, chère mère, partons, partons vite.

Elle pensait :

— Oui, oui, l'éloignement est ce qu'il me faut ; je ne penserai plus à lui !

La baronne la regardait avec un doux sourire.

— Je ne m'attendais pas à te voir si bien décidée, dit-elle ; il y a quatre jours tu déclarais encore que, malgré tout, tu ne quitterais pas Vaucourt.

— Chère mère, j'ai réfléchi depuis.

— Mon Dieu, j'étais comme toi ; je sentais qu'il me serait difficile, pénible de m'éloigner d'ici et je ne pouvais me résoudre à ce sacrifice. Les invitations pressantes de la famille de Maurienne d'un côté et de l'autre les observations de M. de Violaine ont vaincu ma résistance. Enfin, je te l'ai dit, nous partirons demain matin.

Après un moment d'hésitation, la jeune fille reprit, en rougissant un peu :

— A-t-on parlé de Jean Loup chez M. de Violaine ?

— Peu. Quelques mots seulement.

— Est-ce qu'on va essayer de le prendre ?

La baronne secoua la tête.

— Le misérable est tranquille pour longtemps encore, dit-elle.

— Comment cela, ma mère ? interrogea Henriette, qui sentait son cœur se dilater.

— Qui le prendrait ? fit la baronne.

— Le juge de paix n'a-t-il pas informé le parquet de ce qui s'est passé à Mareille ?

— Sans doute, mais où est maintenant le parquet ? Où sont le procureur impérial, le substitut, le juge d'instruction et tous les magistrats ? Hier, les Allemands sont entrés en maîtres à Epinal, la ville leur appartient. Le préfet a quitté sa préfecture, les magistrats ont abandonné leur palais de justice. L'administration française n'existe plus dans les Vosges. Les Prussiens s'emparent de tout ce qui leur tombe sous la main ; il faut qu'ils mangent et qu'ils boivent, ces affamés d'outre-Rhin, qui n'ont jamais connu que la misère dans leur pays.

La France est riche, ses terres sont grasses ; les Prussiens s'emparent du sol, le sol doit les nourrir. Toute une année nos paysans ont sué pour rien sur les sillons ; les Allemands leur prendront tout : le blé, l'avoine, le vin, les fourrages, les bestiaux ; ce qu'on ne leur livre pas de bonne volonté, ils le prennent de force ; si on résiste, ils frappent ou emmènent prisonniers les récalcitrants. Pour un oui, pour un non, ils incendient une ferme, brûlent des maisons.

Quand ils ne trouveront plus rien autour d'Epinal, parce qu'ils auront tout dévoré, ils viendront par ici, ils iront partout porter la désolation, la misère, la terreur !

Et voilà la guerre, chose épouvantable, chose maudite, chose infâme !

Dieu a fait les peuples frères, et les rois et les empereurs, qui parlent de leur droit divin, c'est-à-dire émané de Dieu, les rois poussent les hommes les uns contre les autres et les forcent à s'égorger !.... Voilà la guerre ! voilà la guerre !...

Tout l'Est de notre pauvre France, pays généreux par excellence, est sous le talon de l'Allemand !... Jusqu'où ira-t-il et combien de temps tout cela doit-il durer ?..., Dieu seul le sait !...

On prétend que nous ne sommes qu'au commencement de nos désastres... Hélas ! que Dieu protège la France ! Espérons, ma fille, oui espérons ; on n'écrase pas si facilement une grande nation, la première de l'univers !

La France tient dans ses mains solides le flambeau qui éclaire le monde, le flambeau du progrès, de la civilisation, des grandes idées ; le ciel ne permettra pas aux barbares du Nord de l'éteindre !

Mme de Simaise s'arrêta un instant pour respirer, car elle était haletante.

Elle était une noble fille des Vosges et comme eux

tous, là-bas, à cette époque terrible, elle s'exaltait dans son ardent patriotisme !

— Quand l'orage formidable aura passé, reprit-elle, quand les vaincus auront demandé la paix aux vainqueurs et accepté leurs conditions, les rouages arrêtés aujourd'hui seront remis en mouvement, chaque chose reprendra son cours, tout rentrera dans l'ordre.

Le rapport du juge de paix d'Haréville sera retrouvé dans le carton où il a sans doute été placé ; alors seulement on s'occupera de Jean Loup ; on fera ce qu'on aurait dû faire depuis longtemps : on s'emparera de lui, car il n'est plus possible de le laisser vivre à l'état sauvage. J'ignore ce qu'on fera de lui ; c'est l'affaire de la justice. Mais d'après ce que disait ici le juge de paix, et M. de Violaine et moi nous avons été complètement de de son avis, — il est impossible qu'on le fasse passer en cour d'assises et qu'il soit condamné.

— Ah ! fit la jeune fille débarrassée subitement d'une horrible oppression.

— Si coupable que soit Jean Loup, continua la baronne, la justice devant lui est désarmée ; elle ne peut rien contre ce malheureux, ce sauvage qui, évidemment, n'a pas conscience de ses actes.

Maintenant, Henriette, si tu le veux bien, nous allons faire nos préparatifs de départ.

— Chère mère, dans une heure j'aurai préparé toutes les affaires que je dois emporter.

Elle s'approcha de Mme de Simaise, qui lui mit un baiser sur le front, et elle sortit du salon pour monter dans sa chambre.

Elle sentait son cœur plus léger, sa pensée moins tourmentée.

Jean Loup ne pouvait pas être condamné ; il n'y avait

pas possibilité de lui infliger le châtiment du crime dont il était innocent !

Quel poids énorme dont elle était déchargée !

Le lendemain, à neuf heures du matin, Mme de Simaise et sa fille montaient dans la voiture qui allait les conduire à Vesoul où les Prussiens n'étaient pas encore.

— Bientôt, je serai loin d'ici, se disait Henriette, jetant un dernier regard sur le flanc noir de la Bosse grise ; là-bas, dans les Pyrénées, près de mes amies, Emma et Blanche, je ne penserai plus à lui ; oh ! oui, il faut que je l'oublie, il le faut !

XXI

UN SOUFFLET, UN COUP DE POING

Les Prussiens faisaient dans le département d'importantes réquisitions ; ils enlevaient les récoltes de gré ou de force, et vidaient successivement tous les greniers. Ah ! il ne faisait pas bon leur résister ! Les coups de plat de sabre et de crosse de fusil allaient leur train. Si on les menaçait, on risquait sa liberté et même sa vie.

Intimider, effrayer, terrifier les populations étaient leurs procédés ordinaires.

Ils forçaient les cultivateurs à conduire à Epinal, avec les bêtes de trait qu'ils ne leur prenaient pas, chevaux et bœufs, les chariots chargés de leurs réquisitions à main armée.

Ils avaient à Epinal un magasin général, véritable grenier d'abondance. Là on faisait chaque jour une distribution énorme de vivres, de graines fourragères et de fourrages. Si l'avoine manquait, comme elle ne leur coûtait pas plus cher que le blé, ils donnaient le blé à a cavalerie.

Outre la garnison importante qu'ils avaient à Epinal,

il y passait aussi, journellement, de nombreuses troupes. Il fallait bien pourvoir aux besoins de ces cohortes, qui arrivaient de tous les pays d'Allemagne pour se ruer sur la France.

Un jour, un convoi de réquisitions fut attaqué, près de Mareille, par une cinquantaine de francs-tireurs. A la suite d'une défense, qui dura moins d'un quart d'heure, les francs-tireurs s'emparèrent du convoi. Sur douze Prussiens qui escortaient le convoi, neuf restèrent sur le terrain, cinq morts et quatre blessés ; les autres avaient pris la fuite.

Les habitants de Mareille, sur l'ordre de Jacques Vaillant, recueillirent les blessés et enterrèrent les morts.

La journée du lendemain se passa sans incident, mais le surlendemain, un peu avant la nuit, quatre cents hommes environ, amenant avec eux deux pièces de canon, arrivèrent à Mareille. Le commandant de cette troupe était un officier de Poméranie, grossier et brutal.

— Monsieur, dit-il au maire d'un ton hautain et insolent, nous vous rendons responsables, vous et tous les habitants de la commune, de ce qui s'est passé avant-hier.

— Et pourquoi ? demanda Jacques Vaillant.

— D'abord parce que le convoi a été attaqué près d'ici et que votre devoir était de protéger nos soldats et au besoin de les défendre.

— Pardon, monsieur l'officier, mais il me semble que vous oubliez que nous sommes en guerre ; ce qui s'est passé avant-hier sur la route n'est-il pas un fait de guerre ?

— Non, s'écria l'officier avec emportement, car nos soldats ont été surpris et assassinés par des bandits !

— Des Français qui combattent pour la défense de leur pays ! répliqua le maire avec dignité.

— Des francs-tireurs, monsieur, des bandits, vous dis-je, des brigands !

— Un franc-tireur est un soldat, un brave soldat comme un autre.

— Nous n'admettons pas cela, nous ne l'admettrons jamais, riposta le Poméranien en frappant du pied avec colère. Mais, continua-t-il, toute cette discussion est inutile. Voici ce que je veux : plusieurs habitants de Mareille, — on m'a dit douze, — ont pris les armes contre nous et font partie de la bande qui a attaqué le convoi ; il me faut ces douze hommes.

Le maire haussa les épaules.

— Ah ! çà, fit-il, est-ce que vous croyez que je les ai mis sous clef, pour n'avoir qu'à vous dire : Prenez-les ! Si vous avez absolument besoin de ces hommes, monsieur l'officier prussien, allez les chercher.

Le Poméranien devint rouge comme une écrevisse cuite.

— Monsieur le maire, répliqua-t-il, si les francs-tireurs de Mareille ne sont pas dans la commune, ils y ont chacun leur famille ; eh bien, je me contenterai, jusqu'à ce qu'ils viennent se livrer eux-mêmes à Épinal, de prendre en otage une personne de chaque famille. J'ai dit. Maintenant, monsieur le maire, vous allez me livrer mes otages.

Jacques Vaillant devint affreusement pâle et se mit à trembler d'indignation et de colère.

— Monsieur l'officier, s'écria-t-il d'une voix vibrante, je ne suis qu'un pauvre vieillard, mais c'est un cœur français qui bat dans ma poitrine ! Je n'ai que ceci à vous répondre : Vous venez d'insulter un vieux soldat de la France !

Sur ces mots, Jacques Vaillant tourna brusquement le dos au Prussien et sortit de la salle de la mairie.

L'officier n'avait qu'un signe à faire pour que le vieillard fût saisi et ramené devant lui. Il le laissa aller. Mais ses yeux étincelaient de fureur mal contenue, et il tordait sa longue moustache avec rage.

Au bout d'un instant, il s'adressa à un de ses subordonnés et lui dit :

— Prenez vingt hommes, choisissez la plus grosse ferme dans le village et mettez-y le feu immédiatement. Cela d'abord, nous verrons après. Allez !

L'officier subalterne porta la main à son front et sortit pour exécuter l'ordre de son chef.

Debout sur une des larges entailles de la Bosse grise, Jean Loup avait vu arriver les Prussiens, et il était resté à la même place, rêveur, les yeux fixés sur les maisons de Mareille, que la nuit n'avait pas tardé à envelopper de son ombre.

Jean Loup ignorait absolument ce qu'est cette chose horrible qu'on appelle la guerre; mais il savait que les Prussiens étaient les ennemis des Français comme les animaux féroces sont les ennemis de l'homme.

L'avant-veille il avait été témoin de l'attaque du convoi. Déjà, quelques jours auparavant, il avait vu un paysan de Blignycourt frappé à coups de crosses de fusils par des soldats furieux, et laissé sur la place à demi-assommé.

C'était plus qu'il n'en fallait pour que Jean Loup prît en haine les soldats allemands.

La nuit, comme nous venons de le dire, l'avait surpris sur une des plates-formes de la Bosse grise. Il se disposait à descendre pour rentrer dans sa grotte, lorsque d'immenses clameurs vibrèrent dans l'air, traversèrent l'espace et arrivèrent jusqu'à lui.

Presque aussitôt une grande flamme rouge de laquelle se détachait comme une pluie d'étincelles, s'élança vers le ciel au milieu d'un immense tourbillon de fumée. La flamme était si vive que le village tout entier se trouva subitement éclairé et que la clarté vint frapper le rocher, comme en plein jour les rayons du soleil.

Jean Loup comprit qu'une maison était en feu. Une fois déjà, mais de loin, il avait eu sous les yeux le spectacle d'un incendie. L'occasion se présentait de voir de près, il ne voulut pas la laisser échapper.

Il descendit rapidement et d'autant plus facilement que la flamme l'éclairait, et partit comme une flèche. Il arriva sur le lieu du sinistre en passant à travers les jardins ; craignant d'être aperçu, il se glissa dans une espèce de cabane, construite avec des fagots, dans laquelle on avait suspendu des touffes de haricots pour qu'elles achevassent de sécher à l'abri de la pluie.

De là, à trente pas seulement de la maison qui brûlait, il pouvait admirablement voir l'incendie et ne rien perdre de la scène étrange qui se passait dans la rue.

Les soldats prussiens formaient un large cercle autour de la maison et tenaient à distance les habitants qui essayaient d'approcher. Aux larmes des uns, aux cris d'épouvante, de désespoir et aux exclamations furieuses des autres, les soldats répondaient par de bruyants éclats de rire.

Un homme et une femme, — c'étaient le fermier et la fermière, — suppliaient les soldats de leur permettre de sauver au moins leur bétail. Larmes, gémissements, prières, tout fut inutile. Ils furent repoussés loin de leur demeure, dont le toit allait bientôt s'effondrer.

On entendait dans les écuries un vacarme infernal. C'étaient les hennissements des chevaux, les beuglements des bêtes à cornes, les bêlements des brebis, le bruit sourd de pieds enragés battant le sol ou frappant des planches dans des ruades folles. Les pauvres bêtes affolées, à demi-asphyxiées par la fumée, bondissaient, se tordaient, s'étranglaient, faisaient des efforts désespérés pour rompre leurs liens.

Mais le chef avait dit :

— Que tout brûle !

Et tout brûlait. Les animaux étaient condamnés à être grillés au milieu de l'immense brasier.

Dans l'espace libre de la rue, trois officiers se promenaient tranquillement, en fumant leur cigare. L'un d'eux était le commandant.

Tout à coup, un homme franchit la haie formée par les soldats et marcha rapidement vers les trois officiers.

Jean Loup reconnut Jacques Vaillant.

Le vieillard s'adressa au commandant.

— Monsieur, lui dit-il d'une voix éclatante, et ne pouvant contenir sa colère, ce que vous avez fait est infâme !

— J'offre une fête de joie à mes soldats, répondit cyniquement l'officier.

— Prussien, riposta Jacques Vaillant avec plus de violence encore, votre conduite n'est pas celle d'un homme ; ce que vous avez fait est l'action d'un lâche !

L'officier leva la main et frappa le vieillard au visage.

Oh ! oui, Jacques Vaillant ne s'était pas trompé ; c'était bien un lâche !

Tout étourdi, le vieillard fit quelques pas en arrière en chancelant ; puis il se redressa, prêt à s'élancer sur son brutal agresseur. Il n'en eut pas le temps.

Jean Loup avait vu. Il poussa une sorte de rugissement, bondit hors de la cabane, sauta par dessus une palissade, culbuta un soldat qui se trouva sur son passage, fondit sur l'officier et, d'un seul coup de poing, qu'il lui porta en pleine figure, il le coucha à terre tout de son long, sur le dos.

Jean Loup ! c'est Jean Loup ! s'écrièrent cinquante voix dans la foule.

Un murmure de colère avait suivi le soufflet ; un murmure de satisfaction et d'approbation suivit le coup de poing.

Les paysans n'avaient plus l'air de se souvenir que Jean Loup était accusé d'un crime odieux ; ils ne voyaient que le fait du moment : le maire de Mareille, le vieillard vengé.

Jean Loup était arrivé comme un boulet de canon et avait frappé comme la foudre.

Avant que les deux officiers aient eu le temps de revenir de leur surprise, Jean Loup avait disparu à travers les jardins, après avoir fait une seconde fois une trouée dans le cercle des soldats.

Les deux officiers aidèrent leur chef à se relever ; il était complètement étourdi, aveuglé et couvert de sang. Il avait le nez écrasé et quatre dents cassées.

Une heure après, les Prussiens s'éloignaient de Mareille. Ils emmenaient un prisonnier : Jacques Vaillant.

Après son exploit, Jean Loup était rentré dans sa grotte, s'était jeté sur son lit de feuilles sèches et n'avait pas tardé à s'endormir. Son sommeil fut très-agité, toute la nuit il eut le cauchemar.

Il ne voyait que des maisons en feu et des casques pointus ; il n'entendait que des hurlements, des éclats de rire de démons, les explosions de la poudre, un cliquetis d'armes dans le choc d'une bataille. Au milieu de la mêlée il vit un homme, coiffé d'un casque doré, qui frappait à coups redoublés une femme, une jeune fille. Il reconnut l'homme, c'était le chef à qui il avait fait sentir la force de so   il   onnut la jeune fille, c'était Henriette de S.

Il se réveilla en pouss   u   cri. Il était tout en nage. La sueur qui pe ait s   n front était glacée. Son cœur battait à se ro   .e et il sentait sur sa poitrine comme un poids qui l'empêchait de respirer. Il lui fallut près d'une demi-heure pour se remettre.

Un filet de lumière tomba dans la grotte et lui annonça la naissance du jour.

Il se dressa debout, s'étira les bras, marcha dans les ténèbres vers un coin de sa demeure et ses mains cherchèrent à tâtons. Après le rêve il avait fait ses réflexions et une idée lui était venue. Ses mains rencontrèrent le fusil et il eut son grognement habituel, lequel, chez lui, était aussi bien la manifestation de la colère que de la joie.

Il ne s'était jamais servi de son fusil pour faire la chasse aux oiseaux ou à tel ou tel autre gibier de la forêt. Pourtant il savait tirer. Jacques Grandin lui avait appris le maniement de cette arme : à charger, à épauler, à mettre en joue, à faire feu.

Le fusil, depuis si longtemps au repos, allait enfin jouer un rôle. Jean Loup avait résolu de faire la chasse aux Prussiens.

XXII

LE PARTISAN

Bien qu'il eût alors plus de vingt ans, notre sauvage sans famille, sans nom, sans état civil, n'avait pu être appelé au tirage au sort ; mais il allait, de plein gré, satisfaire en quelque sorte à la loi du recrutement. Jean Loup se faisait franc-tireur ; il allait payer la dette que tout homme valide doit à la patrie.

Il passa une partie de la matinée à nettoyer, aussi bien qu'il le put, la batterie du fusil et à enlever les nombreuses taches de rouille qui commençaient à ronger le canon d'acier.

Quand il jugea l'arme dans un état satisfaisant, c'est-à-dire suffisamment propre, il rentra dans la grotte, enfonça sa main dans une fente et la retira tenant entre ses doigts la pièce d'or que le cocher Landry avait, à son insu, glissée dans sa poche.

Cela fait, il sortit, prit le fusil, qu'il avait laissé sur une roche, le mit sur son épaule et s'éloigna rapidement.

Bientôt il se trouva sur le chemin qui traverse cette

partie de la forêt et conduit directement à Blignycourt.

Après une bonne heure de marche il arriva au village.

On savait déjà à Blignycourt que, la veille, il avait presque assommé un officier prussien, lequel avait eu le triste courage de porter la main sur le maire de Mareille, un vieillard.

A Blignycourt, nous le savons, personne ne lui était hostile : aussi l'accusation portée contre lui y avait-elle trouvé de nombreux incrédules.

— Mais voyez donc Jean Loup, disait-on en le voyant passer, Jean Loup avec un fusil?... Qui donc lui a donné ce fusil? Où donc va-t-il comme cela? Regardez comme il se redresse, comme il a l'air crâne !

— S'il savait se servir de son fusil, dit un paysan, je plaindrais les bêtes de la forêt: quelle boucherie, mes amis, quelle boucherie !

— Ce n'est pas le tout d'avoir un fusil et de savoir s'en servir, répliqua un autre paysan, il faut encore avoir de la poudre, du plomb, des capsules. Or, où voulez-vous que Jean Loup trouve tout cela? Les munitions de se donnent pas, elles s'achètent, et tout le monde sait que Jean Loup n'a jamais eu un sou dans sa poche.

— C'est vrai, ce pauvre Jean Loup! J'ai encore chez moi, dans un placard, cinq cents grammes de bonne poudre de chasse et plus d'un kilogramme de gros plomb; j'en ferais volontiers cadeau à Jean Loup pour peu que cela lui fasse plaisir.

Dans la rue les gamins criaient :

— C'est Jean Loup ! Bonjour Jean Loup ! Comment vas-tu, Jean Loup? Est-ce que tu vas à la chasse?

Jean Loup n'écoutait rien; mais il marchait lentement, jetant les yeux à droite et à gauche sur les maisons. Enfin, il s'arrêta devant la boutique de l'épicier. La porte était ouverte, il entra.

C'était la première fois qu'on le voyait mettre les pieds dans une maison. On trouva cela si étrange qu'il y eut bientôt un rassemblement devant la boutique.

L'épicière, seule en ce moment, avait eu d'abord grand'peur et s'était réfugiée derrière son comptoir. Mais elle se rassura en voyant que Jean Loup lui rendait visite avec des intentions tout à fait pacifiques.

— Que voulez-vous? lui demanda-t-elle.

Jean Loup fit sonner le carreau de terre cuite sous la crosse de son fusil et par gestes, montrant sa pièce de vingt francs, il essaya de dire à l'épicière ce qu'il voulait.

Celle-ci ne parvenait pas à comprendre.

Derrière Jean Loup quelques curieux étaient entrés dans la boutique. S'ils avaient été étonnés en le voyant franchir le seuil de la maison, ils le furent bien plus encore quand ils virent une pièce d'or reluire entre ses doigts.

Quoi, Jean Loup avait de l'or ! Comment cela se faisait-il? Avait-il donc découvert un trésor ?

Certes, il ne pouvait venir à l'idée de personne qu'il avait dérobé quelque part ce louis d'or.

— Comment, dit un homme à l'épicière, vous ne voyez pas ce que Jean Loup vous demande?

— Non, vraiment.

— Pourtant, c'est facile à deviner : il désire vous acheter ce qu'il faut pour charger son fusil.

— C'est vrai, c'est vrai, fit la femme en se frappant le front ; comment n'ai-je pas compris tout de suite?

— Avez-vous de la poudre?

— Vous savez bien que nous ne sommes pas autorisés à en vendre.

— Soit, Jean Loup en trouvera ailleurs. Vous avez du plomb ?

— Oh! ce n'est pas cela qui nous manque. Nous avions fait notre provision pour la chasse et... on ne chassera pas cette année ; de sorte que tout cela nous restera.

— Pour l'année prochaine.

— Sans doute, mais c'est toujours de l'argent avancé pour rien.

— Montrez à Jean Loup vos divers numéros de plomb afin qu'il choisisse ce qui lui convient.

L'épicière s'empressa de placer sous les yeux de Jean Loup une boîte à huit compartiments, contenant chacun du plomb de différentes grosseurs.

Jean Loup regarda et secoua la tête, voulant dire que ce n'était pas cela qu'il voulait. En même temps ses yeux tombèrent sur une autre boîte pleine de billes de toutes les couleurs. Il en prit une et la montra à la marchande avec un regard expressif.

— Tiens, tiens, fit l'homme, pas bête Jean Loup! Il n'a pas besoin de savoir parler pour se faire comprendre ; ce qu'il veut, ce sont des balles ; en avez-vous?

L'épicière présenta le récipient des balles ; il lui en restait neuf. Jean Loup en essaya une à l'orifice du canon du fusil et fit signe qu'il en voulait encore d'autres.

— Bon, fit l'obligeante personne qui parlait pour Jean Loup, il trouve que neuf balles ne sont pas suffisantes ; n'importe, comme elles sont de calibre, il les prend tout de même. Enveloppez-les en y joignant une boîte de capsules.

Le petit paquet fut vite fait. L'épicière prit la pièce de vingt francs, que Jean Loup avait posée sur le comptoir, et rendit dix-neuf francs soixante centimes.

— Vous voyez, dit-elle, je ne compte pas les balles, je les lui donne.

— C'est très-bien, je vous remercie pour lui.

Jean Loup, ouvrant de grands yeux, restait comme en extase devant les trois grosses pièces de cinq francs, les quatre de un franc et les soixante centimes de monnaie de cuivre que la marchande avait poussées devant lui. Evidemment, il était surpris de la transformation de sa pièce d'or, et il cherchait à s'expliquer comment, ayant donné un tout petit morceau de métal, on lui en rendait un certain nombre d'autres beaucoup plus gros, car il comprenait très-bien que tout cet argent qui était sur le comptoir lui appartenait.

Son interprète lui fit signe de prendre son argent, puis il lui dit :

— Viens !

Jean Loup le suivit.

A l'extrémité du village, ils entrèrent dans une maison de chétive apparence, où ils trouvèrent une commère occupée à laver la figure d'un gamin de trois à quatre ans, tout barbouillé de confitures de mirabelles et qui braillait comme si on l'eût écorché.

Cependant, à la vue de Jean Loup, la peur, sans doute, calma les cris du bambin, qui s'échappa des bras de sa mère et courut se fourrer sous un lit.

— Voici ce qui nous amène chez vous, dit le compagnon de Jean Loup à la grosse femme : Jean Loup, que vous connaissez, sinon pour l'avoir vu déjà, mais pour avoir souvent entendu parler de lui, a besoin d'un kilogramme de poudre et de trente ou quarante balles du calibre de son fusil; il a de l'argent pour payer.

— Certainement, certainement, mais...

— Ne me dites pas que vous n'avez ni poudre, ni balles, je ne vous croirais pas. C'est chez vous que se trouve le dépôt où les francs-tireurs viennent s'approvisionner; donc vous avez ce que je vous demande.

— Eh bien, oui, monsieur Bertault ; mais vous devez bien comprendre que je ne puis vendre à d'autres ce qui est pour les francs-tireurs ; si je faisais cela, mon mari serait furieux contre moi.

— J'expliquerai la chose à votre mari, et il ne dira rien. D'ailleurs, écoutez : Vous savez ce qui s'est passé hier soir à Mareille.

— Oui. Ah ! les brigands de Prussiens !

— Alors on vous a dit que Jean Loup, ici présent, a failli assommer un des chefs d'un coup de poing.

— Mon mari m'a raconté la chose.

— Eh bien, j'ai deviné ce que Jean Loup fera de la poudre et des balles que vous allez lui vendre : il tirera sur les Prussiens. Maintenant, vous n'avez plus à hésiter, vous ne violez pas la consigne, vous avez affaire à un franc-tireur.

La commère, ne trouvant pas de réplique à ces paroles, s'exécuta enfin de bonne grâce. Elle livra la poudre, les balles et en fit un paquet dans lequel elle enferma le précédent achat fait chez l'épicier.

Jean Loup paya, et lui et son compagnon sortirent de la maison, donnant à la grosse femme le loisir d'achever de débarbouiller son enfant, qui était toujours caché sous le lit.

Jean Loup, son paquet sous son bras et son fusil sur l'épaule, rentra dans la forêt fier comme s'il venait de faire la conquête du monde.

Quand il se retrouva au milieu de ses roches, sa première pensée fut d'essayer en même temps son arme et son adresse. Il chargea le fusil, ainsi que Jacques Grandin lui avait montré à le faire, ne mettant ni trop, ni trop peu de poudre. Alors il ajusta le tronc d'un chêne, à environ cinquante pas de lui, et tira les deux coups.

Allons, l'arme fonctionnait. Restait à savoir ce qu'il

devait penser de son adresse. Il courut examiner le tronc du chêne. A l'endroit où il avait visé, il y avait deux trous, à une distance l'un de l'autre de cinq ou six centimètres. Les balles avaient traversé l'écorce et pénétré dans l'arbre à une certaine profondeur.

Les yeux de Jean Loup rayonnèrent.

Il rechargea son fusil, toujours avec les mêmes précautions, les mêmes soins; mais il ne tira plus. Maintenant il n'avait plus à mettre son adresse à l'épreuve. Et puis il ne tenait pas à user ses munitions à un jeu d'enfants.

A partir du lendemain, il commença à se mettre en embuscade, tantôt d'un côté, tantôt d'un autre. Il s'était donné la tâche de surveiller les deux routes qui conduisent à Mareille : celle de la montagne, qui ne passe pas à plus de deux cents mètres de la Bosse grise, et celle du bord de l'eau, entre le Frou et la lisière de la forêt.

Le quatrième jour, il était en observation sur le plateau, embusqué derrière une roche; quarante ou cinquante pas seulement le séparaient de la route. De loin, il vit venir deux uhlans, marchant en éclaireurs, précédant une petite colonne qui allait ou venait de faire des réquisitions.

Il prit son fusil, appuya le canon dans un cran de la roche et attendit.

Quand les cavaliers furent à peu près en face de lui, il tira ses deux coups. Les deux hommes tombèrent. Les chevaux effrayés bondirent en avant et descendirent le coteau ventre à terre.

Jean Loup se redressa, poussa un cri de triomphe et disparut bientôt derrière la Bosse grise.

Un quart d'heure après, les Prussiens relevaient leurs camarades. L'un était mort, l'autre dangereusement blessé.

Quelques jours plus tard, sur la route du bord de l'eau, un soldat allemand tombait encore frappé mortellement.

Il était rare qu'une troupe ennemie, plus ou moins nombreuse, passât sur l'une ou l'autre route, sans recevoir des balles d'une embuscade.

Les Prussiens ne s'aventuraient plus du côté de la forêt et du côté des roches sans prendre les plus grandes précautions.

Celui qui les attaquait, toujours à l'improviste, n'importe à quelle heure de la journée, devenait pour eux un ennemi des plus redoutables, et d'autant plus terrible qu'il était insaisissable.

Qui donc était-il ce tireur audacieux, ce partisan enragé, invisible, qui semblait être partout et qu'on ne voyait nulle part?

Les Allemands cherchaient à le savoir: ils interrogeaient les gens du pays, les menaçaient de leur colère, de terribles représailles. Mais les paysans avaient l'air de ne pas comprendre ce qu'on voulait leur dire. Et pourtant, dans tout le canton, on savait à quoi s'en tenir. Seulement, les paysans avaient les Prussiens en exécration et ne rêvaient que la complète extermination de toutes les hordes allemandes, non pas seulement parce qu'ils étaient ruinés par leurs exactions, mais parce que, non contents de leur tout prendre et d'incendier leurs granges, ces soldats farouches, sans cœur, impitoyables, fusillaient ceux d'entre eux qui, poussés à bout, avaient pris le fusil pour se mettre à l'affût du uhlan.

Ils avaient fusillé, à Haréville, Georges Simon et sa femme contre le mur de leur maison en feu; bien d'autres encore avaient été passés par les armes : un franc-tireur de Blignycourt et son vieux père, deux cultivateurs de Vaucourt. A Mareille, ils avaient brûlé la ferme du grand Pernet, arraché de sa maison et emmené prisonnier Jacques Vaillant, le maire. Quel avait été le sort du vieux capitaine ? Qui sait si, lui aussi, n'avait pas été fusillé à l'angle d'un mur ou au coin d'un bois ?

Voilà pour quelles raisons il n'y avait pas dans la contrée un Français patriote capable de trahir Jean Loup.

Malheureusement, aussi bien dans les Vosges qu'ailleurs, il y a de mauvais Français, des hommes indignes pour qui les mots « honneur national » ne signifient rien du tout, et qui ont dans le cœur l'égoïsme à la place du patriotisme.

Un jour, pour conserver un cheval que les soldats réquisitionnaires voulaient lui prendre, un paysan assez mal famé, d'ailleurs, dénonça Jean Loup et indiqua la Bosse grise comme étant le lieu où le sauvage avait établi sa demeure.

Le délateur, le traître eut sa récompense : on lui laissa son cheval.

Deux jours après, la nuit, les Prussiens, au nombre de deux cent cinquante, se dirigèrent silencieusement vers la Bosse grise, et, quand le jour parut, le gigantesque rocher et les roches environnantes étaient cernés de tous les côtés.

Si, comme les Prussiens avaient le droit de l'espérer, le terrible partisan avait passé la nuit dans son refuge, il était impossible qu'il leur échappât.

Capturé, Jean Loup serait immédiatement fusillé.

Sur un ordre du chef, l'attaque commença. Pendant qu'une partie de la troupe prenait d'assaut la Bosse grise, les soldats, échelonnés dans le bois, se tenaient prêts à faire feu. Comme, de ce côté, on ne pouvait pas approcher des roches, à cause du rempart de broussailles qui les défendait, les soldats allumèrent des torches, qu'ils lancèrent au milieu des ronces, et bientôt la Bosse grise se trouva entourée de flammes et de fumée.

Le feu se propageant, gagnant le bois, la forêt tout entière pouvait être incendiée; mais cela importait fort peu aux Prussiens.

Heureusement, il tombait une pluie fine, serrée, et il n'y avait qu'un faible souffle de vent qui, venant du nord-ouest, chassait les flammes du côté du plateau rocheux.

Les ronces et les épines, un petit carré de taillis et quelques baliveaux brûlèrent seuls.

Enfin, du côté de la forêt, la Bosse grise était abordable.

L'entrée de la grotte fut découverte. Il n'y avait pas à en douter, le repaire du redoutable partisan, de l'homme sauvage qu'on appelait Jean Loup, était là. Le sol foulé sous les pieds, un panier grossièrement façonné, un tas de copeaux, une innombrable quantité de coquilles d'escargots, tout le disait.

Deux soldats allumèrent chacun une torche, et six autres, marchant en avant, le sabre-baïonnette au bout du fusil, s'engagèrent dans le passage qui conduisait à la grotte.

Pour la première fois depuis qu'elle existait, la sombre demeure de Jean Loup se trouva complètement éclairée.

Les soldats virent la couche de feuilles sèches, encore chaude, ce qui indiquait que Jean Loup avait passé la nuit dans la grotte. Mais ils eurent beau chercher partout, éclairer tous les trous, toutes les cavités, Jean Loup n'était plus là, Jean Loup ne les avait pas attendus, Jean Loup avait disparu.

Où était-il?

Pas bien loin.

Jean Loup était couché au fond d'une excavation de la Bosse grise.

Et il était là bien caché, à l'abri des balles, n'ayant absolument rien à redouter de ses ennemis, auraient-ils été cent fois plus nombreux.

D'ailleurs, eussent-ils su où il se trouvait, comment les Prussiens auraient-ils pu s'emparer de lui ?

Il y avait pour le défendre le précipice insondable au fond duquel Henriette de Simaise avait failli être précipitée ; les saillies menaçantes, dents prêtes à déchirer, de l'effroyable fente !

Excepté Jean Loup, nul être au monde ne pouvait concevoir l'idée folle de pénétrer dans cette monstrueuse lézarde noire, qui s'enfonçait jusqu'au centre de l'énorme rocher. Dans la grotte, les soldats avaient trouvé le fusil, la poudre et les balles. Mince butin, misérable trophée ! Ce n'était point cela qu'ils voulaient. Les officiers poussaient des cris de rage.

Leur ennemi était parvenu à leur échapper !

Il fallait qu'ils s'en retournassent comme ils étaient venus !

Avant de s'éloigner, les soldats firent une décharge générale de leurs armes ; les flancs du rocher furent criblés de balles, dont quelques-unes seulement purent entamer la pierre.

Démonstration furieuse, aussi inutile qu'insensée.

FIN DE LA PREMIÈRE PARTIE

TABLE DES MATIÈRES

PROLOGUE

Un crime mystérieux. 1

PREMIÈRE PARTIE

L'enfant du malheur

I. — L'amour timide.	89
II. — L'ancien dragon.	101
III. — Le départ du conscrit.	118
IV. — Le coureur des bois.	130
V. — La femme du maire.	139
VI. — Bonne ou mauvaise action.	150
VII. — Que deviendra-t-il ?	160
VIII. — Pauvre Catherine.	172
IX. — Les charbonniers.	181
X. — La légende de l'homme sauvage.	193
XI. — Chez la baronne de Simaise	105
XII. — La Bosse grise.	223
XIII. — L'amour d'un sauvage.	236
XIV. — Les coups de cravache	244
XV. — Un voyage fatal	255
XVI. — L'attentat.	265

XVII. — Où il arrive à Jean Loup un secours inat-
 tendu. 274
XVIII. — La lettre de Jeanne. 284
XIX. — Comment Jean Loup, avec quatre mots, fait
 un long récit. 294
XX. — Affreuse découverte. 305
XXI. — Un soufflet, un coup de poing. 313
XXII. — Le partisan 321

FIN DE LA TABLE

Imprimerie de DESTENAY, Saint-Amand (Cher).

RAPPORT 15

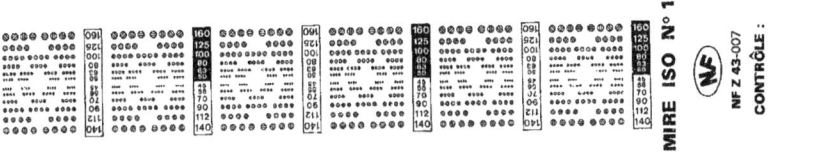

BIBLIOTHÈQUE NATIONALE

CHÂTEAU
de
SABLÉ

1984

www.ingramcontent.com/pod-product-compliance
Lightning Source LLC
Chambersburg PA
CBHW060508170426
43199CB00011B/1377